鼓楼史学丛书·区域与社会研究系列

清代民国时期
黔东南"林农兼作"研究

Study on Agroforestry in Southeast Guizhou During the Period from Qing Dynasty to Republic of China

张强 著

中国社会科学出版社

图书在版编目（CIP）数据

清代民国时期黔东南"林农兼作"研究 / 张强著. —北京：中国社会科学出版社，2021.8

（鼓楼史学丛书. 区域与社会研究系列）

ISBN 978-7-5203-8810-8

Ⅰ.①清… Ⅱ.①张… Ⅲ.①农业史—研究—黔东南苗族侗族自治州—清代—民国 ②林业史—研究—黔东南苗族侗族自治州—清代—民国 Ⅳ.①F329.732 ②F326.277.32

中国版本图书馆 CIP 数据核字（2021）第 152209 号

出 版 人	赵剑英
责任编辑	宋燕鹏　马　熙
责任校对	李　硕
责任印制	李寡寡

出　　版	中国社会科学出版社
社　　址	北京鼓楼西大街甲 158 号
邮　　编	100720
网　　址	http://www.csspw.cn
发 行 部	010-84083685
门 市 部	010-84029450
经　　销	新华书店及其他书店

印　　刷	北京明恒达印务有限公司
装　　订	廊坊市广阳区广增装订厂
版　　次	2021 年 8 月第 1 版
印　　次	2021 年 8 月第 1 次印刷

开　　本	710×1000　1/16
印　　张	15.5
插　　页	2
字　　数	216 千字
定　　价	85.00 元

凡购买中国社会科学出版社图书，如有质量问题请与本社营销中心联系调换
电话：010-84083683
版权所有　侵权必究

目　　录

绪　论 ………………………………………………………（1）
　一　选题缘由 ……………………………………………（1）
　二　研究现状 ……………………………………………（2）
　三　研究方法 ……………………………………………（21）
　四　重点、难点及创新点 ………………………………（22）

第一章　"林农兼作"及"林农兼作"文书 ……………（24）
　第一节　"林农兼作"及"林农兼作"的具体做法 ………（24）
　　一　"林农兼作"的含义 ………………………………（24）
　　二　"林农兼作"的具体做法 …………………………（26）
　　三　"林农兼作"效益分析 ……………………………（34）
　第二节　"林农兼作"文书 ………………………………（39）
　　一　根据时代分类 ……………………………………（39）
　　二　按照内容统计 ……………………………………（40）

第二章　"林农兼作"的兴起 ……………………………（44）
　第一节　黔东南林区简况 ………………………………（44）
　　一　自然条件 …………………………………………（44）
　　二　社会环境 …………………………………………（48）
　第二节　"林农兼作"的兴起 ……………………………（50）

一　木材贸易的繁荣 …………………………………………（50）
　　二　人工林的长周期性 ………………………………………（66）

第三章　"林农兼作"下的林农技术 ………………………………（71）
　第一节　林农作物栽培技术 ……………………………………（71）
　　一　杉木栽培技术 ……………………………………………（71）
　　二　油茶和油桐培育技术 ……………………………………（78）
　　三　农作物栽培技术 …………………………………………（80）
　第二节　林木伐运技术 …………………………………………（82）
　　一　林木砍伐 …………………………………………………（82）
　　二　林木运输 …………………………………………………（83）
　第三节　文书体现的技术要求 …………………………………（85）
　　一　明确成林时间 ……………………………………………（85）
　　二　连片经营 …………………………………………………（101）

第四章　"林农兼作"下的山主、田主与林农 …………………（115）
　第一节　山主与山场经营 ………………………………………（115）
　　一　山主 ………………………………………………………（115）
　　二　山场经营 …………………………………………………（118）
　　三　山场性质 …………………………………………………（125）
　第二节　田主与田土兼并 ………………………………………（137）
　　一　田土典当 …………………………………………………（137）
　　二　田土买卖 …………………………………………………（152）
　　三　田土租佃 …………………………………………………（169）
　第三节　林农与山林抚育 ………………………………………（172）
　　一　"来人"与世居林农 ………………………………………（172）
　　二　林农与山林抚育 …………………………………………（180）

目 录

第五章 "林农兼作"下的利益分配 …………………………… (186)

第一节 山权林权断卖 ………………………………………… (186)
  一 山场断卖 …………………………………………………… (187)
  二 林木断卖 …………………………………………………… (189)
  三 山林断卖 …………………………………………………… (203)

第二节 土栽按契分成 ………………………………………… (205)
  一 分成比例的统计 …………………………………………… (205)
  二 土栽按契分成 ……………………………………………… (207)

第三节 栽手间、山主间按股分利 …………………………… (208)
  一 以股表示股权的分利 ……………………………………… (208)
  二 以一定金额表示股权的分成 ……………………………… (209)

第四节 其他获利途径 ………………………………………… (212)
  一 山主田主放贷 ……………………………………………… (212)
  二 农民的其他获利途径 ……………………………………… (228)

结 语 ……………………………………………………………… (231)

参考文献 ………………………………………………………… (234)

后 记 ……………………………………………………………… (242)

绪　　论

一　选题缘由

陈寅恪曾言："一代之学术，必有其新材料与新问题。取用此材料，以研究此问题，则为此时代学术之新潮。"[①] 由此可见，材料在学术研究中的重要地位。贵州历史研究亦如此。然而在很长的时期里，由于资料匮乏，贵州历史特别是古代经济史研究步履维艰，直到"清水江文书"的出现。

"清水江文书"是指以黔东南锦屏县为中心的清水江中下游苗、侗人民，自明代至20世纪80年代间进行林木贸易和山地买卖及租佃等活动的真实记录，最早发现于贵州锦屏县，故初名"锦屏文书"。随着文书发现地域的扩大，"锦屏文书"之称慢慢淡化，"清水江文书"渐为学术界接受。[②] 历经半个多世纪的田野调查，据相关统计，黔东南仅清水江流域民间收藏的文书便达30万余件。[③] 伴随清水江文书的发现、整理与刊布，海内外学术界兴起了研究贵州历

[①] 陈寅恪：《金明馆丛稿二编》，上海古籍出版社1980年版，第236页。
[②] 钱宗武：《清水江文书研究回顾与前瞻》，《贵州大学学报》（社会科学版）2014年第1期。
[③] 姜又春：《锦屏文书研究述评与人类学研究取向》，《怀化学院学报》2013年第6期。

史的热潮。成绩令人振奋，但亦存在诸多问题。①

笔者曾有幸亲临历史现场，经过多次田野调查及长期阅读这些弥足珍贵的"历史记忆"，感悟颇多。通过调研得知，黔东南虽然山多田少，在清代民国时期经济生活以山林经营为主，但农业依然是山林经济的重要补充，黔东南林农关系实际可称之为"林农兼作"；在为数众多的山场租佃契约中，频频出现"种粟栽杉""栽杉种粟"等字眼，这其实就是20世纪70年代以来兴起于世界各地的"混农林业"的重要形式之一：林间套种。我国林间套种生产早于世界其他地方，积累了丰富的经验。因此有理由坚信，通过深掘这批数量庞大、内容丰富、系统性归户性较强的活化石，加之田野调查，定能尽可能地将清代民国时期黔东南林区"林农兼作"②厘清，进一步阐释这一模式下各种生产和利益关系，为贵州六百年经济史研究添砖加瓦。基于此，将研究目标锁定为：清代民国时期黔东南"林农兼作"研究，以契约文书为基础，辅以传统史料，探讨清代民国时期黔东南林、农经济以及林间套种诸问题。

二　研究现状

（一）"林农兼作"研究

至于清代民国清水江流域的林、农经济，严奇岩、马国君等人进行了初步探讨，严奇岩系统考证了黔东南民族从种植糯稻到籼稻

---

① 后文将具体阐述。
② 文书中将套种一般称为"种粟栽杉""栽杉种粟""种地栽杉""种地栽油"等，锦屏县谚语称之为"林粮间作"，林虽以杉木为主，但不乏油桐、油茶等林木；粮食除玉米外还有小麦、红薯甚至瓜果和蔬菜。清代民国时期黔东南，除林间套种、山林开发外，农业亦是人们生活赖以生存的重要补充之一，与之相关的诸问题亦没有受到应有的重视。因此，此处用"林农兼作"来概括黔东南林、农两种经济生活方式及山林开发中的林业和林间套种。

的历史变迁①，通过《竹枝词》论述了黔东南民族的林农经济②；马国君等人详细阐释了清水江流域棉业经营情况，探讨林木生产与社会控制之间的关系。③

至于林间套种，有时也叫"林农间作""林粮间作"等，是混农林业（或称农林复合经营）的重要形式之一④，主要是指在林地套种农作物的一种生产模式，这一实践普遍存在于世界各地。在亚洲，缅甸19世纪中叶开始推行林农间作，泰国1906年开始了柚木与玉米、水稻、胡椒套种；在西欧，西班牙、葡萄牙推行栓皮栎与牧草、油橄榄与牧草、柑桔葡萄与农作物套种模式，意大利则用杨树与水稻、玉米、小麦、三叶草套种；而非洲，惯用林果与农牧套种以改变环境不断恶化的僵局；中美洲则用破布木与香蕉、可可、咖啡、玉米套种；南美洲习惯用桃花芯木、破布木与玉米套种。在国内，南方杉木人工林区普遍推行在杉林中套种农作物、油桐种植区流行桐油桐粮；西双版纳运用橡胶与茶叶、砂仁套种；山西、河北中南部及河南流行桐粮、桑粮、枣粮及柿粮套种。⑤随着林间套种实践的不断推进，相应研究成果不断涌现，特别是20世纪七八十年代以来，林间套种已成为一个有别于农、林的新学科，研究热潮不断。

1. 套种模式

国外学者Rachie、Redhead对套种模式的研究具有代表性，他们总结了相对理想的树种，即具备速生、体积有上限、根系与农作物

---

① 严奇岩：《黔东南地区"糯禾改籼稻"的历史考察》，《古今农业》2008年第3期；《中国民族经济发展史上若干误区的检讨——以清代以来黔东南地区的"糯禾改籼稻"为例》，《贵州民族研究》2008年第10期；《内地化与清水江流域的"糯改籼"》，《中国农史》2014年第1期。

② 严奇岩：《竹枝词中的清代贵州民族社会》，巴蜀书社2009年版。

③ 吴声军、马国君：《清水江流域林木生产的社会控制研究》，《人文世界》（年刊）2011年；马国君等：《开发与省思：清至民国黔东南棉业规模经营研究——兼及清水江文书的史料价值》，《原生态民族文化学刊》2015年第4期。

④ Nair P. K. R., "An Introduction to Agroforestry", *Kluwer Academic Publishers in Cooperation with ICRAF*, 1993.

⑤ 赵士杰：《林农间作及其在北方高寒山区的推广对策》，《河北林业科技》1993年第1期。

* 清代民国时期黔东南"林农兼作"研究

竞争最小等品质的豆科树种,并归纳出这些树种的具体名称。① 国内学者的研究中,刘乃壮从总体上归纳了我国南北林农间作的典型模式:华北北部枣粮间作、北方桐粮间作、江淮及长江中下游池(池杉)粮(水稻与小麦)间作。② 王恭祎等人主编的《林地间作》一书,也专门讨论了套种作物选择和匹配,对各种模式从应用范围,优劣各方面展开讨论。③ 相对于国外,国内学者更偏向选定特定区域特定林场为实验基地,进行套种作物配对,有些还涉及技术要求,下面以地域为序对相应成果进行总结。

华北:赵士杰针对高寒山区现状提出了三种套种模式,即川地杨树、山地落叶松、川地或山地果树分别套种粮油菜草药瓜等作物④;郭树华等人对河北大名卫河以东的毛白杨套种花生和小麦进行了研究。⑤ 华东:姜文奎以浙江为例,论述麻栎、油茶林间套种小麦诸问题⑥;也有学者从技术角度出发,论述桑、油茶、油桐、杉木、麻栎等经济林和用材林套种小麦和春马铃薯⑦;王增春等人介绍了南京六合台区套种模式⑧;麻婷婷以苏北平原为实验区域,调研桐杨树与粮食套种作模式。⑨ 华南:林培群阐释了雷州林业局北坡林场泉水林队为实验区中,在人工桉林间套种木薯、甘蔗和牧草⑩;覃祚玉选

---

① Rachie K. O., *Intercropping tree with Annual Crops.*, In: Huxley, P. A., ed. Plant Research and Agroforestry: 104–116. ICR A. F., Nairobi, Kenya, 1983; Redhead J. F. et al., *The Intercropping of Grain Legumes in Agroforestry*, In: Huxley, P. A, ed. *Plant Research and Agroforestry*. ICR A. F., Nairobi, Kenya, 1983.
② 刘乃壮:《林粮间作的动态与前景》,《世界农业》1987年第4期。
③ 王恭祎、赵波:《林地间作》,中国农业科学技术出版社2009年版。
④ 赵士杰:《林农间作及其在北方高寒山区的推广对策》,《河北林业科技》1993年第1期。
⑤ 郭树华等:《林农间作模式经济效益评价初探》,《林业经济》1995年第1期。
⑥ 姜文奎:《关于林间套种小麦问题》,《浙江农业科学》1960年第5期。
⑦ 《浙江省一九六一年林间套种小麦、春马铃薯的技术纲要》,《浙江农业科学》1960年第5期。
⑧ 王增春等:《几种林农间作模式初探》,《现代农业科技》2006年第9期。
⑨ 麻婷婷:《泡桐生长性质及在苏北平原林农间作系统中的应用》,硕士学位论文,南京林业大学,2007年。
⑩ 林培群:《桉树人工林中幼林林农间作模式研究》,硕士学位论文,华南热带农业大学,2007年。

绪 论

择广西南丹山口林场,在秃杉林中套种旱谷、秃杉与小米。① 西北:杨尚泉等人介绍了新疆林区套种简况。② 东北:李德发在双辽县那木林场杨树新植林开展套种实验。③ 西南:何丽认为无论从生态、土地利用,还是核桃人工林抚育角度思考,皆需套种④;梅军在阐释明清以来黔东南苗族传统林农生产时提到黔东南苗族林粮间作,即将杉木与小麦、玉米间作。⑤

2. 套种的积极作用

Paul Chandler 阐述了套种作物(玉米—黍—花生或黄豆)对林木实生苗的益处:对农作物施肥(堆肥、绿肥、畜肥)使杉苗受益,农作物剩余物为杉苗提供养分并提高土壤持水能力,幼龄阶段须庇荫(至第二、三年则更须养地类作物)。⑥ 国内学者主要从土壤养分、防止病虫害等方面探讨套种物对林木的益处。⑦

套种也有益于农作物,国外这方面研究主要集中在土壤肥力、去杂草和小气候等方面。Nygren 在桉树下套种玉米、黄豆,证实了桉树枝叶增加了土壤的肥力从而对套种物会产生积极影响⑧;除林木给予套种物营养外,套种还可解决平作农田的世界性难题即杂草,

---

① 覃祚玉:《秃杉人工幼林不同林农间作模式的研究》,硕士学位论文,广西大学,2013年。
② 杨尚泉等:《"林农间作"在大力提倡——我区"林农间作"谈》,《新疆林业》1989年第2期。
③ 李德发:《杨树新植林地林粮间作的实验报告》,《吉林林业科技》1995年第6期。
④ 何丽:《林农间作是促进新平县平甸乡核桃产业发展的有效措施》,《节能环保 和谐发展——2007 中国科协年会论文集(三)》,2007年9月。
⑤ 梅军:《略论黔东南苗族传统农林生产中的生态智慧》,《贵州民族研究》2009年第1期。
⑥ Paul Chandler, Indigenous Knowledge of Agroforestry in Mountainous Regions of Fujian Province, *Chinese Journal of Ecology*, 1991, 10 (3), pp. 33 – 36.
⑦ 杨槐等:《落叶松幼林林粮间作的经济效益试验初报》,《林业科技》1992年第2期;刘庆云等:《滇南热带造林地林农间作对幼林生长量的影响》,《广东林业科技》2007年第2期;罗兴明:《造林地林农间作对幼林生长的影响研究》,《吉林农业》2013年第16期;罗兴明:《造林地林农间作对幼林生长的影响研究》,《吉林农业》2013年第16期;庞丽杰:《林粮间作对森林鼠害的初步研究》,《林业科技》1997年第6期;陈德芳:《论林农间作的优势及注意事项》,《吉林农业》2014年第22期。
⑧ Nygren P., S. Rebottaro, R. Chavarria, "Application of the Pipe Model Theory to Non-destructive Estimation of Leaf Biomass and Leaf Area of Pruned Agroforestry Trees", *Agroforestry Systems*, 1993, 23, pp. 63 – 77.

✽ 清代民国时期黔东南"林农兼作"研究

据学者考证,很多林木枝叶腐烂后产生的绿肥能够抵制杂草生长,对套种物却无明显不良影响①,当然林木长大的遮荫过程对杂草亦有抑制作用②;虽然有人认为小气候不足以影响套种物的产量③,但是林木改变了间作区小气候,如风速、土壤温度和叶温、降水等,可以引起农作物增产④依然是主流观点。至于国内,主要聚焦于他感作用,陈平以苏北赣榆县为例,研究了土壤性状和林木对小麦积极的他感作用⑤;谢莉以苏北赣榆县沙河园艺场为试验样地(桐、杨树下套种粮食),并与平作地进行对照,探讨套种地土壤性质以及林木对农作物的影响。⑥

套种还可以带来经济、社会和生态效益。Molua 研究了喀麦隆林农复合经营农场,认为约有 97% 的这种间作模式经济效益显著⑦;较难为可贵的是,国外在套种综合效益研究上,已开始运用现代数学及计算机方法,建立模型分析和预测套种的综合效益⑧,甚至进行风险评估。⑨ 国内这方面成果较多,刘三宏、林福兴等从幼林地水土

---

① Salazar A. et al., "Crop-tree Interaction in Alley Cropping System on Alluvisl Soil of the Upper 5: Amazon Basin", *Agroforestry Systems*, 1993, 22: 67–82; Rippin J. P. et al., "Alley Cropping and Mulching with *Erythrina Poeppigiana* (Walp.) O. F. Cook and Gliricidia *Sepium* (Jacq.) Walp. Effects on Maize/weed competition", *Agroforestry Systems*, 1994, 25, pp. 119–134.

② Jama, B. et al., "Shading Effects of Alley Cropped *Leucaena Leucocep Hala* on Weed Biomass and Maize Yield at Mtuapa, Coast Province, Kenya," *Agroforestry Systems*, 1991, 13, pp. 1–11.

③ Singh R. P. et al., "Above and Below Ground Inter Action in Alley Cropping in Semi-arid India", *Agroforestry Systems*, 1989, 9, pp. 259–274.

④ Monteith J. L., "Microclimatic Interaction in Agroforestry Systems", *For. Ecol. Manage*, 1991, 45, pp. 31–44.

⑤ 陈平:《苏北地区林粮间作系统的土壤性质及林木对小麦他感作用研究》,硕士学位论文,南京林业大学,2004 年。

⑥ 谢莉:《苏北地区主要林粮间作模式的土壤性质及林木对农作物影响状况的研究》,硕士学位论文,南京林业大学,2005 年。

⑦ Molua E. L., "The Economics of Tropical Agroforestry System: The Case of Agroforestry Farms in Cameroon", *Forest Police and Economics*, 2005, 7 (2), pp. 199–211.

⑧ Graves A. R., Burgess P. J., Liagre F., et al., "Development and Use of a Framework for Characterrising Computer Models of Silvoarable Economics", *Agroforestry Systems*, 2005, 65 (3), pp. 53–65.

⑨ Dube F., Couto L., Silva M. L., et al., "A Simulation Model for Evaluating Technical and Economic Aspects of an Industrial Eucalyptus-based Agroforestry System in Minas Gerais Brazil", *Agroforestry Systems*, 2002, 55 (1), pp. 73–80.

保持及促进林木生长、促使"小老头林"复苏、保护林木、以短补长等方面论述套种的积极作用①;高椿翔、高杰论认为套种可带来较高的生态和经济效益②;此外还有一批以具体试验场为例,进行效益分析的成果。③

3. 套种的消极作用

当然套种也存在弊端,主要表现在作物在养分、水分、光照等方面的竞争关系,以及他感作用等问题上。对此,国内外学者皆有研究,并尝试规避这些问题。

在国外,有学者认为林作物必须属深根系,方能降低与农作物在上层土壤中争夺水肥养分的强度④;然而林作物往往在表层土壤吸收养分,仅仅当表层资源面临压力时方进行深层养分吸收⑤;甚至有人通过实验证明,林、农作物在肥力上是否形成竞争关系与作物根系的垂直分布无关,更多是在水平分布上⑥;因此套种过程中,对林

---

① 刘三宏、林福兴:《实行林农间作促林保土增收》,《福建水土保持》1998年第1期。
② 高椿翔、高杰:《林粮间作的生态与经济效果的分析》,《当代生态农业》2000年第2期;高椿翔、高杰等:《林粮间作生态效果分析》,《防护林科技》2000年第3期。
③ 孙显苍:《林农间作综合效益分析》,《内蒙古煤炭经济》1997年第4期;李福如、马淑梅:《林粮间作是实现平原林业可持续发展的必由之路》,《河北林业科技》1999年增刊(6月);谢勇:《杨树人工林林农间作经济效益初探》,《华东森林经理》2001年第3期;章忠:《林粮间作促进杨树幼林生长的调查》,《安徽林业》2008年第1期;李成文、张培花:《互助县安定苗圃林粮间作研究》,《青海农林科技》2007年第1期;曹承花:《互助县双树苗圃林农间作研究》,《现代农业科技》2010年第17期;杨涛等:《传统耕作和退耕地林农间作对土地肥力的影响》,《陕西林业科技》2013年第6期;雷细生等:《林农间作改造钙质页岩》,《湖南林业科技》1989年第3期;张国君等:《杨树林地郁闭前林农间作研究》,《湖南林业科技》2008年第2期;高世举、王福荣:《浅谈实行林农间作的效益》,《吉林农业》2010年第12期。
④ Rachie K. O., "Intercropping Tree with Annual Crops", In: Huxley, P. A., ed. Plant research and Agroforestry: 104–116. ICR A F, Nairobi, Kenya, 1983.
⑤ Dwivedi A. P. (ed), *Agroforestry Principles and Practices*, Oxford and IBH Publishing Co. PVT. LTD, 1992.
⑥ Singh K., H. S. Chau han, D. K. Rajput et al., "Report of 60 Month Study on Litter Production, Changes in Soil Chemical Properties and Productivity Under Poplar (P deltoides) and Eucalyptus (E hybrid) Interplanted With Aromatic Grasses", *Agroforestry Systems*, 1989, 9, pp. 37–45; Wanvestraut R. H., Jose S. Nair PKR, et al., "Competition for water in a Pecan (Carya illinoensis K. Koch) Cot-ton (Gossypium hirsutum L.) Alley Cropping System in the Southern United States", *Agroforestry Systems*, 2004, 60, pp. 167–179.

✽ 清代民国时期黔东南"林农兼作"研究

木修根非常必要[①]，修根不仅影响到农作物的生长，甚至影响到农作物的最终产量。[②] 对林、农作物是否会形成水分上的竞争关系问题上，亦众说纷纭。多数研究认为，若不对林木进行合理修根，林木与套种物争水不可避免[③]；但 Ssekabembe 等人在刺槐下套种农作物，发现刺槐与农作物并未形成水分上的竞争关系[④]；Yunusa 等人的研究结果更与上述结论大相径庭，他发现套种林木单株增重、利用降水量的比例明显低于平作林木。[⑤] 出现这种结果差异，应与试验地、套种物配对等因素相关。林间套种，特别当林木长大以后，对套种物遮荫不可避免，常规思维中，遮荫意味着套种物减产，但研究结果却与传统思维大相径庭，有学者通过实验认为即使遮荫程度达到 15%—70%，依然不影响套种作物最终产量[⑥]；这一结论，在 Muir[⑦] 与 Jones[⑧] 的实验中也得到了证实。[⑨] 关于他感作用，Paul Chandler 阐

[①] Daniel I. N., C. K. Ong, M. S. Kumar, "Growth and Resource Ultilization of Perennial Pigeonpea [Cajanus cajan (L) Millsp.] at the Tree-crop Interface", *Agroforestry Systems*, 1991, 16, pp. 177 – 192.

[②] Korwar G. R., G. D. Radder, "Influence of Root Pruning and Cutting Interval of Leucaena Hedgerows on Performance of Alley Cropped Rabi Sorghum", *Agroforestry Systems*, 1994, 25, pp. 95 – 109.

[③] Dwivedi A. P. ed., Agroforestry Principles and Practices, Oxford and IBH Publishing Co. PVT. LTD, 1992.

[④] Ssekabembe C. K., P. R. Henderlong, M. Larson, "Below-ground Interaction in Alley Cropping", Appraisal of First-year Observation on Maize Grown in Black Locust (*Ribinia pseudoacacia*) alleys. In: Garrett, H. E., ed. Proceedings of the Second Conference on Agroforestry in North America. 18 – 21 Agust, 1991; Ssekabembe C K, P. R. Henderlong, M. Larson., "Soil Moisture Relations at the Tree/Crop Interface in Black Locust Alleys", *Agroforestry Systems*, 1994, 25, pp. 135 – 140.

[⑤] Yunusa I. A. M., D. J. Mead, K. M. Pollock et al., "Process Studies in a Pinus Radiate-pasture Agroforestry Systems in a Subhumid Temperature Environment. II", Analysis of dry Matter Yields in the Third Year, *Agroforestry Systems*, 1995, 32, pp. 185 – 204.

[⑥] Singh K., H. S. Chau han, D. K. Rajput et al., "Report of 60 Month Study on Litter Production, Changes in Soil Chemical Properties and Productivity Under Poplar (P deltoides) and Eucalyptus (E hybrid) Interplanted with Aromatic Grasses", *Agroforestry Systems*, 1989, 9, pp. 37 – 45.

[⑦] Muir J. P. et al., "Response of the Florida *Galatia Elliottii* to Shade", *Agroforestry Systems*, 1989, 9, pp. 233 – 239.

[⑧] Jones H. G. et al., "Drought Enhance Stomatal Closure in Response to Shading in Sorghum (*Sorghum bicolor*) and in Millet (*Pennisetum americanum*)", Aust, Plant Phvsiol, 1995, 22, pp. 1 – 6.

[⑨] Monteith J. L., "Microclimatic Interaction in Agroforestry Systems", *For. Ecol. Manage*, 1991, 45, pp. 31 – 44.

述了杉木连作对土壤的毒化作用①；Tian 对套种地（玉米、豇豆与长裂旋花）进行了毒性试验，结果表明长裂旋花叶确实会产生有毒物，但这些有毒物在套种地分解、淋溶很快，不会对套种物的产量产生不利影响。②

在国内，梅振邦等人认为林间套种的负面影响过大，建议取缔这种做法③；刘乃壮提出了遮荫的规避措施：树木栽植密度、林农选配种类④；曹承花则通过修枝、间伐、大量施用有机肥等措施降低这种弊端⑤；也有学者关注他感、化感作用，马祥庆便指出杉木人工林存在自毒现象。⑥

综上所述，中外学者们对林间套种研究取得了丰硕的成果，但也有不足之处：一是缺乏专门和系统的研究，特别是国外学者，多数是在论述混农林业（又称农林复合经营）时随便提及；二是现有成果缺乏广泛性和适用性，国外学者多致力于理论研究，国内学者多选择特定林场或园圃进行间作实践，理论与实践缺乏有机契合，在此基础上得出的结论缺乏广泛性和适用性，甚至出现完全相悖的结论；三是缺乏健全且行之有效的综合效益评价指标、方法和机制，虽然国外已尝试运用现代数学与计算机技术模型，但尚处于起步阶段；四是过多重视当下而忽略了过往，历史与当代的联系被活活割断，拿中国来说，早在《氾胜之书》中便已提到桑树与绿豆、小豆的间作，《齐民要术》《农政全书》与《种桂》也涉及套种。中国林间套种的历史早于世界其他地方，积累了丰富的经验，因此在探索中国套种诸问题时应该考虑到历史。黔东南林区山多田少的现状将

---

① Paul Chandler, "Indigenous Knowledge of Agroforestry in Mountainous Regions of Fujian Province", *Chinese Journal of Ecology*, 1991, 10 (3), pp. 33–36.

② Tian G., B. T. Kang, "Evaluation of Phytotoxic Effects of Gliricidia Sepium (Jacq.) Walp, Prunings on Maize and Cowpea Seedlings", *Agroforestry Systems*, 1994, 26, pp. 249–254.

③ 梅振邦等：《林粮间作造成粮食减产的原因》，《山西农业科学》1989 年第 4 期；黄伯高：《退耕还林不允许林粮间作》，《国土绿化》2004 年第 1 期。

④ 刘乃壮：《林农间作的光照分布特点与农业意义》，《生态农业研究》1999 年第 3 期。

⑤ 曹承花：《互助县双树苗圃林农间作研究》，《现代农业科技》2010 年第 17 期。

⑥ 马祥庆等：《杉木人工林自毒作用研究》，《南京林业大学学报》2000 年第 1 期。

✳ 清代民国时期黔东南"林农兼作"研究

学者的目光多聚焦在山林经营,但实际上清代民国时期黔东南农田及农业经营亦是人们比较关注的问题,或者说农业是山林经济的重要补充之一。不过黔东南"林农兼作"问题一直以来受到学者的忽略,与农田、农业相关的诸问题没有得到应有的重视,所幸大量契约文书相续问世,为本课题留下进一步深掘的空间。

(二)清水江文书研究

早在民国,胡敬修《黔东木业概况》和萧蔚民《黔东之行》等,便已收录、介绍过此类文书。但真正引起社会高度重视的是《锦屏县木材行业史料》[①],此后清水江文书的收集和整理工作逐步步入正轨。近六十年来,中外学术界对清水江文书研究取得了丰硕的成果。[②] 据不完全统计,近十年来以"清水江文书"为题材的各级各类基金项目约30余项,其中:国家清史纂修工程项目1项;国家社科基金项目(含重大、一般、青年和西部)16项,从2009年至今,几乎每年都有获批的课题,以文书整理、文化、地方社会与王朝关系、社会变迁及特定契约类型研究为主;教育部人文社科基金项目有4项,集中在文书调查研究、人类学、计量史学及宗族关系方面;第54批博士后基金项目1项;贵州省级方面的项目5项,以整理、抢救为主;此外校级课题有5项,立项高校为复旦大学、西南政法大学和凯里学院。近六十年来,相应论文有200余篇、专著13部、硕博士学位论文13篇(其中博士6篇、硕士7篇)。"清水江文书"主要研究阵地集中在贵州大学、凯里学院、中山大学、复旦大学等,杨有赓、罗洪洋、陈金全、徐晓光、张新民、张应强、王宗勋、单洪根、谭洪沛、龙泽江等人无疑为主旗手。海外学者以

---

① 黔东南苗族侗族自治州工商联、锦屏县工商联编:《锦屏县木材行业史料》,1959年稿本。
② 详见李良品、杜双燕《近三十年清水江流域林业问题研究综述》,《贵州民族研究》2008年第3期;程泽时《清水江文书国内外研究述评》,《原生态民族文化学刊》2012年第4期;马国君、李红香《近六十年来清水江林业契约的收集、整理与研究综述》,《贵州大学学报》(社会科学版)2012年第4期;钱宗武《清水江文书研究回顾与前瞻》,《贵州大学学报》(社会科学版)2014年第1期;吴才茂《近五十年来清水江文书的发现与研究》,《中国史研究动态》2014年第1期。

唐立、岸本美绪、相原佳之、武内房司、金弘吉等人为主。总体上看，这些成果主要集中在以下几个方面：

1. 文书征集整理

20世纪90年代，澳洲学者唐立、日本武内房司等开始以锦屏苗族文契为个案研究，多次实地考察，收集整理了锦屏文斗、平鳌二寨800余件文契，按山林卖契、含租佃关系的山林卖契、山林租佃契约或租佃合同、田契、分山分林分银合同、杂契和民国卖契进行分类，于2001—2003年刊布①。

在国内，20世纪60年代，贵州民族研究所近代经济调查组成员杨有赓在锦屏文斗寨收集到260余份清代林契，20多年后《侗族社会历史调查》②一书对此进行了简要介绍。从此，锦屏档案馆等单位开始大规模征集这些文契。2001年锦屏县政府与中山大学合作，成立"锦屏文书"征集办公室，文契征集取得了卓越的成效，并于2003年秋与贵州电视台合作拍摄了五集《林业契约背后的故事》。2007年至2011年，广西师范大学出版社连续出版了三辑《清水江文书》③，全集33册共收录有1万5千余件文书，为现已刊布文契数量之最。

2004年山东人民出版社出版《民间法》，收录有罗洪洋收集、整理的《贵州锦屏林契精选》④，共133件。2008年，人民出版社出版《贵州文斗寨苗族契约法律文书汇编——姜元泽家藏契约文书》⑤，近600件文书映入世人眼帘。2013年民族出版社出版《贵州清水江流域明清土司契约文书·九南篇》⑥，收录了山林买卖、田土

---

① ［日］唐立、杨有赓、［日］武内房司：《贵州苗族林业契约文书汇编（1736—1950）》第1—3卷，东京外国语大学国立亚非语言文化研究所2001—2003年版。
② 贵州省编辑组：《侗族社会历史调查》，贵州民族出版社1988年版。
③ 张应强等：《清水江文书》（第1—3辑），广西师范大学出版社2007—2011年版。
④ 罗洪洋：《贵州锦屏林契精选》，载谢晖、陈金钊编《民间法》（第3卷），山东人民出版社2004年版。
⑤ 陈金全等：《贵州文斗寨苗族契约法律文书汇编——姜元泽家藏契约文书》，人民出版社2008年版。
⑥ 高聪、谭洪沛：《贵州清水江流域明清土司契约文书·九南篇》，民族出版社2013年版。

* 清代民国时期黔东南"林农兼作"研究

买卖、典当借贷、财产析分、租佃经营、屋地菜园池塘阴地买卖、婚姻文书、土司及宗族组织自治文书、裁决诉讼清白字据等方面的文书500多件,其中有件文书订立时间为嘉靖二十五年(1546),是目前已刊布文书中订立年代最早的契约。2014年年初,江苏人民出版社发行《天柱文书》①22册,按林契、地契、杂类进行分类编排,共收录文书近7000件。此外,一些史志类书籍中也零星收录这些文书,总约200件。②黔东南各县档案馆也收集大量文书,现处于分类、整理与保护阶段。

与此同时,学界就整理、保护及利用等问题,纷纷撰文各抒己见。文书整理方面:龙泽江深入剖析了已刊布文书分类方法的优劣,建议建立统一的文书分类标准。③林东杰从文献学角度,对《贵州文斗寨苗族契约法律文书汇编:姜元泽家藏契约文书》部分契约的立契时间进行补校④,考证方法值得推崇。唐智燕则对《贵州文斗寨苗族契约法律文书汇编:姜元泽家藏契约文书》中的俗字、通假字的误释漏释问题进行了补证。⑤魏郭辉针对清水江文书整理出现的问题,提出了古文书整理的标准⑥,具有一定借鉴意义。文书保护方面:张应强提出在收藏整理清水江文书时,应遵循民间收藏既有原则,以保护文书系统性与内在联系的完整性。⑦韦建丽则针对清水江

---

① 张新民主编:《天柱文书》第1辑(共22册),江苏人民出版社2014年版。
② 黔东南苗族侗族自治州工商联、锦屏县工商联:《锦屏县木材行业史料》,1959年稿本;《黎平县林业志》,贵州人民出版社1989年版;《黔东南苗族侗族自治州志》(林业、文物志),中国林业出版社1990年版;《黔东南文史资料》(第10辑·林业专辑)1992年版;锦屏县林业志编纂委员会:《锦屏县林业志》,贵州人民出版社2002年版;李锦平、李天翼:《贵州苗族古籍总目提要》,贵州民族出版社2008年版。
③ 龙泽江:《清水江文书整理的分类标准探析》,《兰台世界》2012年第14期。
④ 林东杰:《清至民国年间清水江契约文书立契时间校补——以〈贵州文斗寨苗族契约法律文书汇编:姜元泽家藏契约文书〉为中心的研究》,《贵州大学学报》(社会科学版)2012年第5期。
⑤ 唐智燕:《文字释读规范与清水江文书整理》,《贵州民族大学学报》(哲学社会科学版)2013年第5期。
⑥ 魏郭辉:《古文书整理的学术标准——以敦煌文书、徽州文书、清水江文书整理为例》,《贵州师范学院学报》2013年第8期。
⑦ 张应强:《清水江文书的收集、整理与研究刍议》,《原生态民族文化学刊》2013年第3期。

绪 论

文书保护的现状及困境，提出"民间分布式保护"。① 文书利用方面：吴平、龙泽江等人针对文书"重藏轻用、收藏分散"的问题，认为欲使文书资源得到有效整合和利用，数字化是必然的选择，并提出自己对数字化建设的思考。② 陈洪波结合自己参与清水江文书数据库建设的经验，提出在数据库建设时应注意数据描述及著录规范、文书导航设置等实际问题。③ 同时，她还就清水江文书数据库建立的质量监控提出了具体、行之有效的措施。④

2. 文书研究

从已整理出版的文书及笔者调研所见的文书看，"清水江文书"可分为林契、地契及杂类（如借贷、还款、领字、清白字、认错字、税单、分银单、分家书等）三大类。这些承载苗侗历史记忆的旧纸片虽已存在了数百年，但对其研究起步却相对较晚。20世纪80年代之前，有关"清水江文书"的研究仅限于零星收集和介绍。80年代之后特别是进入21世纪以来，国内外掀起了研究"清水江文书"的热潮，研究成果丰硕。兹分类简述如下。

（1）法制史

对于清代黔东南林业纠纷，武内房司认为，锦屏县文斗寨、平鳌寨民由于木材贸易繁荣，在解决林业纠纷的处理机制上，经历了由"鸣神"到"鸣官"的转变。⑤ 罗洪洋针对锦屏文书，认为有效的解决机制不在于国家法的保障而在于林区苗民的习惯法。⑥ 徐晓光通过分析文书认为，清代至民国，锦屏林区存在国家法与民间法二

---

① 韦建丽、胡全林：《"民间分布式保护"与清水江文书保护途径的探讨》，《三峡论坛》2014年第3期。
② 吴平、龙泽江：《从学术资源保障看清水江流域锦屏文书的数字化道路》，《贵州社会科学》2010年第12期。
③ 陈洪波、杨存林：《清水江文书数据库建设若干问题研究》，《现代情报》2013年第1期。
④ 陈洪波等：《清水江文书数据库质量控制的实现》，《兰台世界》2014年第2期。
⑤ [日] 武内房司：《从鸣神到鸣官——清代贵州苗族林业契约文书见苗族的习俗和纷争处理》，载 [澳] 唐立、杨有赓、[日] 武内房司：《贵州苗族林业契约文书汇编（1736—1950）》第三卷，东京外国语大学国立亚非语言文化研究所2003年版，第83页。
⑥ 罗洪洋：《清代黔东南锦屏苗族林业契约的纠纷解决机制》，《民族研究》2005年第1期。

✱ 清代民国时期黔东南"林农兼作"研究

元机制并存互动的现象。① 曹务坤则认为清代黔东南侗苗林契,蕴含了诚信的法律精神。② 而邓建朋、邱凯从已刊布的清水江文书中,全面地整理出纠纷文书,通过分析认为清代民国时期清水江农村社会在处理纠纷问题时依然以苗侗习惯为先,改土归流后中央王朝法律并未取而代之。③ 同时针对"认错字"探讨清至民国清水江苗族林业纠纷的解决方式。④ 对此吴才茂持不同意见,认为明至清前期,处理纠纷以"鸣神"为主,随着中央王朝法律的植入,"鸣官"渐为民众运用。⑤ 林芊从《天柱文书》出发,洞悉了清代以来侗族社会在处理分家、离异、家族事务和邻里纠纷时,习惯法即契约文书仍起着重要的协调作用。⑥ 程泽时从水、火二法入手,探讨了晚清苗疆盗案断理与实践法律观。⑦ 在纠纷处理机制上,学者们的观点明显存在分歧,有些认为运用习惯法、有些认为采用国家法律、有些认为二者相结合。出现这些差异的原因在于,他们在使用文书时,忽略了地方差异。需提及的是,程泽时就清水江文书所体现的法理、民法、婚姻法、诉讼法及立法诸问题进行全面、翔实的诠释。⑧ 法律纠

---

① 徐晓光:《苗族习惯法的遗留、传承及其现代转型研究》,贵州人民出版社 2005 年版;徐晓光:《清水江流域林业经济法制的历史回溯》,贵州人民出版社 2006 年版;徐晓光:《清代黔东南锦屏林业开发中国家法与民族习惯法的互动》,《贵州社会科学》2008 年第 2 期;徐晓光:《锦屏林区民间纠纷内部解决机制及与国家司法的呼应——解读〈清水江文书〉中清代民国的几类契约》,《原生态民族文化学刊》2011 年第 1 期;徐晓光:《款约法——黔东南侗族习惯法的历史人类学考察》,厦门大学出版社 2012 年版。
② 曹务坤:《从诚信的视角看清代黔东南锦屏侗族、苗族林业契约》,《贵州民族研究》2011 年第 3 期。
③ 邓建鹏、邱凯:《从合意到强制:清至民国清水江纠纷文书研究》,《甘肃政法学院学报》2013 年第 1 期。
④ 邓建鹏:《清至民国苗族林业纠纷的解决方式——以清水江"认错字"文书为例》,《湖北大学学报》(哲学社会科学版)2013 年第 4 期。
⑤ 吴才茂:《清代清水江流域的"民治"与"法治"——以契约文书为中心》,《原生态民族文化学刊》2013 年第 2 期。
⑥ 林芊:《从天柱文书看侗族社会日常纠纷与协调机制——"清水江文书"天柱文书研究之五》,《贵州大学学报》(社会科学版)2014 年第 1 期。
⑦ 程泽时:《晚清苗疆盗案断理与实践法律观——从五份清水江文书谈起》,《原生态民族文化学刊》2014 年第 1 期。
⑧ 程泽时:《清水江文书之法意初探》,中国政法大学出版社 2012 年版。

纷一直是清水江文书研究的热点问题之一，罗洪洋、梁聪、龙宪华在其博士论文中，系统阐释了清水江流域法律关系和纠纷处理机制。① 此外还有几篇硕士论文②，论述以文书为载体的习惯法在当地社会的重要地位，但对前人研究成果突破不大。

（2）社会史

首先，社会变迁方面。明清时期，"木材之流动"使清水江下游卷入全国贸易体系，成为其中重要一环，进而引发了本区域社会大变革。龙泽江等人便以此为切入点，阐述了木材贸易对清水江下游苗族社会变迁带来的影响：促进了人工林业和林业租佃制的发展，进而促使苗族农村公社的瓦解和地主制经济的发展；苗族地主乡绅则凭借此积累财富以兴办团练武装，进而取代土司社会控制和基层管理职能，使这一带苗族社会权力结构得以改变。③ 吴才茂则关注苗、侗妇女地位的变化，表现在她们有财产继承、买卖土地、放债出典甚至充当"中人"等权利，同时还积极参与社会公益事业实现自我价值。④ 陈雁的角度特别新颖，她充分运用了西方理论，从财产和性，诠释出清代民国清水江寡妇、特别是底层社会老年寡妇的另类形象。⑤

其次，宗族家族方面。李士祥通过分析《天柱文书》中90份分

---

① 罗洪洋：《清代黔东南锦屏人工林业中财产关系的法律分析》，博士学位论文，云南大学，2003年；梁聪：《清代清水江下游村寨社会的契约规范与秩序——以锦屏文斗苗寨契约文书为中心的研究》，博士学位论文，西南政法大学，2007年；龙宪华：《清代清水江下游苗疆地区法律文书研究（1693—1911）》，博士学位论文，中国政法大学，2010年。

② 侯晓娟：《清代黔东南文斗苗寨纠纷解决机制研究》，硕士学位论文，西南政法大学，2007年；吴声军：《论林业契约对林地产权的维护功能——以清水江流域文斗寨为例》，硕士学位论文，吉首大学，2010年；魏瑶：《清代及民国黔东南地区基层诉讼研究——以〈清水江文书〉为依据》，硕士学位论文，中央民族大学，2012年；邱凯：《清至民国清水江流域的多元纠纷解决机制——以锦屏苗族契约文书为研究中心》，硕士学位论文，中央民族大学，2012年。

③ 龙泽江等：《木材贸易与清代贵州清水江下游苗族社会变迁》，《中国社会经济史研究》2013年第4期。

④ 吴才茂：《从契约文书看清代以来清水江下游苗、侗族妇女的权利地位》，《西南大学学报》（社会科学版）2013年第4期。

⑤ 陈雁：《财产与性："清水江文书"中的寡妇》，《山西师大学报》（社会科学版）2014年第3期。

※ **清代民国时期黔东南"林农兼作"研究**

关文书,厘清清代民国天柱乡村居民分家原因、原则、方式和频率。① 王凤梅通过清水江文书的书写程式,分析宗族在维持家庭延续性和宗族凝聚力方面的重要作用。② 不过遗憾的是,他们在论述过程中没能与其他地区的文书进行对比。

再次,风俗习惯方面。王振忠以风水先生为题,阐释了清水江文书中风水先生在葬地勘舆、阴地买卖方面的作用,与徽州不同的是他们还参与见证墓地的财产分割。③ 吴才茂则从日常生活中分关文书、买卖契约、盟约的签订及纠纷排解几方面,再现清代清水江下游苗侗的真实生活。④

（3）经济史

龙泽江等人通过文书与方志结合,考证了清代苗侗地区田粮计量单位。⑤ 还以货币流通为切入点,通过对清代贵州苗侗民族货币中银两成色、平砝标准及银钱比价的梳理,认为此地区货物流通经历了从规范到失序再趋于规范的过程。⑥ 林芊将目标锁定在天柱凸洞侗族地区,统计出乾隆至近世该地区土地交易宗数、买卖面积和参与者,以此说明该地区虽有土地兼并但终未形成地主土地所有制,依然为以自耕农为主的侗乡社会。⑦ 安尊华则从天柱文书出发,阐释清

---

① 李士祥:《18至20世纪中期清水江地区分家析产探析——以"清水江文书考释·天柱卷"分关文书为中心的考察》,《贵州大学学报》(社会科学版) 2013年第2期;安尊华对此也有相关论述,见《论清水江流域分关文书的书写程式》,《原生态民族文化学刊》2014年第2期。
② 王凤梅:《清水江文书书写程式的宗族性探讨——以天柱县高酿镇地良村契约文书为例》,《贵州大学学报》(社会科学版) 2013年第4期。
③ 王振忠:《清水江文书所见清代民国时期的风水先生——兼与徽州文书的比较》,《贵州大学学报》(社会科学版) 2013年第6期。
④ 吴才茂:《契约文书所见清代清水江下游苗侗民族的社会生活》,《安徽史学》2013年第6期。
⑤ 龙泽江:《清水江文书所见清代贵州苗侗地区的田粮计量单位考》,《农业考古》2012年第4期。
⑥ 龙泽江:《从清水江文书看清代贵州苗侗地区货币流通中的几个问题》,《贵州大学学报》(社会科学版) 2013年第2期。
⑦ 林芊:《从清水江文书看近代贵州民族地区土地制度——清水江文书（天柱卷）简介》,《贵州大学学报》(社会科学版) 2012年第6期;林芊:《近代天柱凸洞侗族地区的土地买卖和地权分配——清水江文书（天柱卷）研究之一》,《贵州大学学报》(社会科学版) 2013年第2期。

水江流域民间地权转移方式。① 谢开键、朱永强等人以天柱土地买卖文书为中心，分析清代、民国天柱农村地区土地买卖的多重原因。② 朱荫贵则以天柱县民国时期的地权转移文书为中心，从土地买卖、典当抵押借贷、分家等方面探讨近代中国的地权转移。③ 安尊华通过文书，分析出抗战时期土地买契税（高于国民政府的规定）并剖析原因。④

（4）林业史

国外研究清水江流域林业史的主要有武内房司、唐立、相原佳之、岸本美绪和金弘吉。武内房司通过考察18世纪以来清水江流域的商业化及发达的木材交易，分析了中国政治经济系统的控制与地方社会的回应。⑤ 岸本美绪将锦屏山林契约文书与徽州山林契约文书进行了对比研究⑥，这在近六十年的研究成果中非常少见和难得，为我们进行文书研究提供了较好的范式。唐立在《清代贵州苗族的植树技术》一文中，简要介绍锦屏林契和清江清水江流域的山林经营，同时简述了苗木培植技术。⑦ 他还通过文书，详细阐释了清代清水江流域林业经营兴起的要素。⑧ 相原佳之论述了锦屏林业经营状况，厘清了杉木造林的基本循环及林木育成的周期，同时他选定文书中三

---

① 安尊华：《试论清水江流域的民间地权转移——基于文书的考察》，《贵州大学学报》（社会科学版）2013年第3期。

② 谢开键、朱永强：《清至民国天柱农村地区土地买卖原因探析——以清水江文书为中心的考察》，《贵州大学学报》（社会科学版）2013年第5期。

③ 朱荫贵：《从贵州清水江文书看近代中国的地权转移》，《贵州大学学报》（社会科学版）2013年第6期。

④ 安尊华：《从清水江文书看抗战时期土地买契税》，《贵州社会科学》2014年第10期。

⑤ ［日］武内房司：《清代清水江流域的木材交易与当地少数民族商人》，《学习院史学》1997年第35期。

⑥ ［日］岸本美绪：《贵州的山林契约文书与徽州的山林契约文书》，载［澳］唐立、杨有赓、［日］武内房司：《贵州苗族林业契约文书汇编（1736—1950）》第三卷，东京外国语大学国立亚非语言文化研究所2003年版，第165页。

⑦ ［澳］唐立：《清代贵州苗族的植树技术》，《农业考古》2001年第1期。

⑧ ［澳］唐立：《清代清水江流域苗族植树造林的开始——林业经营兴起的各种因素》，载［澳］唐立、杨有赓、［日］武内房司：《贵州苗族林业契约文书汇编（1736—1950）》第三卷，东京外国语大学国立亚非语言文化研究所2003年版，第9页。

✽ 清代民国时期黔东南"林农兼作"研究

个"土名"(冉度敢、冉学诗、龟尾)个案,以探讨拥有山场获利权人的背后关系,及"山主""栽手"间的关系,进而梳理苗族如何利用这些多样的经营方式进行持续的杉木生产。① 其个案研究方向值得借鉴和推崇。沿江而下的赎木过程,也是白银、移民和汉族文化逆流而上的过程。基于此,相原佳之通过文书解读,探讨了文斗、平鳌等村寨货币使用情况及引发的社会变化,阐释造成变化的原因。②

至于国内,杨有赓为清水江文书研究的先锋,在 20 世纪八九十年代发表了系列论文,对明清王朝在黔采办皇木的历史、汉民族对开发清水江流域少数民族林区的影响和作用、山林买卖契约所反映的苗汉经济关系、黔东南木行、清水江流域商品经济商业资本等问题作了开拓性研究。③ 罗洪洋较早关注苗族林业交易契约,他通过对卖契、佃契、分契及处理纠纷契约的研究,认为清代苗侗地区习惯法调和了各方利益关系,进而促成了区域人工林的发展。④ 同时将清代苗族林业卖契分成三类,即卖木又卖地、卖木不卖地、卖栽手三类,体现出当时人工林经济的繁荣和苗民对民间契约的信任。⑤ 而龙春林等人则通过人工造林、林业管理、山林权属、林业契约、林区妇女、林业契约、林业文化等,详细介绍了侗族传统林业。⑥ 罗康隆

---

① [日]相原佳之:《清代·中国清水江林业经营的一侧面——平鳌寨文书事例》,载唐立、杨有赓、武内房司:《贵州苗族林业契约文书汇编(1736—1950)》第三卷,东京外国语大学国立亚非语言文化研究所 2003 年,第 121 页;[日]相原佳之:《从锦屏县平鳌寨文书看清代清水江流域的林业经营》,《原生态民族文化学刊》2010 年第 1 期。
② [日]相原佳之:《清代贵州省东南部的林业经营与白银流通》,《清水江文书与中国地方社会国际学术研讨会论文集》,贵州大学中国文化书院 2013 年编印,第 287 页。
③ 杨有赓:《清代锦屏木材运销的发展与影响》,《贵州文史丛刊》1988 年 3 期;杨有赓:《清代黔东南清水江流域木行初探》,《贵州社会科学》1988 年 8 期;杨有赓:《明清王朝在黔采办皇木史略》,《贵州文史丛刊》1989 年 3 期;杨有赓:《清水江流域商业资本的发现、流向与社会效应》,《贵州民族学院学报》1989 年第 3 期;杨有赓:《清代苗族山林买卖契约反映的苗汉等族间的经济关系》,《贵州民族学院学报》1990 年第 3 期。
④ 罗洪洋、张晓辉:《清代黔东南文斗侗、苗业契约研究》,《民族研究》2003 年第 3 期。
⑤ 罗洪洋:《清代黔东南锦屏苗族林业契约之卖契研究》,《民族研究》2007 年第 4 期。
⑥ 龙春林、杨昌岩:《侗族传统社会林业研究》,云南科技出版社 2003 年版。

绪 论

主要关注人工林的经营,在其学位论文第四章第二节,着重讨论了人工林过程中的私有产权与租佃分成,认为不同时期分成比例有所不同,体现了林业发展和人口增长促成林地价值的提高。① 张应强则论述了清水江木材贸易和木材市场的概况,同时阐释地方社会与中央权力的互动。② 材料上,他不仅使用了丰富的文契,还充分考虑与地方文献、口述史料进行互证,阐述回到历史现场的重要性,无疑为清水江文书研究树立了较好的标杆作用。单洪根较注重林契的分类,初步归纳出清水江流域木商文化之特点,还结合林权改革提出了自己的见解。③ 沈文嘉主要讨论林业经济与社会变迁,虽有提及"林粮间作",但并未系统阐释这一生产模式,而将关注点放在社会变迁上,④ 且全文极少使用"清水江文书"作为证据,论证略显无力。锦屏档案局王宗勋,因长期收集整理锦屏文书,对锦屏县自然与历史、特别是锦屏文书进行了详尽的介绍。⑤ 同时,通过县档案馆藏文书,围绕山林经营,对世居民与外来民、世居民之间、外来民之间三方面关系问题进行了详细梳理。⑥ 徐晓光通过文契,涉猎了清水江流域苗侗社会"杉农间作""混交林"问题。⑦ 不过,他仅仅描述了"杉农间作"的基本环节,却没有深掘这一模式的技术要求等问题。李向宇从林权归属与流转、林业生产领域、林业运输流通、

---

① 罗康隆:《清水江流域侗族人工林业研究》,博士学位论文,云南大学,2003年。
② 张应强:《木材之流动:清代清水江下游地区的市场权力与社会》,博士学位论文,中山大学,2003年;张应强、胡腾:《乡土中国·锦屏》,生活·读书·新知三联书店2004年版;张应强:《木材之流动:清代清水江下游地区的市场权力与社会》,生活·读书·新知三联书店2006年版。
③ 单洪根:《清水江木商文化》,社会科学文献出版社2009年版;单洪根:《木材时代——清水江林业史话》,中国林业出版社2008年版。
④ 沈文嘉:《清水江流域林业经济与社会变迁研究(1644—1911)》,博士学位论文,北京林业大学,2006年。
⑤ 王宗勋:《乡土锦屏》,贵州大学出版社2008版;氏著《文斗——看得见历史的村寨》,贵州人民出版社2009版。
⑥ 王宗勋:《从锦屏契约文书看清代清水江中下游地区的族群关系》,《原生态民族文化学刊》2009年第1期。
⑦ 徐晓光:《清水江文书杉农间作制度及"混交林"问题探微》,《原生态民族文化学刊》2013年第4期。

林业产品交易、林业利益分配等五方面探讨了苗侗民族山地林业经济管理思想。① 随后作者又从林地买卖、佃山造林、"青山"买卖等三方面分析清水江流域林业投资的效益。② 吴声军以文斗为个案，厘清了这一地区人工林业经营的长周期性。③ 基于此，林农为确保收益，会充分利用林地自然条件和地方文化尽可能规避灾害，使这一带人工林呈现封闭性。④ 吴述松则通过对"林粮兼作"文书的考证，认为林业结构调整促成了清代清水江流域内生经济的增长。作者发挥了经济学学科优势，对清水江流域经济结构和经济增长进行宏观把控。⑤ 不过，作者虽明确表明此文的阐释基于"林粮兼作"文书，却对此种经济形态并未过多阐释，而急于表达文书展现出的流域经济结构调整带来的经济增长。

综上所述，近六十年来学术界就"清水江文书"的研究取得了丰硕成果，将贵州历史特别是贵州古代史推向了新的高潮。但依然存在不足。表现如下：

其一，就文书研究来看，多数成果停留在文书整理、具体文书解读上，在整理时亦各自为政，刊布的文书编排方式各不相同，且基于文书解读的研究专著太少；许多论著陷入就文书而论文书的怪圈，缺乏其他文献的印证而凸显单薄；同时，鲜有论著将"清水江文书"与贵州省内"吉昌契约文书""贵阳地契"甚至省外文书进行对比研究，仅岸本美绪将锦屏山林契约与徽州山林契约进行了简单对比，但其研究思路，为本课题的研究提供了非常好的经验借鉴，特别是主佃利益分配、来人"棚屋"诸问题，需将清水江流域与其

---

① 李向宇：《清水江文书所见苗侗民族山地林业经济管理思想刍议》，《原生态民族文化学刊》2013年第5期。
② 李向宇：《清水江文书所见林业生产投资之效益分析》，《民族论坛》2014年第3期。
③ 吴声军：《从文斗林业契约看林业经营的长周期性——"清水江文书"实证研究系列之一》，《原生态民族文化学刊》2014年第1期。
④ 吴声军：《从文斗林业契约看人工林的封闭性——"清水江文书"实证研究系列之二》，《贵州大学学报》（社会科学版）2014年第4期。
⑤ 吴述松：《林业结构调整及其内生经济增长——基于500年清水江林粮兼作文书的证据》，《中国社会经济史研究》2014年第3期。

绪 论

他地区进行对照。

其二，就研究内容看，许多成果忽略了地区差异，仅以村寨为中心管窥整个清水江流域，因此在诸多问题上出现分歧，如土地所制问题、纠纷处理问题等；与此同时，多数成果更注重林契分析，问题集中在皇木采办、人工林经营、木材贸易及林业纠纷处理机制等方面，而忽略了田土契约、民间借贷、典当、物价，特别是黔东南林区特殊的"林农兼作"等问题。

其三，少数论著也论及"林农兼作"中的林间套种，不过仅仅简要介绍了杉木优质种子的选择、林木郁闭前套种的主要模式。而诸如套种的技术要求（如林农技术，林农作物匹配及伴生作物的选择与防病虫害和他感化感的关系等）、"林农兼作"下的利益分配诸问题，则缺少专门而系统的研究，这给笔者留下了继续深掘的空间。

三 研究方法

本书在查阅古籍、史志材料、刊布的契约文书、深入调研收集的契约以及口述史料的基础上，进行综合分析。具体方法如下：

第一，文献考证法。仅仅依赖契约文书，与古籍及地方文献剥离而得出的结论显得苍白无力，因此本书在掌握大量文书的基础上，还进一步深掘传统文献资料，尽可能得出客观的结论。

第二，田野调查法。深入林区，重温林区昔日繁华；通过访谈，收集不一样的记忆历史；走出书斋，回到历史现场，为本书研究提供更多的新材料与新视角。

第三，计量、定量分析法。拟整理、分析林价、利率、分成比例等数据问题，拟对山主拥有山场土地规模、林权转让次数、典型人物参与交易次数等数据进行分析，要完成这些目标，需要运用计量、定量分析法。

四 重点、难点及创新点

（一）重点、难点

1. 重点

通过文书解读，围绕黔东南"林农兼作"，分析其产生的原因，解决农林技术、林农地位及利益分配诸问题。

2. 难点

其一，资料收集与分类、对比。现已刊布的文书多集中在锦屏、天柱两县，且数量庞大，仅锦屏便约在 3 万件以上。分类整理是项艰巨的工作，文中诸多问题需要以文书来佐证。如为保障山主的收益，在山场买卖契约中，有连片购买现象，即连成一片便于管理，这必须通过四至，方可证实；移民问题上，虽然有学者对黔东南移民规模有大致的估计数据，但并不精确，唯有将现有佃种、买卖等交易契约中的"来人"①进行摸底，与本土民众进行对照，方能解决；此外便是山场的性质问题，即是否存在家庭私有山场的问题，亦需要进行个案统计；将清水江文书与同省的吉昌契约文书、贵阳地契相对比，彰显清水江文书的特色。

其二，文书研究与地方文献印证问题。这也是当下清水江文书研究中比较突出的问题，有些成果在论述时，倾向于抛开文献或历史背景，就文书而论文书。造成这种结果的主要原因在于贵州传世史料稀缺，但稀缺不等于没有，相信能够尽可能克服这些困难。

（二）创新点

本书可能的创新点如下：

首先，目前学术界以林契、林业经营、木材贸易、社会变迁等为热点，而本书以契约文书为基础，首次以"林农兼作"这种被大

---

① "来人"是本地民众对外来移民的统称。

家忽略的角度为题,在阐释山林经营、林间套种的同时,亦给予农田、农业诸问题应有的重视,具有创新的空间。

其次,国外学术界对林间套种的研究,多数是在"混农林业"或"农林复合经营"中顺便提及,缺乏系统研究;国内学者对林间套种的研究多从实验出发,选定特定区域从林农双赢出发,清水江流域林间套种成果凸显薄弱,"林农兼作"无人问津;国内外对套种问题的研究大多聚焦当前,而忽略历史。因此,本书将目光锁定在清代民国时期,也具有一定的创新空间。

再次,对一些具有争议的问题,尽可能提出一孔之见,如苗侗种植杉木的技术、山场性质、传统生产方式、"来人"等问题。

第一章 "林农兼作"及"林农兼作"文书

第一节 "林农兼作"及"林农兼作"的具体做法

一 "林农兼作"的含义

本书所指的"林农兼作"包含两层含义,一是指清代民国时期黔东南以林业为主、农业为辅的两种经济生活方式,其中林业经济主要指杉木、油茶、油桐等林作物的种植、伐卖,以及以此为基础而产生的其他经济现象,农业经济则指传统的农业生产;二是指林间套种,它是前文所指的"混农林业"的主要形态之一,主要是指在杉木、油茶林等林木间,造林之后、林木郁闭之前套种"玉米""小麦""红薯"等农作物。

（一）林农经济生活方式

至于清代民国时期黔东南林业、农业经济状况,后文将详细阐述,此处须特别指出的是,这儿所指的林、农并非完全分开,而是相互交错。民国十六年（1917）11月,加池寨姜文忠因卖田2坵立契,契尾有此批文:"老杉木在外不卖。"[1] 也就是说,这2坵田中栽有杉木,而且已经长大,因此卖田时特别注明杉木不卖。民国三

---

[1] 张应强、王宗勋:《清水江文书》第1辑第8册,第301页。

第一章 "林农兼作"及"林农兼作"文书

十四年（1945）8月，加池寨姜秉干断田立约时，也有类似的外批："内除杉木油树不卖。"① 很明显，出卖的这片田土中还种植了杉木和油茶。在农田四周及田间种植林木的做法，与当今农田护林网、护林带类似。

（二）林间套种

林农佃种山场后，在栽种林木前及种植林木过程中，林木郁闭之前同时种植农作物。这在契约中有所体现，见契1-1。

契1-1：

立佃种地栽杉合同字人加什寨姜士周、龙显新，今佃到文堵寨姜文凤等山场一处，土名坐落加什塘穷劳夏，左右平岭，上至凹，下至沟为界。今心平意愿付与姜龙二姓种粟栽杉修理，其木日后长大发卖二股平分，地主占一股、栽手占一股，木砍伐尽，地归原主，二家不得异言。恐后无凭，立此佃种合同字存照。

凭中：姜辅周

代笔：姜周隆

乾隆四十五年六月初四立②

由上契可知，加池寨姜士周、龙显新佃地的目的是"种地栽杉""种粟栽杉"，体现了杉、粟套种。在清水江流域，山林主要是指杉林，即山场以种植杉木为主，不过除传统的杉农套种外，还有油树与农作物的套种。道光二十年（1840）9月，加池寨姜开渭弟兄佃种文斗寨姜朝魁一块山场"栽油种地"，并言定："油树成，照二股均分，地主占一股、栽手占一股。"③ 姜开渭弟兄佃山的目的是"栽

---

① 张应强、王宗勋：《清水江文书》第1辑第11册，第397页。
② 张应强、王宗勋：《清水江文书》第1辑第12册，第326页。
③ 张应强、王宗勋：《清水江文书》第1辑第11册，第164页。

※ 清代民国时期黔东南"林农兼作"研究

油种地",体现出在油树林下套种农作物的做法。

二 "林农兼作"的具体做法

至于林农经济生活方式,主要是指山场开发和农田种植,前文业已提及,农田中以及农田四周一般还种植以杉木为主的林作物,即"林间套种"。需要提及的是,田主或者说黔东南苗侗农民,不一定是这种单一身份,很多时候他们还是林农,即既经营少量田产,还充当栽手佃种山主的山场。

至于林间套种的具体做法,流传于锦屏县的谚语表达得十分清楚。如下:

> 林粮间作好,林下出三宝。当年种小米、二年种红苕。三年未郁闭,再撒一年荞。庄稼施了肥,林子出了草。林粮双丰收,林农哈哈笑。①

"林下出三宝"比较明确地表达了黔东南林农套种时,林和农是同时进行的,最终达到庄稼施肥、林木除草、林农双收的效果。林作物栽种后的第一年,间作小米,即文书中的"粟";第二年,间作红薯;到第三年,如果林木没有郁闭,间作荞麦。不过传世文献的记载却与谚语不尽相同。《黔南识略》较早记载黔东南杉木种植:"山多戴土,树宜杉。土人云:种杉之地,必豫种麦及包谷一二年,以松土性,欲其易植也。"② 此外,咸丰年间的《黔语》也有相应记录:"黔诸郡之富最,黎平,实惟杉之利。种之法:先一二年,必树

---

① 徐晓光:《清水江文书杉农间作制度及"混交林"问题探微》,《原生态民族文化学刊》2013年第4期。
② (清)爱必达:乾隆《黔南识略》卷21《黎平府》,《中国地方志集成(贵州编)》,巴蜀书社2006年版,第5册,第475页。

第一章 "林农兼作"及"林农兼作"文书

麦,欲其土之疏也。"① 光绪年间《黎平府志》的记载与《黔南识略》完全一致。②

将上述文献与谚语对照可知,二者的差别在于:首先,林、农种植的时序不同,谚语中林作物郁闭前三年中,林、农同时进行;文献强调,在林作物种植前一、二年种植农作物,以疏松土质,使种植林作物更加容易和方便。其次,套种作物种类不尽相同,谚语中的农作物分别是粟、红苕和荞;文献中的农作物主要是小麦和玉米。杨庭硕等人根据田野资料,也发现了文献与田野资料在上述两方面的差异,并逐一解释。

第一,对于林、农种植时序,杨庭硕等人结合田野调查,认为清水江流域林、农间作应是并行关系。结合文献记载,他认为:"先种植粮食作物好处在于,对整个林地进行松土;而在定植后同时种植农作物,那么松土的范围就仅限于农作带。就效果而论,先种植一两年的农作物再定植杉木,效果更理想;同时种植农作物,松土的效果则稍次,但可以节约地力。"③ 进而认为,先种植与同时种植各有可取之处。作者这部分论述的目的在于"对文献记载的回应",但最终也仅提到这两种方法都有可取之处,并没有解决文献记载与田野调查出现差异的原因。同样地,徐晓光教授亦根据田野调查资料,外加大量"清水江文书",认为为了解决林粮矛盾和粮食紧张问题,清水江流域主要实行"先农后林"。④ 同样是田野调查资料,杨庭硕认为杉农同时进行,徐晓光认为为解决口粮主要实行"先农后林",二者结论完全相反。徐晓光的说法与《侗族社会历史调查》的说法类似,调查中就锦屏胆魁寨林农时序进行了描述,即第一年

---

① (清)吴振棫:《黔语》卷下《黎平木》,(民国)《黔南丛书》,民国甲子据云峰草堂禁书本校印,贵阳文通书局1924年版,第2集第10册,第124页。
② (清)俞渭:光绪《黎平府志》卷3下《食货志·物产》,《中国地方志集成(贵州编)》,巴蜀书社2006年版,第280—281页。
③ 杨庭硕等:《清水江流域杉木育林技术探微》,《原生态民族文化学刊》2013年第4期。
④ 徐晓光:《清水江文书"杉农间作"制度及"混交林"问题探微》,《原生态民族文化学刊》2013年第4期。

※ 清代民国时期黔东南"林农兼作"研究

烧山种小米,第二年春种杉,进一步解释这种先农后林现象的原因:"由于林业生产周期长,获利于木材是缓不济急,如果口粮不能解决,农民是无心从事林业生产的。"① 甚至还有人认为,林农佃山是为了解决口粮问题,一二年后方栽杉抵租。② 解决口粮只是一个客观结果或者说是林农单方面的主观意愿③,不能成为先农后林时序的最根本原因;林农通过套种的确可以获得口粮,但绝非栽杉抵租,因为只要杉木成林,林农也占有了林产一定比例股份,而这些股份可以出让,他们不用等到二十年后林木成材出卖,便可以提前实现收益。而且,文献中明确指出,先农后林的目的在于"松土",并非"解决口粮"。

要厘清这个问题,必须放到清水江流域繁荣的木材贸易背景之下,也正因为木材贸易的繁荣,山主出佃山场时,肯定会想到尽快让杉木成材以砍斫获利,不可能让林农花费两年时间专门种植农作物以"松土"甚至"解决口粮",这在佃山场文书中也可以找到相应印证。以张应强编撰的《清水江文书》(一)为例,13 册文书中共有 400 份佃山场契约,其中 2 例文书有这样的外批:"此山限在三年栽杉、五年成林,若不成林,栽手并无实股。"④ 这两契亦驳斥了徐晓光的观点:"栽手先使用地主的土地种植粮食两年,解决口粮问题,第三年才开始栽杉,从这时才开始租山契约。"⑤ 很明显,这两份发生在光绪年间,中仰、党秧、加池寨的佃契,并非如徐晓光所说种粮两年后才开始租山栽杉契约。之所以要在契约中强调"限在

---

① 贵州省编辑组:《侗族社会历史调查》,第 97 页。
② 杨伟兵:《清代黔东南地区林农经济开发及其生态—生产结构》,《中国历史地理论丛》2004 年第 3 期。
③ 如咸丰九年(1859)2 月,岩湾寨范福乔佃山场原因便是"无地种粟",见陈金全、杜万华《贵州文斗寨苗族契约法律文书汇编——姜元泽家藏契约文书》,人民出版社 2008 年版,第 434 页。
④ 张应强、王宗勋:《清水江文书》第 1 辑第 4 册,第 393 页;张应强、王宗勋:《清水江文书》第 1 辑第 10 册,第 303 页。
⑤ 徐晓光:《清水江文书"杉农间作"制度及"混交林"问题探微》,《原生态民族文化学刊》2013 年第 4 期。

第一章 "林农兼作"及"林农兼作"文书

三年栽杉""五年成林",就是为了避免林农只进行粮食种植而忽略林木栽培,因此以契约的形式保证林农在三年内必须栽种杉木,且五年内杉木必须成林。从侧面证明,《黔南识略》《黔语》等文献中有关"先农后林"的记载是真实存在的。不过,这种现象毕竟是少数,山场佃约中还有很多"限至三年成林"的规定。在这三年成林的束缚下,林农如果先种植一二年农作物"松土"或"解决口粮",再种植林作物,肯定实现不了成林的约定。既然存在这些三年成林时限的契约,肯定表明,清水江流域不仅仅只有先农后林的做法。对此,契约中给出了明确的答案,比如蒋景华、仲华叔侄佃山契约中,便有"不准种菜"的外批。① 可见,林区存在林间种菜的做法,否则不会特意批出。再如道光十一年(1831)3月,姜启姬等5人佃种平鳌寨七桶山时,将山场分为5幅,每人负责栽种修理1幅,同时约定:"来往看顾阳春,彼此亦有先后不同,不许擅入他人地内,妄拆包谷瓜菜等情。"② 由此可以肯定,林间还套种了玉米和瓜菜等作物,恰巧这与传世文献的记载能够吻合。据《黎平府志》载:"今黎郡栽杉之山……凡有隙地,具种包谷矣,树枝盖地方止。"③ 虽然这条记录意在描述"玉米包谷",但在记录过程中却透露出玉米在林间套种的社会现象,而且这种套种方式一直延续到杉木成林,即杉木树枝盖地。至此,我们可以相信:一方面,先农后林的现象在黔东南林区确实存在过,这可以从契约文中找到印证,不过这种做法并不普遍;另一方面,由于木材贸易的繁荣,山主不可能在杉木定植前为林农提供两年时间专门"松土""解决口粮"而事农,因此山场佃约中有将成林时间限在"三年"的规定,这样便否定了

---

① 罗洪洋:《贵州锦屏林契精选》,载谢晖、陈金钊编《民间法》(第3卷),山东人民出版社2004年版,第544页。

② [澳]唐立、杨有赓、[日]武内房司:《贵州苗族林业契约文书汇编(1736—1950)》第二卷,东京外国语大学国立亚非语言文化研究所2002年版,C0044。

③ (清)俞渭:光绪《黎平府志》卷3下《食货志·物产》,《中国地方志集成(贵州编)》,巴蜀书社2006年版,第17册,第268页。

❋ 清代民国时期黔东南"林农兼作"研究

杉木定植前两年事农的可行性;第三方面,通过契约文书及传世文献可知,杉木定植后,黔东南林区确实存在林农同时进行的情况。至于《黔南识略》《黔语》《黎平府志》记载杉木时,意在阐释土地的开垦、选种、育苗、培植、采伐,没有特意提及林下作物,亦在情理之中。但并不意味着不存在林农同时进行的方式,而这种方式恰恰在田野调查和契约文中有所体现。著名林学专家吴中伦就杉农时序安排问题亦有研究,他认为间作年限有三种习惯:先农后杉(即垦地后先种1—2年农作物,然后栽杉)、杉农同时、先杉后农,不过杉农同时进行,连续三年效果较好,先农后杉会导致地力消耗和水土流失,不利于杉木生长,先林后农的情况也较少。① 也就是说,清代、民国时期黔东南林间套种过程中,种植杉木前,存在先种植农作物一至二年的现象,但更普遍的是杉木定植之后、郁闭之前,在其间隙处种植农作物的做法,林农同时进行。关于这一点,20世纪五六十年代"栽杉王"王佑求对其一生栽杉经验总结"全面整土宽打窝,阴天栽杉易成活,宜用一年健壮苗,根散压紧填满窝,打好桩子挡泥土,杉苗尖子朝下坡,林粮间作双管理,保证杉苗快长活"②,也有提及之所以要林农同时进行,是因为"栽杉不(间)种粮,杉木难快长"③。

第二,至于套种作物,杨庭硕等人通过田野调查资料,认为杉木定植后的第一年间作小米,此后有豆类、玉米、红薯和高粱。④ 他总结了田野调查与文献记载(偏种小麦)产生误差的原因:清代中叶,玉米和红苕方传入黔东南,在此之前,间作物当是小麦和小米(粟),二者换季种植;而且小米喜寒、耐旱,适合在碱性土壤中生存,因此第一年须种植小米,随后换种高粱等其他杂粮;当然存在

---

① 吴中伦:《杉木》,中国林业出版社1984年版,第437页。
② 锦屏县林业志编纂委员会:《锦屏县林业志》,第123页。
③ 锦屏县林业志编纂委员会:《锦屏县林业志》,第123页。
④ 杨庭硕等:《清水江流域杉木育林技术探微》,《原生态民族文化学刊》2013年第4期。

第一章 "林农兼作"及"林农兼作"文书

间作物的匹配问题。① 徐晓光也持类似观点。② 田野调查资料中第一年种植的作物粟与谚语说的相吻合，不过粟作为套种作物首选值得怀疑。首先，杨庭硕等人通过分析田野调查资料，认为杉木原生林在高海拔区域，但人工林经历了从高海拔向温暖低海拔迁徙过程，因此无论其伴生林抑或间作物，都有防治因杉木"异地种植"而产生的"水土不服"的技术思考③；其次，既然人工林位于温暖的低海拔区域，耐寒耐旱作物粟作为间作物没有理由作为首选；再次，杨庭硕等人亦提到，粟喜碱，但文献中提及的先农后林的这种模式中，如果已经有了一两年的农作物种植经历，杉木定植后土壤早已不是碱性，不再适合粟的生长。再回过头来查看文献，谚语和田野调查中涉及的主要套种作物有小麦、玉米、粟、红苕、苦荞、高粱、豆类，但在文献记载中，只有小麦和玉米涉及山地种植和套种。《黎平府志》提到小麦时，表达了作者的观点，即种植在水田中会分田力而引起水稻薄收，因此"农不尽种，间有种于山地者"④。虽然没有言明是林间套种作物，但黔东南山区即为林区，欲在山地种植小麦，必是套种无疑。若说小麦参与套种还不太明显，那文献中记载玉米的条目则十分清晰地表达了玉米参与套种的社会现象⑤，这种做法直至林木盖地成林。假若如谚语和田野调查资料所示，粟为套种作物首选，文献中涉及粟的条目不可能不提及，反而在玉米和小麦中提到套种。由此可知，无论先农后林、抑或林间套种，玉米和小麦都是首选。特别是玉米，这种高秆作物在杉林幼苗阶段参与套种，确有保护幼苗的作用⑥，随着林木不断长大，在第二年、第三年配置

---

① 杨庭硕等：《清水江流域杉木育林技术探微》，《原生态民族文化学刊》2013年第4期。
② 徐晓光：《清水江文书"杉农间作"制度及"混交林"问题探微》，《原生态民族文化学刊》2013年第4期。
③ 杨庭硕等：《清水江流域杉木育林技术探微》，《原生态民族文化学刊》2013年第4期。
④ （清）俞渭：光绪《黎平府志》卷3下《食货志·物产》，第267页。
⑤ 前文已引。
⑥ 刘宗碧：《清水江流域传统林业模式的生态经济特征及其价值》，《生态经济》2012年第11期。

※ 清代民国时期黔东南"林农兼作"研究

套种作物时选择红苕、荞类作物这种养地型作物亦符合当今林间套种的做法。之所以文献中亦未提及其套种，当与其作为套种作物不具有普遍性有关。除高秆作物具有共性外，低秆作物具有更多的选择，因此各地选择不一定一致，故文献中没有记录。由此可见，玉米生产技术传入黔东南前，林间套种作物应以小麦为首；玉米传入后，则以高秆作物玉米为首。既然如此，为何田野调查、谚语甚至契约文中都出现了"粟"？在《黎平府志》中，玉米又叫"蜀黍"①，别名包粟，粤语也称"粟米"②，在田野调查中，笔者发现"蜀""粟"在黔东南中发音类似，将"蜀黍"写成"蜀"，将"蜀"误写成"粟"亦属可能。特别是契约文书中，同音字、同形字非常常见。如道光十九年（1839）7月，岩湾寨范锡贵佃种文斗寨姜绍熊兄弟山场立约时，便将"文斗"写作"文堵"。③ 这种推测在吴中伦的《杉木》中得到了证实，书中对于间作物搭配问题上，认为杉木幼林第一年应间作高秆类作物玉米，起到遮荫保护作用（高秆作物居上层、杉木居下层）；第二年以后，杉木长高，为避免间作物与杉木的矛盾，应选择杉木居上层，间作物居下层的模式，欲将间作物居下层则应选择矮生作物如花生、豆类等；而杉木与小米属于同层，二者矛盾较大，建议少用。④ 再次证明，林木定植后第一年，间作物（套种作物）选择玉米优于粟，成为首选。

综上所述，清代、民国时期黔东南"林间套种"的具体做法是：种植林木前，存在先种植一至二年的小麦、玉米这种套种模式，不过以林木定植后、郁闭蓄禁前套种小麦、玉米等农作物，林农同时进行这种模式为主。值得一提的是，参与套种的农作物各地不尽相

---

① （清）俞渭：光绪《黎平府志》卷3下《食货志·物产》，第268页。
② http://baike.baidu.com/link?url=x−I1B2dXhiXAOmbYUGIdO7Xy4ICO9lLhnWO8n4qs_WMOczHoyVNJ5OsmMbOXBtyMVh29qvLBAb6XQzLp6Zfuc1n7sVRdf631−ijC5b6RyUO.
③ 吴大华：《清水江文书研究丛书》第2卷《林业经营文书》，贵州民族出版社2012年版，第13页。
④ 吴中伦：《杉木》，第436页。

· 32 ·

第一章 "林农兼作"及"林农兼作"文书

同,《黎平府志》也提到:"所赖山坡旷土,杂种菽麦菽粟……"①林农作物如何搭配,当与阳光、养分等因素有关。此外,林作物除传统的杉木之外,较常见的还有油茶、油桐,与杉木交错在一起。这种交错包含两种含义:一是杉木山场与茶油山场相交错,如道光四年(1824)4月,姜映发断卖祖遗杉山,这片杉山"下凭油山"②。二是其他山场中含有杉木、杉山中含有其他林木。乾隆五十八年(1793)3月,文斗寨姜廷珍断卖油山,特别强调"杉木不卖"③,意味着这片油山中,混种了杉木。嘉庆二十(1815)年2月,加池姜参绞出卖油山1股,与买主姜松乔订立契约时曾提到:"杉木不拘多少在内。"④也就是说,此片山林以油树为主,但中间夹杂着杉树,出卖油树时将杉木一并出卖。道光八年(1828)年6月,加池寨老九佃山的目的是"栽杉油树"⑤。道光十八年(1838)5月断卖油山,契约末尾有这样的外批:"油山内杉木一概出卖。"⑥同治三年(1864)3月,加池寨姜开书断卖油山山场立契,不过外批中有:"山内杉木风(枫)树在内。"⑦显然,在这片油山中,同时种植了杉木和枫树。民国三十八年(1949)3月,加池寨姜继美父子出卖茶油木立约,在契约末尾的外批中,提到:"老杉木分为2股,文烈占1股,买主占1股。"⑧通过外批可知,这片茶油木中夹杂有杉木(老木),分为两股,皆不属于油树主人。除油茶外,还混杂有其他林作物,光绪二十八年(1902)的一份卖契,虽然契约内容只提到出卖者拥有此山的具体股数,但契

---

① (清)俞渭:光绪《黎平府志》卷1《气候》,第37页。
② [澳]唐立、杨有赓、[日]武内房司:《贵州苗族林业契约文书汇编(1736—1950)》第一卷,东京外国语大学国立亚非语言文化研究所2001年版,A0149。
③ 张应强、王宗勋:《清水江文书》第1辑第12册,第245页。
④ 张应强、王宗勋:《清水江文书》第1辑第7册,第30页。
⑤ 张应强、王宗勋:《清水江文书》第1辑第10册,第134页。
⑥ 张应强、王宗勋:《清水江文书》第1辑第5册,第378页。
⑦ 张应强、王宗勋:《清水江文书》第1辑第9册,第272页。
⑧ 张应强、王宗勋:《清水江文书》第1辑第11册,第196页。

∗ 清代民国时期黔东南"林农兼作"研究

约开头明确写道:"立断卖山场杉木张树红麻次木黎树字。"① 由此可知,在这片山场中,与杉木混杂的有多种林作物,如张(樟)树、红麻、次木黎(刺梨)等。民国年间的一张包单,亦讲到杉木中含有毛木。② 具体哪些林木进行混交搭配,属于技术层面,将在后文中专门阐述。

三 "林农兼作"效益分析

至于清代民国时期黔东南林区经济效益,李向宇简单分析了林业投资的效益,但论述过于简单和笼统。如林地买卖,他分析卖主投资效益时,并没有计算卖主对所卖林地的投入,笼统地将卖价作为收益,肯定是不合理的。而在论述佃山场、林木买卖时,亦简单地以一特定契约进行论述,缺乏整体性。③ 根据前文叙述,在黔东南"林农兼作"中,林农获得的不仅仅是所栽林木的栽股,还有林下经济即套种作物的全部收益,此外本地林农有些还拥有一定数量的田产,可以自己种植水稻等作物,也可以将田产典当及断卖;而通过购买获得别人田产的田主,可以自己耕种这些田产,也可以租佃、转让给其他人,从中获得租息和差价,同时这些田主亦是山主④,他们可以自己经营山场,亦可以将山场佃与林农栽种,从中获利,甚至有些山主、田主实力雄厚,还可以通过放贷等形式获利。因此,"林农兼作"的收益是综合性的,而非单一的,下面谨以文斗下寨姜映辉为例,统计他购入的田产和山林产业,见表1-1。

---

① 张应强、王宗勋:《清水江文书》第1辑第3册,第398页。
② 张应强、王宗勋:《清水江文书》第1辑第3册,第434页。
③ 李向宇:《清水江文书所见林业生产投资之效益分析》,《民族论坛》2014年第3期。
④ 后文将详细阐释。

第一章 "林农兼作"及"林农兼作"文书

表1-1　　　　　　　　文斗下寨姜映辉置业情况统计

序号	时间	类型	卖主	买主	价格（两）	页码
1	乾隆四十年7月9日	卖木	姜今保 老年父子	姜映辉	1.1	022
2	乾隆四十四年4月10日	卖田	姜周文	姜映辉	1.6	026
3	乾隆四十五年6月22日	卖田	姜映交	姜映辉	1.82	027
4	乾隆四十五年6月25日	卖田	姜映交	姜映辉	2.12	028
5	乾隆四十五年9月5日	卖菜园	姜引声 上文斗寨	姜映辉	0.45	030
6	乾隆四十六年3月30日	卖田	姜今五 今三	姜映辉	1.5	031
7	乾隆四十九年8月4日	卖木并山	巫香科	姜映辉	1.35	037
8	乾隆五十五年10月13日	卖田	姜启贵 启琏 平鳌	姜映辉	12.5	044
9	乾隆五十八年11月27日	卖田	姜廷智 上寨	姜映辉	10	048
10	乾隆六十年9月24日	卖田	姜福生 陆生 平鳌	姜映辉	19	055
11	嘉庆四年3月22日	卖木并山	姜文甫 文邱	姜映辉	0.6	060
12	嘉庆四年8月24日	卖山	姜绍魁 六房	姜映辉	0.1	062
13	嘉庆六年2月10日	卖田	范学奇 张化寨	姜映辉	20.5	063
14	嘉庆六年10月8日	卖木	龙美保 上寨	姜映辉	4.6	066
15	嘉庆六年11月13日	卖木	龙美保 六房	姜映辉	6.2	068
16	嘉庆七年6月3日	卖田	龙香蔼 上寨	姜映辉	11	071
17	嘉庆八年2月1日	卖田	龙绍舜 上寨	姜映辉	33	073
18	嘉庆九年12月18日	卖田	范学奇 张化寨	姜映辉	11.5	078
19	嘉庆十二年12月20日	卖田	龙老富 上寨	姜映辉	22	090
20	嘉庆十三年2月4日	卖田	姜廷干	姜映辉	48.1	092
21	嘉庆十四年9月20日	卖木并山	姜光前 老六	姜映辉	10.5	103
22	嘉庆十四年11月20日	卖木	姜朝榜弟兄4人	姜映辉	35	106
23	嘉庆十四年11月20日	卖木	姜昌连 侄朝榜弟兄4人	姜映辉	35	107
24	嘉庆十五年2月9日	卖木	陈老祥	姜映辉	22.15	111
25	嘉庆十五年4月6日	卖田	龙老富 上寨	姜映辉	60	112
26	嘉庆十五年12月15日	卖木	姜光朝	姜映辉	13.3	116
27	嘉庆十六年闰3月11日	卖木	姜兼九 子金点 美点	姜映辉	32.5	117
28	嘉庆十六年8月15日	卖木	姜光周	姜映辉	21	120
29	嘉庆十六年9月26日	卖木	龙引保 上寨	姜映辉	2	120
30	嘉庆十八年7月12日	卖田	姜光兴 上寨；木香 平鳌	姜映辉	2	128

续表

序号	时间	类型	卖主	买主	价格（两）	页码
31	嘉庆十八年11月27日	卖木	姜绍怀	姜映辉	2.5	130
32	嘉庆十八年12月11日	卖木并山	姜廷伟 六房	姜映辉	4.5	131
33	嘉庆十八年12月25日	卖木	姜生兰	姜映辉	0.68	133
34	嘉庆十九年闰2月6日	卖木	姜绍祖 姊娘姜氏递莘	姜映辉	1.8	134
35	嘉庆十九年闰2月17日	卖木	姜金九	姜映辉	3.5	135
36	嘉庆十九年12月6日	卖木	姜光朝 上寨	姜映辉	5	138
37	嘉庆二十年2月5日	卖田	高门龙氏 子高显荣	姜映辉	30.5	140
38	嘉庆二十年2月20日	卖木并山	龙保显 加池	姜映辉	36	142
39	嘉庆二十年2月21日	卖木	姜绍怀 超魁	姜映辉	1.7	143
40	嘉庆二十年?月11日	卖山	龙飞池	姜映辉	8	147
41	嘉庆二十年5月3日	卖田	邓大朝	姜映辉	35.82	143
42	嘉庆二十年5月24日	卖田	姜光兴 木香 昌基	姜映辉	36	144
43	嘉庆二十年9月13日	卖木	龙飞池	姜映辉	8.5	144
44	嘉庆二十年12月24日	卖栽手	龙光华	姜映辉	11	148
45	嘉庆二十年12月28日	卖栽手	龙光华	姜映辉	2.8	149
46	嘉庆二十一年7月6日	卖栽手	范腾高同子 岩湾	姜映辉	3.5	150
47	嘉庆二十二年1月18日	卖田	姜显德	姜映辉	19	152
48	嘉庆二十二年5月25日	卖栽手	姜有能	姜映辉	0.8	155
49	嘉庆二十二年7月8日	卖木	范绍乡 岩湾	姜映辉	3.1	157
50	嘉庆二十二年10月24日	卖木	姜相周 子老领 下寨	姜映辉	15.5	160
51	嘉庆二十二年12月23日	卖木	范锡畴 岩湾	姜映辉	11.5	162
52	嘉庆二十二年12月25日	卖木	龙绍成	姜映辉	8.5	163
53	嘉庆二十三年3月9日	卖木	龙仕吉 仕清	姜映辉	32	165
54	嘉庆二十四年2月7日	卖木	姜氏卧女 载朝	姜映辉	5.2	141
55	嘉庆二十四年3月1日	卖田	姜光儒 老少	姜映辉	20.1	174
56	嘉庆二十四年3月4日	卖栽手	范玉堂等	姜映辉	76	174
57	嘉庆二十四年3月17日	卖栽手	姜绍祖	姜映辉	3.2	175
58	嘉庆二十四年4月10日	卖木	范绍廉 岩湾	姜映辉	5.3	177
59	嘉庆二十四年4月17日	卖栽手	陈龙磅 岩湾	姜映辉	2.5	179

第一章 "林农兼作"及"林农兼作"文书 *

续表

序号	时间	类型	卖主	买主	价格（两）	页码
60	嘉庆二十四年5月26日	卖田	龙卧姑 上寨	姜映辉	46.5	182
61	嘉庆二十四年7月10日	卖栽手	李必望	姜映辉	15.8	183
62	嘉庆二十四年10月？日	卖木	姜卓	姜映辉	0.8	188
63	嘉庆二十四年10月15日	卖木	姜光儒 光玉	姜映辉	9.5	185
64	嘉庆二十四年10月22日	卖木	姜相周 子老领 下寨	姜映辉	15.5	186
65	嘉庆二十四年12月15日	卖田	姜朝琏	姜映辉	43	189
66	嘉庆二十四年12月27日	卖山	姜玉兴	姜映辉	2.6	190
67	嘉庆二十四年闰4月1日	卖木	龙廷彩等	姜映辉	1.8	192
68	嘉庆二十五年4月19日	卖山	姜映科	姜映辉	9	180
69	嘉庆二十五年5月22日	卖木	范维远 岩湾	姜映辉	10	194
70	嘉庆二十五年5月22日	卖木	范绍昭 岩湾	姜映辉	10	195
71	嘉庆二十五年9月29日	卖木	姜昌盛	姜映辉	2	197
72	道光元年2月18日	卖栽手	姜祥楼	姜映辉	5.6	204
73	道光元年2月24日	卖木	刘老你	姜映辉	0.2	205
74	道光元年3月20日	卖木	姜长生等 平鳌	姜映辉	15.95	206
75	道光元年3月22日	卖木	姜光儒 光玉	姜映辉	19	207
76	道光元年4月28日	卖田	姜本伸	姜映辉	52	208
77	道光元年5月8日	卖木	范绍田 岩湾	姜映辉	3	208
78	道光元年5月15日	卖田	姜本伸	姜映辉	25.8	189
79	道光元年5月22日	卖木	范绍田 岩湾	姜映辉	10.1	209
80	道光元年5月22日	卖木	范咸宗等 岩湾	姜映辉	10.15	210
81	道光元年12月24日	卖木	姜绍祖	姜映辉	7.9	213
82	道光二年3月2日	卖田	姜魁元	姜映辉	41	216
83	道光二年3月2日	卖田	姜魁元	姜映辉	93.5	217
84	道光二年3月10日	卖田	姜朝贵	姜映辉	8.8	220
85	道光二年3月11日	卖栽手	姜田包	姜映辉	0.7	220
86	道光二年闰3月7日	卖山	李万明 南路	姜映辉	15.5	221
87	道光二年4月14日	卖木	杨宗成	姜映辉		222
88	道光二年4月18日	卖木	杨永成 天柱登宜寨	姜映辉	12.5	222
89	道光二年4月21日	卖山	姜保章	姜映辉	2.5	223
90	道光二年5月18日	卖田	姜光儒	姜映辉	15.1	189
91	道光二年5月25日	卖木	姜文焕 平鳌	姜映辉	45	223
92	道光二年5月28日	卖田	姜光儒	姜映辉	24.8	224

* 清代民国时期黔东南"林农兼作"研究

续表

序号	时间	类型	卖主	买主	价格（两）	页码
93	道光二年7月15日	卖山	龙廷彩	姜映辉	7.6	224
94	道光三年4月26日	卖木	范宗尧 女梅姞	姜映辉	2.8	227
95	道光三年11月4日	卖田	姜连	姜映辉	58.3	229
96	道光四年5月24日	卖木	姜氏有风	姜映辉	1.5	232
97	道光四年12月26日	卖田	姜世珽	姜映辉	88	235
98	道光六年3月5日	卖木	姜宗玉	姜映辉	30	239
99	道光六年3月18日	卖木	姜凤桥 映桥	姜映辉	30	239
100	道光六年4月16日	卖木	姜大受	姜映辉	1.1	240
101	道光六年10月8日	卖木	姜绍周	姜映辉	48	244
102	道光六年11月4日	卖木	范献璠	姜映辉	63	246
103	道光六年12月23日	卖山	姜昌荣	姜映辉	1.2	246
104	道光七年4月15日	卖田	姜氏楼真	姜映辉	16	248
105	道光八年8月17日	卖木	应龙九	姜映辉	3.3	254
106	道光九年2月26日	卖木	姜氏柳真 瑶光	姜映辉	18	256
107	道光九年2月26日	卖木	姜七生父子	姜映辉	3.6	257
108	时间不详	卖栽手	姜天九父子	姜映辉	11	202
109	时间不详	卖田	姜绍祖	姜映辉	152	201
110	时间不详	卖木	姜□□	姜映辉	4.5	203

数据来源：陈金全等：《贵州文斗寨苗族契约法律文书汇编——姜元泽家藏契约文书》。

通过上表可知，在契约中，姜映辉参与了110桩交易，分别购入菜园、田产、山林等，除3宗交易时间不详外，其余皆有具体的交易时间。由此可管窥姜映辉大致活动时间，从乾隆四十年（1775）至道光九年（1829），前后历时约55年，涉及的村寨主要有文斗上寨、平鳌寨、岩湾寨、张化寨、南路寨，甚至远至天柱县，交易总金额高达约1952.5两。单笔交易最低金额为1钱，最高达152两，其中买田共花银约929两、购买山林共用银约1023两。比较遗憾的是，在笔者所见的清水江文书中，没有见到姜映辉断卖这些产业的记录，到道光九年（1829）姜映辉产业积累非常可观，无

第一章 "林农兼作"及"林农兼作"文书

论他亲自经营抑或出佃，都能够达到一定的规模效应，获得较高的收益。此外，他还积极参与放贷，从中牟利，从乾隆五十一年（1786）至道光四年（1824），他共有13笔放贷记录，交易金额达467两，单笔交易金额高达150两。①

第二节 "林农兼作"文书

本书主要通过"清水江文书"，集中分析"林农兼作"诸问题。因此在进行系统分析前，有必要对本书的史料基础——清水江文书中与"林农兼作"相关的文书进行统计和分类。此处所说的与"林农兼作"相关的文书，主要是指与前文"林农兼作"定义相吻合的契约文书，即与田土和山林相关的文书，而民间纠纷、诉讼、产业置换等文书则非本书关注的重点。

一 根据时代分类

在笔者所见的清水江文书中，与"林农兼作"相关的文书总共有4206件②，时代分布如表1-2。

表1-2 清代民国时期黔东南林区林农兼作文书统计（按时代分类）

序号	时代	契约数量	占契约总数的比例
1	雍正	1	0.02%
2	乾隆	324	7.70%
3	嘉庆	833	19.81%
4	道光	1063	25.27%

---

① 陈金全等：《贵州文斗寨苗族契约法律文书汇编——姜元泽家藏契约文书》，第94页。
② 此数据不包含笔者自己在岑巩、黎平一带搜集的2000余份文书，主要因为岑巩文书中鲜有山林方面的契约，因此没有纳入"林农兼作"文书统计中，但在具体论述时，亦可以此作为对比。

清代民国时期黔东南"林农兼作"研究

续表

序号	时代	契约数量	占契约总数的比例
5	咸丰	139	3.30%
6	同治	273	6.49%
7	光绪	692	16.45%
8	宣统	56	1.33%
9	民国	798	18.97%
10	时间不详	27	0.64%

数据来源：《贵州苗族林业契约文书汇编（1736—1950）》第一至三卷、《侗族社会历史调查》、《贵州锦屏林契精选》、《清水江文书》（第1辑）、《贵州文斗寨苗族契约法律文书汇编——姜元泽家藏契约文书》、《贵州清水江流域明清土司契约文书·九南篇》。

这批"林农兼作"文书除少数时间不详外，其余皆标明了立契时间，从雍正至民国时期各个时代皆有。不过雍正年间的文书极少，仅一件。从乾隆年间开始，此类文书增多，至道光达到高峰，咸同时期跌入低谷，当与"咸同苗乱"有关。民国时期，此类文书又呈增长趋势。

二 按照内容统计

关于徽州文书的分类，有人主张按照形态、年代及内容进行分类①，也有人主张"归户分类法"②。清水江文书在编排和整理过程中，亦没有达成共识，分类方法多样。杨有赓按照内容，将文书分成山林卖契、含租佃关系的山林卖契、山林租佃契或租佃合同、田契、分山分林分银合同、杂契等，在每类契约下按年代先后顺序编排，不过最后一大类却又分成民国卖契③，与前面的种类不太协调。

---

① 王钰欣：《徽州文书类目》，黄山书社2000年版；王钰欣、周绍泉：《徽州千年契约文书》，花山文艺出版社1993年版。

② 刘伯山：《徽州文书的遗存及特点》，《历史档案》2004年第1期；刘伯山：《徽州文书》，广西师范大学出版社2005—2010年版。

③ [澳]唐立、杨有赓、[日]武内房司：《贵州苗族林业契约文书汇编（1736—1950）》第一至三卷，东京外国语大学国立亚非语言文化研究所2001—2003年版。

第一章 "林农兼作"及"林农兼作"文书

张应强、王宗勋等人则按照村寨划分大类,随之以家族、家庭进行归户处理,再按内容进行分类,最后根据年代先后进行排列。[①] 陈金全等人对姜元泽家藏文书进行专门梳理,分成两大类,即"契约"和"其他文书",每类下按时间先后顺序编列。[②] 高聪、谭洪沛与杨有赓的分类方法类似,先按照内容再以时序对锦屏县敦寨九南村契约文书进行了梳理。[③] 而本书在梳理"林农兼作"文书时,亦综合了上述方法,按照文书内容分成包单、典当、山场租佃、分股清单、分银单、借贷、买卖、土栽分成等几大类排列,具体见表1-3。

表1-3　清代民国时期黔东南林区林农兼作文书统计(按内容分类)

序号	类别	契约数量	占契约总数的比例
1	包单	3	0.07%
2	典当	206	4.90%
3	山场租佃	469	11.15%
4	分股清单	198	4.71%
5	分银单	70	1.66%
6	借贷	169	4.02%
7	买卖	2993	71.16%
8	土栽分成	98	2.33%

数据来源:《贵州苗族林业契约文书汇编(1736—1950)》第一至三卷、《侗族社会历史调查》、《贵州锦屏林契精选》、《清水江文书》(第1辑)、《贵州文斗寨苗族契约法律文书汇编——姜元泽家藏契约文书》、《贵州清水江流域明清土司契约文书·九南篇》。

由上表可知,清代民国时期黔东南林区"林农兼作"文书中,买卖契约占绝对优势,共有2993件,这些文书包括田土、山场、山林、土股、栽股及油山买卖。这些买卖文书中,卖田文书共528件、油山

---

① 张应强、王宗勋:《清水江文书》(第1辑),广西师范大学出版社2007年版。
② 陈金全等:《文斗寨苗族契约法律文书汇编——姜元泽家藏契约文书》,人民出版社2008年版。
③ 高聪、谭洪沛:《贵州清水江流域明清土司契约文书·九南篇》,民族出版社2013年版。

* 清代民国时期黔东南"林农兼作"研究

买卖189件,二者共717件,占买卖文书的23.96%,因此买卖交易中以山、林股权交易为主。此外,包单的数量极少,足以证明黔东南山场雇工经营的模式较少。须要提及的是,这些文书中,仅田土交易为红契,其他交易均为白契。田土交易之所以为红契,当与田税有关。

此外,从清代至民国,这些文书在书写程式上没有多大变化,基本都是交易双方凭中,或出让方(权力转移文书)上门请求,达成交易共识,在中人的商议、说合下,双方在股权、价格等方面达成共识后便立契,并在契约中标明中人、代笔等信息,见图1-1。

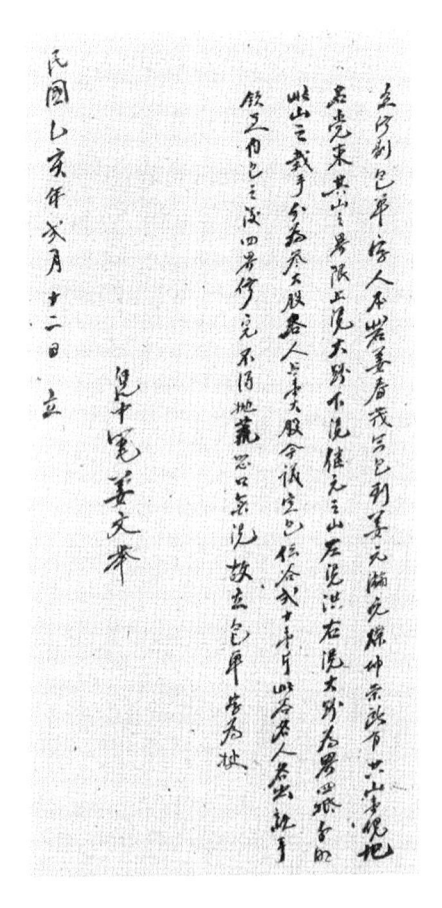

图1-1 姜春茂为姜元瀚等修剔山场包单

图片来源:《清水江文书》(第1辑)第1册,第268页。

第一章 "林农兼作"及"林农兼作"文书

田土交易中有时会提及产量,山林交易中会提及四至,偶尔还会提到林木数量。如遇权力变迁、转移、老契遗失等情况,一般会以外批的形式标识清楚。

第二章 "林农兼作"的兴起

第一节 黔东南林区简况

黔东南苗族侗族自治州位于贵州高原东南部,苗岭山脉向湘桂丘陵和盆地过渡的斜坡地带。[①] 荆蛮人、古越人后裔——苗侗民族生活于此,特殊的自然和社会环境,产生了"林农兼作"这一特殊的林农生产模式。

一 自然条件

(一) 地质地貌

1. 地质条件

黔东南分成三种不同的地质构造:东南部雪峰台凸、北部铜施台凸、西南凹陷。本书涉及的林区范围主要集中在东、南部和北部,其中东、南部包括三穗、天柱、锦屏、黎平、剑河等县,这一带多为"北东向复式褶曲和北东向断层",以板岩、变质砂岩和碳页岩为最,由此发育出深厚、水肥丰富的粘土,特别宜于杉木、马尾松等林木生长;北部则主要包括台江、岑巩等县,以砂页岩为主,发育

---

① 黔东南苗族侗族自治州地方志编纂委员会:《黔东南苗族侗族自治州志·地理志》,贵州人民出版社1990年版,第1页。

第二章 "林农兼作"的兴起

出微酸—本性的疏松壤质土,特别适宜于杉木、马尾松和油桐等林木生长。①

2. 地貌条件

黔东南地势"西北高、东南低,由西北向东南倾斜"②,州内与"林农兼作"相关的林区主要分布在北部、东部、南部的岑巩、三穗、天柱、锦屏、黎平、剑河、台江等县,这些地域以丘陵和低、中山为主,海拔在400—1500米之间,还零星分布有盆地、河谷,这种地貌具有土质疏松、养分充足等特点,适合杉木、马尾松、油桐、油茶等林木生长。③另一方面,从林区总体上看,山多田少,道光七年(1827)7月,山客李荣魁等在提交给政府的呈辞中也说:"生等黎平、镇远、都匀三府地方,山多田少,赖蓄杉木以度民生。"④这在交易文书中亦有体现,乾隆三十九年(1774)姜柳包贩木拆本卖田:"上凭盘路、下凭河、左凭木、右凭冲。"⑤从四至可以看出,此田基本是夹杂在河流与山林之中。诚如姜元贞等人在杉林被纵火后的诉状所说:"民等地方山多田少,专靠杉木一宗为养生之计,一旦毁尽,活杀全家,受害不堪。"⑥即便田土,其中也夹杂着杉木,道光十三年(1833)的一份卖田契约中便明确标注出"杉木不卖"⑦的外批。清水江文书中的卖田契中,如果杉木等其他附带物明确在田坎或田边,皆会特别注明。如道光二十一年(1841)姜光秀的卖田契中便特别外批"田边杉木在内",民国九年(1920)姜作琦卖田时亦明确写道:"其有田坎上下杉在内,并沟坎上菜园概卖",

---

① 黔东南苗族侗族自治州地方志编纂委员会:《黔东南苗族侗族自治州志·林业志》,中国林业出版社1990年版,第7页。
② 黔东南苗族侗族自治州地方志编纂委员会:《黔东南苗族侗族自治州志·林业志》,第8页。
③ 黔东南苗族侗族自治州地方志编纂委员会:《黔东南苗族侗族自治州志·林业志》,第9—10页。
④ 转引自贵州省编辑组《侗族社会历史调查》,第77页。
⑤ 张应强、王宗勋:《清水江文书》第1辑第2册,第202页。
⑥ 张应强、王宗勋:《清水江文书》第1辑第4册,第279页。
⑦ 张应强、王宗勋:《清水江文书》第1辑第4册,第190页。

※ 清代民国时期黔东南"林农兼作"研究

因此上述道光十三年（1833）卖田契中的杉应当在田土间而非沟、坎之上。民国时期一份手抄山场股份清单（图2-1）更将黔东南山、田比例表露无遗：

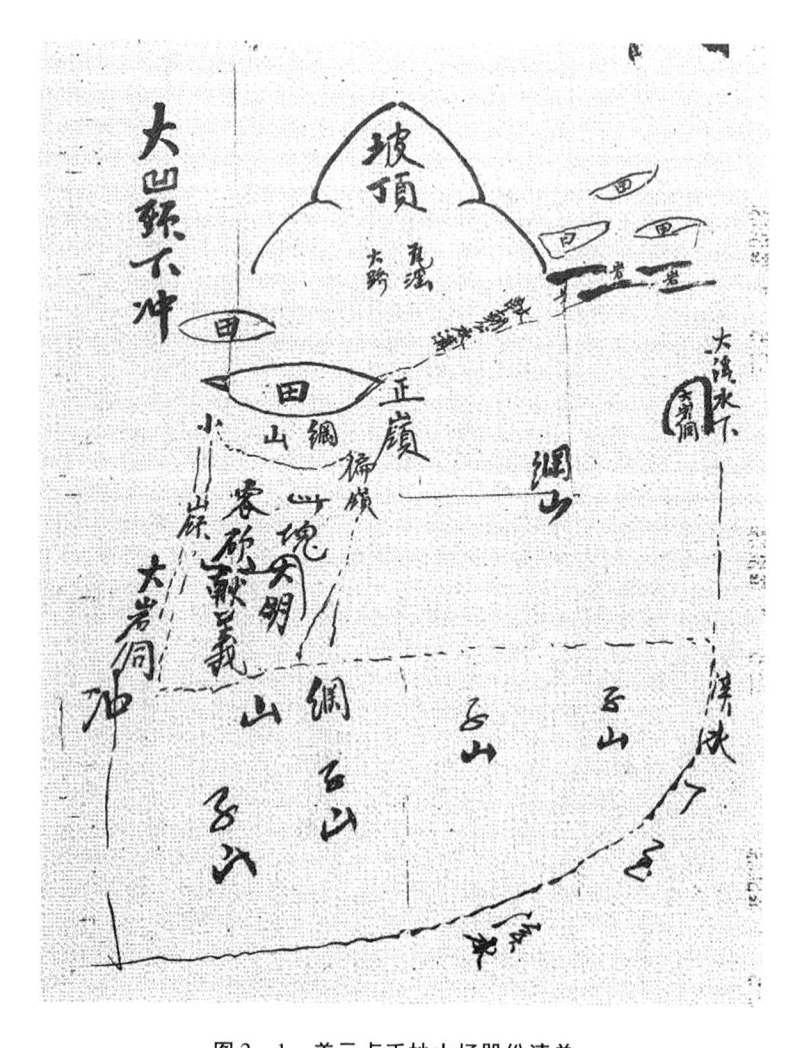

图2-1 姜元贞手抄山场股份清单

图片来源：张应强、王宗勋：《清水江文书》第1辑第4册，第86页。

上图虽为山场股份清单，但通过此可依稀见到当时锦屏田与山的关系，即田零星交错在山林之中。此契时间不详细，仅仅标注为

· 46 ·

第二章 "林农兼作"的兴起

甲寅年。不过，此图由姜元贞所抄，通过查阅他的活动时间可知，此处的甲寅年当是民国甲寅年，即民国三年（1914）。据此可推断出民国初年，黔东南田土与山林的分布关系。除交易文书外，乡规民约中也提到贵州东南山多田少的地貌情况，如道光十八年（1838）7月文斗寨乡规民约便有"山多田少"[①]的描述。为数众多、规模庞大的山场，加之后文涉及的山场兼并，单靠山主及家人无法完成山林经营，雇工亦需要大笔开支，山场出佃成为最合适的选择。因此，"林农兼作"文书中，田土租佃文书相对较少，而山场租佃及与之相关的文书成为较主要的文书类型。

（二）土壤条件

黔东南境内大部分土壤为变质岩，富含有机质、钾和氮等自然肥力，非常适宜根系宠大、生长周期长的林木生长。境内林区以红壤（海拔：400—500米）、黄壤（海拔：500—1400米）为主，其中红壤呈酸性、有机层薄，适宜杉木、马尾松、楠竹等用材木和樟科、壳斗科等常绿树种及油茶、油桐等经济木生长；黄壤亦呈酸性、土层厚、土壤疏松、有机质含量高，特别宜林，有利于杉木、马尾松、油茶、油桐等林木生长。[②]

（三）气候条件

黔东南属亚热带季风气候，林区热量资源丰富，温度条件对杉木、马尾松、油桐和油茶等树种的生长极为有利；光能资源亦能满足杉木等林木生长的光照需求；雨量方面，杉木等树种生长期（3月—11月）期间，降水量达1125.5毫米，林区雨热同季，雨量充沛，非常有利于人工林育苗和培植；林区空气湿度大，不但有利于森林防火，还有利于杉木、马尾松等树种的生长；此外，雨、凌冻、冰雹及狂风等灾害性天气在林区不太常见。[③]

[①] [澳] 唐立、杨有赓、[日] 武内房司：《贵州苗族林业契约文书汇编（1736—1950）》第三卷，东京外国语大学国立亚非语言文化研究所2003年版，F0044。
[②] 黔东南苗族侗族自治州地方志编纂委员会：《黔东南苗族侗族自治州志·林业志》，第9—10页。
[③] 黔东南苗族侗族自治州地方志编纂委员会：《黔东南苗族侗族自治州志·林业志》，第13页。

※ 清代民国时期黔东南"林农兼作"研究

（四）水流条件

黔东南境内河流密布，以都柳江、清水江、潕阳河为主的大小河流达2900多条，其中具有运输能力的达139条。① 丰富的水流资源、发达的运输条件，在人工林的培植及木材的运输方面，发挥着非常重要的作用。需要特别提出的是，雍正七年（1729）鄂文端与贵州巡抚张广泗疏浚雍塞的清水江后，"自都匀府至楚之黔阳县止，凡一千二十余里，于是复有舟楫之利"②。此后，源于贵定，作为境内第一大河清水江，集百余条支流在天柱瓮洞汇入沅江，经洞庭入长江，将木材源源不断地送达江淮。③ 都柳江则将黔东南木材输入到珠江流域，远销柳州、广州，甚至出口东南亚。④

综上所述，无论地质地貌、土壤、气候，还是水流，于黔东南杉木、马尾松等树种而言，都可谓得天独厚的条件。特别是杉木，独特的自然条件使其材质明显优于外省："此皆（杉木）产自境内，若境外则为杉条，不及郡内所产之长大也。黎平之大利在此。"⑤《汉阳鹦鹉洲竹木市场史话》与《古韵洪江》也对各地杉木进行了对照，一致认为锦屏、天柱等地之杉木材质最佳而为上乘。⑥

二 社会环境

（一）建制沿革

唐宋时期，自治州辖地推行羁縻州郡制，仅思州（今岑巩县）、邛水（今三穗县）、安夷（今镇远县）等少数州郡可以考证。元行

---

① 黔东南苗族侗族自治州地方志编纂委员会：《黔东南苗族侗族自治州志·林业志》，第17页。
② （清）吴振棫：《黔语》卷上《开通清江之利》，民国《黔南丛书》第2集第10册，第45页。
③ 黔东南苗族侗族自治州地方志编纂委员会：《黔东南苗族侗族自治州志·林业志》，第18页。
④ 黔东南苗族侗族自治州地方志编纂委员会：《黔东南苗族侗族自治州志·林业志》，第19页。
⑤ （清）俞渭：光绪《黎平府志》卷3下《食货志·物产》，第301页。
⑥ 武汉市政协文史委：《武汉文史资料文库》第3卷，武汉出版社1999年版，第346页；傅俊波：《古韵洪江》，中国文艺出版社2007年版，第89页。

第二章 "林农兼作"的兴起

土司制度，自治州辖地分属于湖广思州府和四川播州宣尉司。明初仍行元代土司制度，但随着土司势力的不断扩张，土司间兼并、仇杀不断，明政府借机开始改土归流："永乐十一年（1413），思南、思州相仇杀，始命成以兵五万执之，送京师。乃分其地为八府四州，设贵州布政使司"①，黔东南置思州、新化、黎平、镇远四府。雍正年间，土司势力进一步威胁边疆，诚如鄂尔泰所言："云、贵大患无如苗、蛮。欲安民必制夷，欲制夷必改土归流"②，清政府加快了黔东南地区改土归流的步伐。雍正七年（1729）于黔东南开辟苗疆，始置清江（今剑河县）、台拱（今台江县）等六厅。民国二年（1913），置黔东道（治所设于镇远），改府、州、厅为县，民国十二年（1923）废除道制后各县隶属于省。民国二十四年（1935），于镇远设立行政督查区，新中国成立后置镇远专区，1956年4月撤镇远专区，同年7月23日黔东南苗族侗族自治州成立，州府设于凯里。③ 黔东南林区简图如图2-2：

图 2-2 黔东南林区简图

图片来源：改自《黔东南苗族侗族自治州水系地图》，第46页。

---

① （清）张廷玉：《明史》卷316《贵州土司列传》，中华书局1974年标点本，第8167页。
② 赵尔巽：《清史稿》卷288《鄂尔泰列传》，中华书局1977年标点本，第10230页。
③ 黔东南苗族侗族自治州地方志编纂委员会：《黔东南苗族侗族自治州志·地理志》，第1页。

※ 清代民国时期黔东南"林农兼作"研究

（二）民族分布

黔东南是苗侗民族最大的聚居区，清代民国时土居民族以苗、侗为主。其中苗族为南蛮一支，东汉后因政府追剿南迁至广西融江，后沿都柳江至榕江，再扩展到黔东南各地；侗族为古越人后裔，唐代岭南越人起义失败后溯江而上至黔、湘、桂交界，逐步迁移到黔东各地。改土归流后，随着黔东南地主经济的兴起，苗侗民族商品经济逐步发展。① 值得一提的是，苗侗民族是最早认识、利用杉木的民族，苗侗先祖在先秦时期便发明了萌芽更新和插条技术。苗族先祖称杉木为楔和荆桃，侗族先祖古越人称杉为樧，据有些学者考证，这两种古音至今仍残存于黔东南苗侗方言中。②

独特的自然条件，使黔东南适宜种植杉木、马尾松、油桐、油茶等林木，而苗侗先祖对杉木的认识与培植经验，可谓与自然条件遥相呼应，二者促成了清代民国时期黔东林区人工林的发展及木材贸易的繁荣。

第二节 "林农兼作"的兴起

一 木材贸易的繁荣

（一）从皇木采办到繁荣的木材贸易

据《姜氏家谱》记载，元代文斗寨"丛林密茂，古木阴稠，虎豹踞为巢，日月穿不透，诚为深山箐野之地乎"③，很显然此时的文斗寨密布着原始丛林。及至明代，由于宫苑建设，明政府于正德九年（1514）10月，"升湖广巡抚右副都御史刘丙为工部侍郎兼右金

---

① 黔东南苗族侗族自治州地方志编纂委员会：《黔东南苗族侗族自治州志·民族志》，贵州人民出版社2000年版，第1—2页。
② 中国林业科学研究院林业科技信息研究所：《杉木自然分布区和栽培史研究专集》，《林业科技通讯专刊》1995年。
③ 文斗上寨《姜氏家谱·序》，转引自贵州省编辑组《侗族社会历史调查》，第7页。

第二章 "林农兼作"的兴起

都御史,总督四川、湖广、贵州等处采取大木"①。由此开始在贵州按需采办皇木,这种采办活动集中在嘉靖、万历两朝②,皇木除用于宫苑建筑外,还大量贮存于"神木厂"③,从而加大了对黔东南天然林的砍伐力度。虽然有学者认为,"没有文献资料可直接证实明代官府采办皇木的活动已经深入到清水江流域"④,然而就前文所述黔东南地区得天独厚的自然条件与人文环境,加上文斗上寨姜氏对生活环境的叙述,明代皇木采办地毫无疑问地选择了丛林密布的黔东南天然林。《贵州财经资料汇编》对贵州林产进行了这样的描述:"往日木材可大量外销者,亦仅限于清水江,榕江及赤水河三大流域。尤以清水江为最重要,约占十分之五,赤水河流域约占十分之二,榕江流域约占十分之二,其余不足十分之一,则由其他区域输出。本省乌江流域材积虽巨,惟以运输困难,外销不易。盘江流域,则仅足自给。抗战期间清水江筏运,几全部停顿,遂致赤水河林区以接近四川与重庆关系,杉柏方板,输出转畅。"⑤ 汇编中对贵州各流域、各林区进行了综合对比,从产量和运输条件出发,认为新中国成立前木材外销一直以清水江流域为主,仅抗战期间清水江筏运停顿,外销木材方由清水江流域转到赤水河林区。因此,明代皇木采办,虽未明确提及深入清水江,但从木材材质、产量及运输条件来看,无疑是黔东南清水江沿岸的天然林区。清代以降,皇木采办成为定例。通过乾隆十二年(1747)湖南巡抚部院向工部提交的奏文可知,"湖南每年额办觫京桅木二十根、断木三百八十根、架木一千四百根、桐皮槁木二百根"⑥。通过此可窥见产木区域湖南、四川及

---

① 《明武宗实录》卷117,国立北平图书馆藏红格本校印本,第2369—2370页。
② 单洪根:《清水江流域地区的"皇木"征办》,《原生态民族文化学刊》2009年第1期。
③ 转引自贵州省编辑组《侗族社会历史调查》,第7页。
④ 张应强:《木材之流动:清代清水江下游地区的市场、权力与社会》,第40页。
⑤ 《贵州财经资料汇编》第四编《农林·林产概况》,贵州省人民政府财政经济委员会1950年12月编印,第345页。
⑥ 《皇木案稿》:乾隆十二年(1747)七月"(湖南巡抚部院)为请定稽查办木之延迟,以速公务事",转引自贵州省编辑组《侗族社会历史调查》,第8页。

* 清代民国时期黔东南"林农兼作"研究

贵州每年采办皇木的份额。奏折中的"楩""楠"之木在洞庭周边着实难觅,"须上辰州(今怀化沅陵县)以上沅州(今怀化芷江县)、靖州(今怀化靖州县)及黔省苗境内采取"①,这儿的苗境,当是沅江支流清水江流域的黔东南苗侗林区。至苗境采办"楩""楠"之大木,在康熙年间便有相应记录:"竟动支库钱粮,委员于黔苗旷产木植地方购买押解"②,通过黔阳(今怀化洪江市)知县张扶翼的文集③亦可了解到清初黔东南林区木材顺清水江至沅江流域的历史事实。至此有两点须要特别注意,一是皇木在清代成为定例,这意味着非产木区域的省份为完成任务须至黔东南采办皇木;二是皇木中"楩""楠"之木,即使产木的四川、湖南亦须深入黔东南苗境林区寻觅、采办,这无疑加速了黔东南天然林的砍伐速度。此外,通过《皇木案稿》还可知,清代除皇木采办外,采办官员还经营着与皇木采办无关的木材买卖。为方便论述,兹将乾隆年间湖南巡抚院部上呈工部的《皇木案稿》相关内容迻录如下:

> 缘楩楠二木,近地难觅,须上辰川府以上沅州、靖州及黔省苗境内采取。其架槁二木,则须在常德聚木处购买,而扎以排架运,经历江湖黄运各河,又须购买帮护,以免沿途磕触伤损此原难少之项。乃领帑承办之同知通判等官,每籍采办名色,在于苗地,不问民之愿卖与否,将树混号记,给价砍代。苗以奉公采办不敢较论。及至常德府德山河下,商木聚会之所,又将商木选择号记轻价勒买,除额办,夹带私木,运至江南一带,逗留私卖,每有途经年不到京之事,内部行催,彼以风水阻滞,

---

① 《皇木案稿》:乾隆十二年(1747)七月"(湖南巡抚部院)为请定稽查办木之延迟,以速公务事",转引自贵州省编辑组《侗族社会历史调查》,第9页。
② 《皇木案稿》:康熙三十八年(1699)三月"湖广、湖南等处承宣布政使正堂加二级王为严禁籍民私派以安民生事",转引自张应强《木材之流动:清代清水江下游地区的市场、权力与社会》,第42页。
③ (清)张扶翼:《望山堂文集》卷4,转引自张应强《木材之流动:清代清水江下游地区的市场、权力与社会》,第41页。

第二章 "林农兼作"的兴起

无从究结,诚不可不立法稽查,以杜其弊。臣到任以来,查知常德勒买之弊,已行令承办委员同武陵县知县将架槁之木,在于常德河下,公凭木牙,平价采买,不许委员自行号记在案。辰州以上各苗地方采桅断二木,现行示布政使司查议转饬,如果聚木行市之处办不足数,须在苗境购觅,务必委员知会地方官询问苗民情愿,然后照依时值砍买,仍会地方官通报查考其木运至辰州,承办之员将改办木数,辰、永、沅、靖道亲临查照,以杜多滞渔利之弊,亦在案……本部院屡见办木各员,承办二三年之久,始报开行。心疑数千之木,购买非难,何以羁迟如此,细加查访,始知此辈借名办木,实图渔利,复信用威友家人,各怀利心,在于德山河下,扎排之处,竖立黄旗,上写采办字样,凡遇客商之木,每百根用斧号记三根,择其最长大者,混以短价硬买。客商畏其官势,隐忍听从。采办之官先后继至,前官斧号,后官又号,其客商免号伊大木,重行贿赂。而所号之木,原非采办项为,仍在此处即复重价转售,并有即售与客商者。因此碾转买卖,盘费无穷,遂延挨日月,不旨即在开行,如此行为,直同市井无赖,全无官体……①

针对上述奏折,可以进行如下理解:

第一,如前文所述,雍正年间疏通了清水江水运,此后张广泗等人将清水江木行纳入政府管理序列,并授予三江(卦治、王寨、茅坪)不同名号的牙牒。② 但直至乾隆时期,黔东南苗境尚未形成统一的木材交易市场,因为架、槁二木集散在沅江之滨的常德,而桅断大木更须采办委员深入苗境,而三江当时应为区域性市场;第二,入苗境负责采办皇木的官员,在采办过程中不问苗民意愿,强行出

---

① 《皇木案稿》:乾隆十二年(1747)七月"(湖南巡抚部院)为请定稽查办木之延迟,以速公务事",转引自贵州省编辑组《侗族社会历史调查》,第9页。
② 单洪根:《木材时代:清水江林业史话》,中国林业出版社2008年版,第39页。

* 清代民国时期黔东南"林农兼作"研究

价砍伐,存在严重扰民的现象;第三,采办官员至常德木市后,以"采办"之名,低价强买客商之木,严重扰乱了木行市场;第四,采办官员以"采办"为名,夹带私木,远销江南,实图渔利,而定例皇木往往推迟二、三年之久。

因此湖南巡抚部院意欲改变这种状况,提高皇木采办效率,进而折射出乾隆时期,在采办皇木的同时,采办官员和木商都经营着与皇木无关的木材转运活动。究其原因,主要在于江南地区社会经济持续发展,木材需求日益迫切,在"各省产木日少"的情况下,水路畅通且材质优越的黔东南林区成为各省木商争相采办之首选。① 除皇木采办之外,黔东南木材究竟于何时进入市场,并受到市场的青睐,现已无从考证,但有一点可以肯定,最迟乾隆时期,黔东南已呈现出木材贸易的繁荣景象。这可以从《黔南略识》中找到印证:"坎坎之声,铿訇空谷,商贾络绎于道。编巨筏放之大江,转运于江淮间者,产于此也……茅坪、王寨、卦治三处商旅,几数十万。"②《黔语》也有相关记载:"商贾骈垤,齐刀布而治质剂者,岁以数十万计。其地有三,曰王寨、曰毛坪、曰卦治,岁以一寨人掌其市易,三岁而周。……左太冲云:材以工聚,贿以商通,黎人之以木富也,其庶几乎!"③ 黔东南木材不仅供皇家使用,市场亦有较大需求,可算得上有利可图,于是"往来商贾辐凑"④。光绪《黎平府志》也有类似的记载⑤。黔东南产木种类很多,不过檀、植、樟、楠仅供本境使用,外销木材以杉木为主,远销至"湖广及三江等省","远商来此购买,在数十年前,每岁可卖二三百万金。今虽盗伐者多,亦可卖百余万"⑥。即使存在盗伐的现象,每年因木材而获得的利润依然

---

① 张应强:《木材之流动:清代清水江下游地区的市场、权力与社会》,第39页。
② (清)爱必达:乾隆《黔南识略》卷21《黎平府》,第476页。
③ (清)吴振棫:《黔语》卷下《黎平木》,民国《黔南丛书》第2集第10册,民国甲子据云峰草堂禁书本校印,第125—126页。
④ (清)吴振棫:《黔语》卷上《改土归流》,民国《黔南丛书》第2集第10册,第41页。
⑤ (清)俞渭:光绪《黎平府志》卷3下《食货志·物产》,第281页。
⑥ (清)俞渭:光绪《黎平府志》卷3下《食货志·物产》,第301页。

第二章 "林农兼作"的兴起

非常可观。

(二) 人工林的产生

皇木采办将黔东南天然林展现到世人面前，同时引发了木材贸易的繁荣，而繁荣的木材贸易带来的结果之一是黔东南林区天然林的砍伐殆尽。如何满足皇木定例及全国市场对木材的需求，唯一的解决途径是培植人工林。黔东南人工林产生于何时，已无从考证，不过据《姜氏家谱·序》记载，姜氏祖先在万历时"只知开坎砌田，挖山栽杉"①，一句"挖山栽杉"将万历年间黔东南林区人工育林的历史事实表露无遗。对此，《三营记》也有相应记载："明时，黎平北路之清水江……众兵丁散落四境，各相地掘垦田土，专以挖山栽杉为业"②，道明了明代军屯移民在黔东南林区造林的概况。乾隆五年（1740）11月初6日召开大学士、九卿会议，逐条讨论贵州总督张广泗上报的贵州布政使陈德荣的奏折：关于陈德荣提出的"树木宜多行栽种"，会议认为查黔地山多树广，小民取用日繁，应如所议，令民各视土宜，逐年栽植，每户自数十株至数百株不等，种多者应量加鼓励；关于"种植既广，宜劝民以时保护"，会议认为查种植在山，非稼穑在田者可比，应如所议，嗣后民间牲畜，如有肆意纵放，致伤种植，及秋深烧山，不将四围草莱剪除，以致延烧者，均令照数追赔。③ 这次会议决议透露出以下几方面信息：首先，规定百姓栽树，栽种数量视情况而定，十株至百株不等；其次，鼓励百姓大规模植树，同时对种植较多的给予适当奖励；再次，倡导对人工林进行防护，不能种植后便放任不管；最后，保护人工林，因纵放牲畜而损坏山林和秋深烧山而延烧，均须照数赔偿。清政府

---

① 文斗上寨《姜氏家谱·序》，转引自锦屏县林业志编纂委员会《锦屏县林业志》，第89页。
② （清）姜海闻撰、姜元卿增校：《三营记》，光绪十九年增校本，转引自沈文嘉《清水江流域林业经济与社会变迁研究（1644—1911）》，博士学位论文，北京林业大学，2006年，第27页。
③ 《清高宗实录》卷130，第15—20页，转引自中国科学院民族研究所贵州少数民族社会历史调查组、中国科学院贵州分院民族研究所《清实录贵州资料辑要》，贵州人民出版社1964年版，第21—22页。

* **清代民国时期黔东南"林农兼作"研究**

为何要下令关注黔东南林区,不言而喻,他们已经感受到天然林越来越少的压力,为确保皇木定例,只能下令黔东南百姓进行人工造林,同时给予法令上的保护,进一步催生了黔东南林区人工林的发展。再加上《黔南识略》对杉木选种、幼苗培训、杉苗移植及杉木成材一系列过程的详细描述,足已证明乾隆时期政府已经有意识地要求和奖励苗侗民众人工育林,而且这一时期业已形成了整套完善的育林经验。无独有偶,笔者统计的"林农兼作"文书中,没有顺治、康熙和雍正三朝的文书,最早的一件,发生在乾隆元年(1736),见契2-1。

契2-1:

立断约人姜君德、姜云龙、姜计三、姜国祥。为因军需难办,缺银用度。今有平鳌寨姜子云、姜有德、起霞、起云等,自向文堵上下两寨,凭中三面议同价银二十四两正。其山地名污拜碑,上凭顶、下凭溪三条大岭为界。即时凭中交银与四房领回应用。即交此山与平鳌寨姜子云等子孙久远管业。文堵四房子孙不得异言争论。今欲有凭,立此断约为照。

此系子约。老约在有德存。

凭中:姜吉祥 姜文书担银二钱

代笔:姜霞云受银三钱

立约合同为照〔共书在断约二纸上,各纸有字半边,藉以防伪〕

乾隆元年三月二十三日①

通过这份契约可知,文堵(文斗寨)姜君德等4人将名为污拜碑的山场卖给平鳌寨姜子云等人,虽然不清楚污拜碑山场坐落在哪

---

① 〔澳〕唐立、杨有赓、〔日〕武内房司:《贵州苗族林业契约文书汇编(1736—1950)》第一卷,A0001。

第二章 "林农兼作"的兴起

个村寨①，但有一点可以肯定，这片山场由文斗寨的持有人断卖给平鳌寨，也就是说乾隆年间山场所有权可以跨寨转让；另外，交易的是山场，没有木（如果有木，契约中会特别讲明），交易的时间正值春分之后，此时山场既可以播种②，如有老蔸也可以萌芽更新。

综上所述，由于明清时期政府在黔东南采办皇木，以及随之兴起的木材贸易，黔东南林区天然林逐渐被砍伐殆尽。为了满足皇木定例及市场对木材的需求，黔东南林区人工林悄然兴起，虽然不能确定人工林兴起的确切时间，但至迟乾隆开始，政府已经行令苗侗人民开始植树栽杉，而且有了奖惩规定。在契约文书中，也从乾隆时期开始，逐步透露了山场租佃、山场和山林断卖的相关信息，二者应该不是巧合。在此之前，天然林木的价值未被世人知晓，除作为苗侗民族燃料和房屋等建筑材料外，没有商品价值；天然林为世人知晓后，价值不断涌现，砍伐殆尽后为满足皇木和市场的需求，人工林代之而起，山林开发由此开始，黔东南经济生活方式亦由单一的农业逐步向以林业为主、农业为辅的经济生活方式转变。

（三）外来移民的涌入

明代开始便有移民进入黔东南，据《黔南职方纪略》载："屯所之户，明初军籍十居其三，外来客民十居其七。"③ 军屯只占移民的3成，7成客民中不排除因木材贸易而移入的可能性。雍正十三年（1735），黔东南苗民起义后，存在大量的荒芜土地，清政府在这些土地上开始军屯。曹树基根据《黔南识略》，统计出贵州苗疆六厅当时军屯"合计军户为9692户口，约3万人口"，其中与本书研究相关的台拱（今台江县）有1786户，清江（今剑河县）1918户。④ 不

---

① 契约旁有编者对契约基本信息的整理，提到地名时，写的是"平鳌寨乌拜碑"，不明白编者的依据是什么。
② 吴中伦：《杉木》，第290页。
③ （清）罗绕典：《黔南职方纪略》卷6《黎平府》，道光二十七年刊本影印版，《中国方志丛书·华南地方》第277号，成文出版社1974年版，第156页。
④ 曹树基：《中国移民史》第6卷，福建人民出版社1997年版，第154页。

· 57 ·

※ 清代民国时期黔东南"林农兼作"研究

过，屯民却将分得的土地佃与省外客民，当然客民除进入黔东南军屯区外，还存在迁向贵州其他地方的现象。① 军屯并非本书所要研究的内容，本书关注的是受繁荣的木材贸易吸引而来的移民。曹树基似乎注意到了这一现象，他进一步将移入贵州的客民分为三类：有苗产之客民，主要指租种、购买了苗民土地的汉族移民；贸易、手艺、佣工并无苗产之客民，指从事商业、手工业及其他职业的汉族移民以及佣工；住居城厢内外并各司场市，置办苗产不填丁口的客民，则主要指以商业活动为主，虽购置了苗民田产但又不愿落籍苗地的汉族移民。② 据曹树基统计③，道光初年黎平府移民达到9915户，高于贵阳府占全省第四，如果加上镇远府2533户，则仅次于兴义府，黔东南移民规模由此可见一斑。值得一提的是，雍乾时期移民规模非常大，仅木商便有"三帮"与"五勷"。④ 朱晴晴考证了小江地区的移民情况，其中"江西帮"于雍乾时期逐步迁徙到清水江支流小江沿岸，他们经历了从"清民会"祭祖，到股份制共同体江西会馆（万寿宫）的形成；从地缘关系，到因通婚而构建的拟血缘关系，除"江西帮"外这一区域还有"湖南帮"，这些移民积极参与社会互动，最终于道光形成小江地区的集市与村落——"江西街"⑤。这只是小江地区的移民缩影，他们进入黔东南后，积极服务和融入地方，通过此可管见黔东南林区木材贸易引发的移民景况。

因此前述《黔南识略》以"几数十万"⑥来形容当时移民情况，可说不足为奇。《黔南职方纪略》记载了道光年间黎平府移民的景况："杉木茶林到处皆有，于是客民之贸易者、手艺者，邻省、邻

---

① 曹树基：《中国移民史》第6卷，第156页。
② 曹树基：《中国移民史》第6卷，第156—157页。
③ 曹树基：《中国移民史》第6卷，第162页。
④ 贵州省编辑组：《侗族社会历史调查》，第32页。
⑤ 朱晴晴：《"江西街"：清水江下游一个移民村落的形成》，《原生态民族文化学刊》2011年第2期。
⑥ （清）爱必达：乾隆《黔南识略》卷21《黎平府》，第476页。

第二章 "林农兼作"的兴起

府,接踵而来。"且"客民之住居苗寨者,又较别地为多"①。黎平府的移民之所以多于其他地方,最大原因在于其辖地正是黔东南林区,木材可以获利,吸引着外省外府无数逐利之人②涌入,他们从事着木材买卖、山林培护等行业。这在契约文书中也能够找到影子,此处仅以《清水江文书》(第1辑)为例,见表2-1。

表2-1 《清水江文书》(第1辑)中加池、文斗两寨移民情况统计

序号	姓名	原籍	活动类型	活动时间	册数	页码
1	陈故陆	黄命寨	卖栽股	嘉庆二十二年2月19日	7	315
2	陈正荣	南恕	卖栽股	咸丰九年6月7日	2	77
3	邓怡盛	黔阳县	佃山	道光七年10月24日	9	221
4	邓怡盛 周天元	黔阳县	佃山	道光十二年3月13日	9	237
5	董朝品	会同县	卖栽股	同治六年7月4日	4	363
6	董老七		佃山	道光八年12月6日	3	179
7	董老七③	城阳县	佃山	道光八年7月22日	11	159
8	故六 生岩		佃山	嘉庆十年2月4日	10	36
9	何林森		卖栽股	光绪三十年4月16日	3	242
10	何林森			光绪三十年4月16日	3	242
11	黄均安	冲黎	佃山	咸丰十年11月29日	12	119
12	黄世龙	辰溪县	卖栽股	嘉庆二十二年11月1日	12	358
13	姜登志		卖栽股	道光十年闰4月5日	2	233
14	姜顺	莲花山	卖栽股	道光二十九年8月25日	9	260
15	蒋封山		与土主分成	嘉庆二十年2月9日	1	326

---

① (清)罗绕典:《黔南职方纪略》卷6《黎平府》,道光二十七年刊本影印,《中国方志丛书·华南地方》第277号,第157页。

② 当然,也不排除因生活所迫而移民黔东南,如会同县杨文泰便因贫寒,于嘉庆八年(1803)2月至黎平府加什寨佃山栽杉(张应强、王宗勋:《清水江文书》第1辑第3册,第11页),不过在木材贸易的大环境下,追求利益当是移民的主流。

③ 董老七与序号6中为同一人,此处再次列出,仅表现出董老七移民清水江流域后积极参与"林农兼作"活动,表中其他同姓名移民情况类似,不再一一说明。

* 清代民国时期黔东南"林农兼作"研究

续表

序号	姓名	原籍	活动类型	活动时间	册数	页码
16	蒋凤山		卖栽股	嘉庆二十年10月20日	1	327
17	蒋景明 仲华 龙文光	黔阳 高让寨	佃山	道光十三年6月8日	12	77
18	蒋老三 蒋成保 蒋贵保	污什	卖栽股	光绪十二年7月2日	4	72
19	蒋老四 吴锦圣	乌十溪	佃山	咸丰八年12月7日	2	76
20	董老七		佃山	道光十二年10月18日	2	57
21	蓝金山	会同县	卖栽股	道光元年4月25日	12	267
22	蓝金山	会同县	卖栽股	道光二年3月23日	12	269
23	蓝金山	会同县	与土主分成	嘉庆十七年正月25日	12	254
24	蓝金山	会同县	与土主分成	嘉庆二十五年12月18日	12	265
25	蓝京山 富山	会同县	与土主分成	嘉庆十六年6月9日	12	345
26	老养	对担下寨	佃山	嘉庆六年7月7日	1	304
27	老养	对担下寨	佃山	嘉庆六年7月7日	3	314
28	雷国安		佃山	嘉庆十三年2月2日	2	9
29	李老丢 王之元	凯里司	佃山	咸丰十年3月11日	4	354
30	李老珏	凯里	卖栽股	光绪十九年11月28日	1	185
31	李老珏	凯里	卖栽股	光绪十九年12月2日	4	78
32	李老岩	凯里	与土主分成	道光十二年11月24日	3	189
33	李老岩	凯里司	佃山	道光十四年2月5日	7	200
34	李明忠	廷杨县	卖栽股	嘉庆四年9月26日	12	36
35	李银友		佃山	嘉庆八年12月13日	2	1
36	林昌秀		佃山	道光二十年12月16日	12	279
37	林荣恩	丢佑村	佃山	民国九年7月13日	12	176
38	林周腾	会同县	卖栽股	嘉庆十四年正月13日	12	48
39	流天才		佃山	嘉庆二十三年11月12日	9	366
40	龙聪桥 秀开		卖栽股	道光一年7月17日	12	368
41	龙老七 李福乔 李发兴	莲花山	佃山	同治三年4月24日	4	356
42	龙老仁	莲花山	卖栽股	同治十三年3月15日	1	366
43	龙老三	莲花山	佃山	道光二十一年11月11日	1	354
44	龙老言	莲花山	佃山	咸丰十一年9月20日	1	363
45	龙老寅 龙老友	莲花山	与土主分成	同治二年5月12日	6	224
46	龙起云 牛朝	天柱县	卖栽股	乾隆五十八年2月28日	12	244

第二章 "林农兼作"的兴起

续表

序号	姓名	原籍	活动类型	活动时间	册数	页码
47	龙啟 龙昌吉	天柱县	与土主分成	嘉庆十五年11月23日	12	251
48	龙绍远 龙光华	天柱县岩寨	与土主分成	嘉庆二十三年3月6日	12	64
49	龙文瑜 文光	天柱县高酿寨	佃山	道光二年7月11日	12	369
50	龙文瑜	高让寨	佃山	道光十九年11月19日	12	93
51	龙文瑜	九怀	佃山	道光二十九年4月7日	12	297
52	龙文瑜	高让寨	佃山	道光十年8月24日	12	74
53	龙武忠 潘大直	九怀	佃山	光绪四年4月9日	12	126
54	龙舞飞 盛弟兄	天柱县高让	佃山	咸丰八年11月1日	12	303
55	龙愿宗		与土主分成	同治九年3月19日	1	60
56	龙愿宗		与土主分成	同治九年3月25日	1	365
57	龙运宗	莲花山	卖栽股	同治九年3月19日	2	277
58	龙再德 士吉 士清	天柱县坟寨	卖栽股	嘉庆十四年8月6日	12	50
59	陆廷交		佃山	嘉庆十三年4月12日	3	163
60	苗老兄 九香	凯里司	与土主分成	道光十一年3月8日	8	45
61	潘嘉恩	江西府	卖栽股	道光二十六年3月17日	5	24
62	潘廷举	九佑	佃山	道光七年6月16日	12	270
63	潘政隆 潘政坤	污既	佃山	咸丰八年11月1日	9	85
64	任志泰	江西	买土股	道光二十四年2月16日	12	281
65	任志泰	江西	买土股	道光二十五年6月11日	12	285
66	任志泰	江西	买土股	道光二十六年10月28日	12	292
67	任志泰	江西	卖青山	咸丰三年10月24日	12	299
68	舒昌麒		佃山	咸丰五年11月17日	12	301
69	宋万和	汪射	佃山	嘉庆十七年9月15日	3	168
70	粟元和		佃山	道光二十五年11月24日	2	73
71	孙邦彦		买土股	道光九年12月27日	3	66
72	孙邦约	天柱县至溪寨	佃山	嘉庆二十五年6月12日	3	172
73	孙松交	天柱县	卖栽股	道光元年正月28日	3	44
74	孙松交 姜世瑚	天柱县	佃山	嘉庆二十三年10月14日	1	333
75	孙松交 龙长生	天柱县	佃山	嘉庆二十四年6月1日	1	337
76	孙松友	天柱县	卖栽股	道光元年正月28日	2	222
77	孙松友			嘉庆二十五年10月24日	9	212

清代民国时期黔东南"林农兼作"研究

续表

序号	姓名	原籍	活动类型	活动时间	册数	页码
78	孙松友	天柱县	佃山	嘉庆二十五年6月12日	3	173
79	孙永高	天柱县窝儿寨	佃山	道光二十六年7月6日	12	289
80	孙忠友		佃山	嘉庆十五年10月10日	9	361
81	孙宗有		佃山	嘉庆十六年5月4日	10	67
82	唐德芳 唐德兴		卖栽股	嘉庆十四年3月14日	1	123
83	唐其鼎	乃吼寨	卖栽股	民国二年正月16日	3	247
84	唐友明	会同县	卖栽股	嘉庆十一年11月12日	12	46
85	唐玉周 李明忠	会同县	佃山	乾隆五十六年12月18日	12	33
86	唐作财		佃山	嘉庆十八年2月18日	2	22
87	腾万明 海明	麻阳县高村寨	卖栽股	嘉庆十四年4月7日	12	341
88	腾万明 海明	麻阳县	卖栽股	嘉庆二十二年7月4日	12	359
89	腾万明 海明		卖栽股	嘉庆二十三年7月23日	12	364
90	腾万明 海明 张国富 张国要	辰溪县	卖栽股	嘉庆二十二年7月21日	12	361
91	王九香	凯里司	卖栽股	道光十八年10月18日	5	383
92	王老年 虽弟兄	念洞	佃山	咸丰元年10月24日	5	28
93	王老三	凯里	卖栽股	道光十九年正月24日	4	56
94	王老三	凯里	卖栽股	道光二十九年正月20日	8	212
95	王老三	凯里	卖栽股	道光三十年12月14日	5	398
96	王老兄		佃山	道光二十年7月5日	3	194
97	王老重	凯里	佃山	道光十九年3月15日	4	57
98	王明远 杨殿安 蒲秀梅	莲花山	佃山	道光十四年8月13日	2	61
99	王士魁	八恭县	卖栽股	同治元年3月21日	12	120
100	往理	都匀丹江厅	卖栽股	道光二十九年3月18日	1	50
101	吴定谋	永口	卖栽股	道光七年5月8日	1	347
102	吴回光	乌叶	佃山	咸丰十年7月18日	4	355
103	吴锦	永口	佃山	同治元年12月19日	2	82
104	吴锦廷	永口	佃山	同治元年12月19日	7	222
105	吴锦廷	永口	佃山	同治元年12月19日	9	395
106	吴锦廷	天柱远口	佃山	咸丰十年1月22日	8	70
107	吴锦秀 锦魁	上乌什	卖栽股	光绪十五年2月26日	4	73

第二章 "林农兼作"的兴起

续表

序号	姓名	原籍	活动类型	活动时间	册数	页码
108	吴锦杨、锦云、锦礼	乌石	卖栽股	同治十四年2月19日	2	93
109	吴锦云	永口	佃山	光绪二十二年3月14日	5	59
110	吴锦云 吴锦礼	天柱县	佃山	光绪十五年11月16日	2	301
111	吴锦云 吴锦礼 佺毓福	天柱县永口	佃山	光绪十五年11月16日	9	112
112	吴老四	天柱	佃山	光绪二十五年11月16日	8	108
113	吴士登	远口	卖栽股	道光元年3月22日	7	190
114	吴士宽	天柱县远口司	佃山	同治四年3月16日	4	358
115	吴士宽	天柱县远口	佃山	咸丰十一年10月8日	5	36
116	吴士宽	天柱县远口	佃山	咸丰十一年3月26日	5	34
117	吴士章	远口司	卖栽股	道光二年11月25日	7	192
118	吴正贵	远口司宗团寨	佃山	道光八年11月8日	5	13
119	吴忠庆 周顺忠 周顺开	乌石	佃山	咸丰六年7月26日	2	259
120	徐宗党		买土股	乾隆四十七年12月26日	1	110
121	杨昌和		佃山	道光十年6月19日	9	226
122	杨昌和	天柱县	佃山	道光十三年正月21日	3	190
123	杨昌和	天柱县	佃山	道光九年4月21日	8	43
124	杨昌华 王士贵	八公寨	佃山	道光八年10月20日	3	62
125	杨昌甲	岩门寨	佃山	咸丰七年3月27日	12	116
126	杨殿安 蒲秀梅	莲花山	佃山	道光二十四年12月3日	5	22
127	杨殿堂	天柱县	佃山	道光二十年3月3日	9	253
128	杨定安 宗耀 宗全		佃山	同治二年正月16日	12	121
129	杨光武	党养山	佃山	道光二十年11月20日	3	195
130	杨老佺		佃山	道光八年6月24日	4	318
131	杨燃登	寨岑	佃山	民国三十二年11月29日	12	207
132	杨胜和 王士彦 蒲秀梅	莲花山	卖栽股	道光二十三年7月26日	3	91
133	杨维药	天柱县岩门寨	与土主分成	道光十五年4月6日	12	81
134	杨文泰	会同县	与土主分成	嘉庆十七年7月16日	3	22
135	杨文泰	会同县	佃山	嘉庆八年2月12日	3	11
136	杨秀华 秀勷 龙啟	天柱县	与土主分成	嘉庆十五年11月24日	12	344
137	杨昭贵	天柱县	卖栽股	嘉庆二十三年2月27日	3	327
138	杨珍朝	乌石溪	卖栽股	道光二十五年5月22日	4	59

清代民国时期黔东南"林农兼作"研究

续表

序号	姓名	原籍	活动类型	活动时间	册数	页码
139	杨周德 周贵		卖栽股	道光元年12月24日	10	107
140	杨周德 周贵	天柱县	卖栽股	道光三年12月23日	10	120
141	杨宗耀 杨定堂	天柱县	佃山	道光二十年5月25日	12	94
142	姚发贵	元洲府无俄滩	佃山	道光二十六年8月1日	4	63
143	余尚贤		买土股	道光二十六年10月22日	12	291
144	张必龙		与土主分成	道光二年5月22日	11	155
145	张必龙	会同县	卖栽股	嘉庆十四年10月22日	3	21
146	张必龙	会同县	与土主分成	嘉庆二十年正月20日	9	363
147	张必龙	会同县	与土主分成	嘉庆二十年正月22日	2	217
148	张必龙	会同县	佃山	嘉庆二十四年4月12日	11	152
149	张必龙 余友	会同县	卖栽股	道光二年5月28日	2	41
150	张必友	会同县	与土主分成	道光二年5月22日	10	110
151	张必有	会同县	佃山	道光十五年9月28日	11	162
152	张德元 有元 腾万明 海明 黄世龙	辰溪 麻阳	与土主分成	嘉庆十三年3月12日	12	339
153	张和粥	会同县	与土主分成	嘉庆十三年正月22日	5	332
154	张和粥	会同县	与土主分成	嘉庆十三年正月26日	5	6
155	张和粥	会同县	与土主分成	嘉庆十三年5月22日	11	148
156	张和卫		佃山	嘉庆十三年4月20日	3	164
157	张和伍		卖栽股	嘉庆十一年12月10日	9	19
158	张山贤		卖栽股	嘉庆二十一年9月25日	1	329
159	张士贵	形州府	佃山	嘉庆十一年正月19日	11	147
160	张士清		卖栽股	道光十二年3月12日	3	74
161	张士清		佃山	道光二年正月25日	3	48
162	张世恒	天柱信牙寨	与土主分成	咸丰十年正月17日	2	79
163	张文标	麻阳县	卖栽股	嘉庆二十二年7月4日	12	360
164	张姓		与土主分成	嘉庆十三年正月21日	4	139
165	张有元 张德元	辰溪县	卖栽股	嘉庆十四年4月7日	12	342
166	张有元 张国富 张国要	辰溪县	卖栽股	嘉庆二十二年7月4日	12	357
167	张知粥		与土主分成	嘉庆十三年正月17日	3	18
168	周天元	南路	佃山	咸丰六年7月8日	5	31

第二章 "林农兼作"的兴起 ✽

上表从《清水江文书》(第1辑)中析出锦屏县文斗和加池两个村寨与移民相关的资料,选择的主要标准是:参与人备明了来历,如果来历皆属于锦屏的村寨,不算作移民,但如果属于锦屏之外,皆以移民统计;同时,从笔者整理的契约文书看,文斗和加池两寨以姜姓为主,如果是其他姓氏,且在契约中找不到他(她)属于锦屏村寨的证据,即使来历不明亦归于移民;由于契约中的中人和代笔皆没注明来历,因此本次没有统计和核实这类人群,但并不排除移民参与这类活动的可能,如早期迁入小江地区的江西七大姓氏中的戴家便"靠口吃饭"①,上表中的天柱人孙松友便在嘉庆年间的一次栽手交易中同时充当了凭中和代笔。通过对《清水江文书》(第1辑)收录契约的整理可知,清代民国时期仅加池和文斗两寨的移民便有168例,其中加池120例、文斗48例②;按时间排序,乾隆3例、嘉庆55例、道光64例、咸丰18例、同治14例、光绪11例、民国3例;按移民原籍划分,契约中明确标明的有128例,其中天柱县37例、会同县(今怀化会同县)21例、凯里11例、莲花山10例、乌什9例、辰溪县(今怀化辰溪县)5例、江西5例、麻阳县(今怀化麻阳县)3例、黔阳县(今怀化洪江市)3例、八恭县2例、对担下寨2例、高让寨③2例、九怀2例、南路2例,元洲府(今怀化芷江县)、都匀丹江厅(今黔东南雷山县)、廷杨县、形州府、城阳县④、冲黎、党养、丢佑、黄命寨、九佑、乃吼寨、念洞、岩门寨和寨岑各1例;按移民活动类型划分,佃山80例、杉木成林后土栽分成25例、栽手断卖52例、买土股7例。数据表明,移民进入黔东南集中在嘉道年间,咸丰以后数量明显下降,应受到了咸

---

① 朱晴晴:《"江西街":清水江下游一个移民村落的形成》,《原生态民族文化学刊》2011年第2期。
② 《清水江文书》(第1辑)收录的文书中,加池寨有11册、文斗寨只有两册,故这个数据不能说明问题。
③ 应为天柱县高酿寨之误。
④ 城阳县应该不是隋废除的城阳,可能是"辰阳"之误,而"辰阳县"即于隋改名的"辰溪县"。

·65·

※ 清代民国时期黔东南"林农兼作"研究

同苗乱和道光年间"内外三江"当江的影响;移民进入黔东南林区后,虽然也有购买林木股份的案例,但更多是佃山栽杉,杉木成林主佃分成后便将栽手出卖,以实现投资回报;移民来自各地,但以天柱和湖南(怀化)为最;移民进入黔东南林区后,常常合伙佃种山场,有兄弟间、父子间合伙,也有与苗侗民族一起合伙的,如道光元年(1821)4月会同县蓝金山父子便与平鳌寨姜文珍一同将先年佃种文斗寨的杉木股份出卖。①

涌入黔东南的移民,除商人、手工业者、林农外,还有奸匪,诚如《黔南识略》所记载的那样:"郡之多盗亦以此,楚粤奸民往往混迹于工匠之内,恣为抢窃。"②虽然地方政府在茅坪、王寨、掛治三地设卡派兵稽查,且"稍稍敛迹",但"其地距楚最近,奸徒扬帆而下,须臾间耳"③。为维护自己的利益,避免奸匪随佃农进入林区,山主在出佃山场时便明确规定:"不许停留歹人,如有贻害山主,本名所栽我等之木,概属无分,故新俱归山主。"④通过条约,山主将防范歹人的责任全部推向栽手。

皇木采办及木材贸易的繁荣引发天然林的不断消失,人工林成为黔东南木材市场的保障和基础。林业为主、农业为辅的经济生活方式由此产生,逐利而来的外来移民,除从事商业、手艺活动外,他们亦加入人工造林队伍,因此契约文书里,造林队伍中除本地苗侗民族及明代客人"土著"⑤外,还有外来移民的影子。

二 人工林的长周期性

前文提及的《黔南识略》《黔语》及《黎平府志》皆有记载,

---

① 张应强、王宗勋:《清水江文书》第1辑第12册,第267页。
② (清)爱必达:乾隆《黔南识略》卷21《黎平府》,第476页。
③ (清)爱必达:乾隆《黔南识略》卷21《黎平府》,第476页。
④ [澳]唐立、杨有赓、[日]武内房司:《贵州苗族林业契约文书汇编(1736—1950)》第二卷,C0087。
⑤ (清)罗绕典:《黔南职方纪略》卷6《黎平府》,道光二十七年刊本影印,《中国方志丛书·华南地方》第277号,第156页。

第二章 "林农兼作"的兴起 ✳

人工杉木成材年限一般在二十年左右，流传于锦屏的民谣印证了这些记录："十八杉、十八杉，姑娘生下就栽它，姑娘长到十八岁，跟随姑娘到婆家。"① 锦屏、天柱至今都流行着"儿女杉"情怀，这固然可以在孩儿长大后，不愁男婚女嫁的费用②，但也流露出黔东南人工林的生长周期，与文献记载不谋而合。

（一）林木经济效益实现耗时长

虽然杉木具有速生、材质好、造林容易及抗灾害力强等特征③，但对于普通百姓来说，经营18—20年后方可伐卖，其经济效实现耗时依然算长。而且在实际造林过程中，杉木从培育到砍伐可能耗时更久。嘉庆十六年（1811）11月，姜保魁将自己所占文斗寨刚晚山场杉木股份出卖。④ 这份卖契还批注了此山场经历的两次砍尽信息，一次是道光十四年（1834）、一次是咸丰七年（1858）。⑤ 嘉庆十六年（1811）姜保魁出卖杉林股份时，杉木肯定已经成林，也就是说距离开山、林间套种至少已有3年左右，加上这个时间，距离第一次砍伐（1834）大约27年；第二次砍伐离第一次砍伐时间大约25年。这两个间隔期相当，也就是说刚晚山场两次明确的实际生长周期在26年左右，比民谣长了8年，比文献记载亦多了6年。同样是刚晚山场的另一片杉林，于嘉庆十八年（1813）年11月断卖杉木股份，道光十四年（1834）9月卖与山客陈老五砍伐⑥，前后相距22年，如果算上林间套种的时间，大体也是25年至27年左右，依然

---

① 转引自黔东南苗族侗族自治州地方志编纂委员会《黔东南苗族侗族自治州志·林业志》，第58页。
② 黔东南苗族侗族自治州地方志编纂委员会：《黔东南苗族侗族自治州志·林业志》，第58页。
③ 吴中伦：《杉木分布的初步研究》，《地理学报》1955年第3期，转引自中国林业科学研究院《吴中伦文集》编委会编《吴中伦文集》，中国科学技术出版社1988年版，第202页。
④ ［澳］唐立、杨有赓、［日］武内房司：《贵州苗族林业契约文书汇编（1736—1950）》第一卷，A0087。
⑤ ［澳］唐立、杨有赓、［日］武内房司：《贵州苗族林业契约文书汇编（1736—1950）》第一卷，A0087。
⑥ ［澳］唐立、杨有赓、［日］武内房司：《贵州苗族林业契约文书汇编（1736—1950）》第一卷，A0098。

※ 清代民国时期黔东南"林农兼作"研究

比民谣和文献记载要长。

前述案例历时超过民谣和文献的时间皆在 10 年内，但在实际造林过程中，有时可能耗时更久。嘉庆十六年（1811）12 月，平鳌寨姜远寿因缺少银用而断卖杉木并地两截，立有断约，但是这份断约却有这样的外批："此契为光绪十三年（1887）砍伐与傅姓，立有合仝，务必照此依分，合约为据。"① 不计幼苗成林时间，从断卖林木股份至最后砍伐，前后便已经历了 77 年，这种耗时于山主和栽手都是可怕的。道光十四年（1834）3 月，姜之豪等人将冉高迫山场之杉木分为 20 股，并订立了详细的分股合同。时隔 69 年后也即光绪二十八年（1902）6 月，将木卖与山客孙之新砍伐，而在这份分股合同上写"清单存照"②的字样，也就是说股权持有人须按照道光十四年（1834）的分股清单分派利润。如果这片山场在道光十四年（1834）订立分股合同后砍伐过，并又重新栽种，光绪二十八年（1902）出卖与山客时便没有理由在道光年间的这份林木股份清单上作此批示。因此，即使不计算林间套种的时间，冉高迫这片分为 20 股的林木，亦经历了 69 年方卖与山客伐卖。

虽然民谣和文献记载杉木至 18—20 年左右便可以成材伐卖，且不说 18—20 年对林农和山主来说是天文数字，在实际育林过程中，很多时候从幼苗培育到砍伐经历的时间远不止于此。如何解决人工林长周期性带来的困扰，是黔东南人工林区亟需解决的问题。

（二）林农生活所需

如上所述，林木培植与种植农作物不同，农作物若收成不好，可换季或来年继续，但林作物的经济效益耗时太长，排除林木材质、价格等风险，期间的生活问题亦困扰着林农。于外来移民，他们远离家乡，开山种杉时需有生活保障；于本地林农，黔东南林区本就山多田少，比如锦屏，土地分布面积基本呈"八山一水半分村庄道

---

① 张应强、王宗勋：《清水江文书》第 1 辑第 12 册，第 252 页。
② 张应强、王宗勋：《清水江文书》第 1 辑第 9 册，第 120 页。

第二章 "林农兼作"的兴起

路半分田"①的格局,因此栽手在种植杉木过程中需考虑自身生活问题。

甚至有时林农佃山的直接原因便是"粮食不足"。②嘉庆二十四年(1819)4月,会同县张必龙弟兄三人因"缺少地种"而佃山。③道光八年(1828)6月,王老兄佃山场的原因是"缺少粮食"。④同日,老九佃山场的目的也是"日食不足"。⑤道光二十四年(1844)2月,党秧寨姜保发叔侄因"欠缺地种"而佃山场,以"种地栽杉"。⑥从"欠缺地种"和"种地栽杉"可知,姜保发叔侄佃山主要原因在于缺少土地,种植粮食,佃山可以解决此难题。但解决粮食问题只是林农单方面的意图,在繁荣的木材贸易背景下,山主不可能将山场佃与林农种植粮食,他们的心思应在木材的培植上,因此佃约中无论佃山人是何种原因佃山,但最终须完成的是"栽杉""成林"。

林木成林主佃订立分成合同后,山主股和栽手股都可以进行交易,以提前实现老木的经济效益。不过,山林成林后便进入了郁闭、蓄禁阶段,林间套种须要终止,但契约中依然能够找到郁闭后套种的足迹。嘉庆二十四年(1819)6月,加池寨姜观矫父子出卖杉木与姜开聪,双方在商议卖后处理方式上达成一致:"其木任凭买主种粟修理长大"⑦,即这片杉木出卖后抚育义务随同所有权一并转给买主姜开聪,"凭买主种粟"也从侧面反映出,买主姜开聪会在这片杉林中种粟,进行林间套种。道光十二年(1832)11月,姜官绞出卖栽手后,任凭买主"种地修理"⑧,买主买来姜官绞的栽手股后,在

---

① 贵州省编辑组:《侗族社会历史调查》,第3页。
② 张应强、王宗勋:《清水江文书》第1辑第4册,第318页。
③ 张应强、王宗勋:《清水江文书》第1辑第11册,第152页。
④ 张应强、王宗勋:《清水江文书》第1辑第10册,第133页。
⑤ 张应强、王宗勋:《清水江文书》第1辑第10册,第134页。
⑥ 张应强、王宗勋:《清水江文书》第1辑第10册,第308页。
⑦ 张应强、王宗勋:《清水江文书》第1辑第10册,第97页。
⑧ 张应强、王宗勋:《清水江文书》第1辑第10册,第149页。

* 清代民国时期黔东南"林农兼作"研究

修理培护杉苗的同时还可以种地,通过套种,补贴生活所需。

综上所述,明清皇木采办带来了黔东南林区木材贸易的繁荣,繁荣的木材贸易让各地木商、手工艺人、农民等人群逐利而至,也使林区天然林砍伐殆尽。为了解决皇木定例及市场对木材的需要,黔东南林区开始大规模人工造林,特别是乾隆朝,政府亦意识到人工造林的重要性,要求并鼓励林区人工育林。黔东南经济生活方式也由单一的农业经济转向林业为主、农业为辅的经济生活方式。另一方面,杉木人工林生长周期长,如何解决外来移民及本土林农的生活问题和人工造林之间的矛盾,是亟待解决的问题。在长期的造林实践中,他们用林间套种解决了这些问题。林间套种可以解决林农的粮食与油料作物,从而获得早期收益,解决林业收益迟的矛盾;林间套种还可以保护幼苗,以耕代抚,有利于林木的成长,从而降低造林成本[①],林间套种在黔东南林区悄然兴起。

---

① 中华人民共和国林业部林科所林业生态研究室:《杉木造林》,中国林业出版社1958年版,第10—11页。

第三章 "林农兼作"下的林农技术

第一节 林农作物栽培技术

一 杉木栽培技术

通过田野调查可知,种杉前,山场须经历砍山、烧山和垦山三个环节,每一环节皆须特别仔细。顾名思义,砍山就是将山中植被、杂草及藤萝等全部砍尽,这项工作一般于立秋和立春之间的非雨季进行。农历七月是砍山的最佳时机,此时草木种子尚未成熟,又难于再次萌芽,可以避免它们的繁殖;同时阳光充足,可以将砍下的草木晒干、晒透①,为烧山做准备。砍伐的草木晒干晒透便可以烧山,烧山应选择阴天、清晨和晚上,因为在这些时段草木上有露水且空气湿度大,可以降低燃烧速度,使烧山更透,且火苗不易蔓延。② 烧山是清理林地的最佳方法,此外杨庭硕认为烧山还有利于"高温、高湿区特有病虫害的防治"③。烧山之后余留的灰烬可以增强山地的肥力,有利用林农作物的生长。砍山与烧山体现于契约中,便是文书常提及的"刀耕火种"④,此环节结束后便进入垦山环节。

---

① 吴中伦:《杉木》,第391页。
② 吴中伦:《杉木》,第391页。
③ 杨庭硕等:《清水江流域杉木育林技术探微》,《原生态民族文化学刊》2013年第4期。
④ 张应强、王宗勋:《清水江文书》第1辑第10册,第147页。

✳ 清代民国时期黔东南"林农兼作"研究

对于垦山方法,吴中伦总结为全垦、穴状、带状、撩壕及全垦成梯挖穴,并总结了各种垦山方法的优劣。①

山场经过砍山、烧山和垦山等环节的锤炼后,便可以造林了。关于黔东南林区杉木造林技术,沈文嘉对汉代造林技术进行了系统的回顾,从较早的《农桑辑要》到《王祯农书》《种树书》《群芳谱》及《农政全书》,对插条造林技术都有详细介绍;明代《便民图纂》有了实生苗造林的记载,《三农纪》记录了运用萌条插条造林。他进一步认为,汉族的造林方法"可能被当地侗、苗族居民所效仿"。②当然不排除汉族造林技术为苗侗民族学习、效仿的可能性,但是确实找不到确凿的证据证明这种可能性,而且《黔南识略》等文献记载的是实生苗繁殖技术,契约文书中反映的也是实生苗造林技术和萌芽更新技术。所以此处着重介绍这两项造林技术。

(一)实生苗技术

虽然几乎每张佃约都记录着"栽杉"字样,但是关于实生苗造林,文书中却没有明确的记载,不过方志中有详细的记录。通过这些记录可知,实生苗育林经历了选种育苗、移栽和养护等环节,其中移栽环节与契约中的"栽杉"相吻合。

1. 选种和育苗

爱必达对此有详细记录:"杉阅十五六年始有子,择其枝叶向上者,撷其子乃为良。裂口、坠地者弃之,择木以慎其选也。春至,则先粪土覆以乱草,既干而后焚之,然后撒子于土面,护以杉枝,厚其气,以御其芽也。"③吴振棫也有类似的记录:"杉历十数寒暑,乃有子。枝叶仰者,子乃良,撷而蓄之。其罅而坠者,弃之,美其性也。春至,粪土、束刍覆之,煴火燖之。乃始布子,而以枝茎午

---

① 吴中伦:《杉木》,第392—396页。
② 沈文嘉:《清水江流域林业经济与社会变迁研究(1644—1911)》,第26—27页。
③ (清)爱必达:乾隆《黔南识略》卷21《黎平府》,第475—476页。

第三章 "林农兼作"下的林农技术

交蔽之,固其气,不使速达也。"① 光绪年间俞渭的记载与爱必达的记载特别接近:"杉阅十五六年始有子,择其枝叶而上者,撷其子乃为良。裂口、坠地者弃之,择木以慎其选也。春至,则先粪土覆以乱草,既干而后焚之,而后撒子于土面,护以杉枝,厚其气,以御其芽也。"② 这些文字透露了以下几方面信息:

首先,最迟在乾隆年间,黔东南杉木栽种使用的是实生苗技术,即通过播种繁殖。

其次,在选种问题上,非常考究。虽然杉木20年后可以砍伐,但选择杉种时,不选择有20年树龄的杉木,而是选择15—16年树龄的杉木;同时必须是优良、健康的品种,标志是枝叶向上,从另一方面思考,枝叶向下者即为病态,不能作为选种的母树;杉木种子不能有裂口,坠落在地上的果球也不能用于种子。

再次,播种问题,很明显在立春后便可以播种,但播种前有一火燎环节,即以粪土覆盖乱草,待晒干后进行焚烧,很显然,这种做法在于增加肥力和防病虫害;然后将杉木种子撒在这些焚土上,并用杉枝覆盖,使杉秧根、芽更加壮实,这种做法与当今苗圃培育③非常类似。

2. 移栽与养护

爱必达依然有提到:"秧初出谓之杉秧,既出而复移之,分行列界,相距以尺,沃之以土膏,欲其茂也。稍壮,见有拳曲者,则去之,补以他栽,欲其亭亭而上达也。树三五年即成林,二十年便供斧柯矣。"④ 吴振棫言"稺者曰杉秧,长尺咫则移而植之,皆有行列,沃以肥壤,欲其茂也。壮而拳曲,即付剪刈,易以他栽,贵在

---

① (清)吴振棫:《黔语》卷下《黎平木》,民国《黔南丛书》第2集第10册,民国甲子据云峰草堂禁书本校印,第124页。
② (清)俞渭:光绪《黎平府志》卷3下《食货志·物产》,第281页。
③ 2015年10月2日至10月5日,笔者至锦屏县平秋镇进行调研,问及现今杉苗培育的方法,当地百姓皆表示,使用苗田进行培育,然后移栽。
④ (清)爱必达:乾隆《黔南识略》卷21《黎平府》,第475—476页。

* 清代民国时期黔东南"林农兼作"研究

直也。于是结根竦本、垂条婵媛、宗生高冈、族茂幽阜,不二十年而尊尊①蓁蓁,蔚若邓林矣。"② 俞渭所言与爱必达相同③同样,从这些文字可以找到关于移栽与养护的相关技术。

首先,杉秧长高到一尺后便须从苗圃中移植出来,达到这种高度须在苗田培育的时间,据吴中伦研究以一年为宜。④ 前引"栽杉王"王佑求的栽杉经验也说,"宜用一年健壮苗"⑤,也就说,杉秧在苗田中培育一年后便可移栽到山场。根据杉木根系的萌动期,杉秧移栽一般选择在冬末春初比较合适,至三月地上部分便可以开始生长。⑥ 这在契约中可以找到踪迹,嘉庆十年(1805),加池寨一群山友因"杉木砍伐卖放之木,遗留空地。因于人众一人难以总理",而"共同商议,拈斜(拈阄)分为三块一十一股"⑦。此契订立时间为12月初6日,山场股份分清之后,正值栽杉最好时机。杉秧栽植方法一般选用穴植法,一般情况,穴长宽40厘米(1.2市尺)、深15—30厘米(0.5—1市尺),放入杉秧前先放入烧山时的草木灰烬和垦山时的细土。⑧ 杉木适合深植,其深度在杉秧高度1/3为宜。⑨ 表土应做成龟背形,避免根腐病⑩,这与杨庭硕提到"堆土定植"⑪异曲同工。至于行距与株距,据杨庭硕考证,杉木行株距同值,约1.5—2.5米左右。⑫

其次,在养护过程中"见有拳曲者"则视为病态,应该移除而补上健康的杉苗。杨庭硕等人虽然也认为"拳曲者"为病态,但他

---

① "尊"字上有草字头。
② (清)吴振棫:《黔语》卷下《黎平木》,(民国)《黔南丛书》第2集第10册,第124—125页。
③ (清)俞渭:光绪《黎平府志》卷3下《食货志·物产》,第281页。
④ 吴中伦:《杉木》,第406页。
⑤ 锦屏县林业志编纂委员会:《锦屏县林业志》,第123页。
⑥ 吴中伦:《杉木》,第409页。
⑦ 张应强、王宗勋:《清水江文书》第1辑第4册,第7页。
⑧ 中华人民共和国林业部林科所林业生态研究室:《杉木造林》,第33页。
⑨ 中华人民共和国林业部林科所林业生态研究室:《杉木造林》,第33页。
⑩ 中华人民共和国林业部林科所林业生态研究室:《杉木造林》,第34页。
⑪ 杨庭硕等:《清水江流域杉木育林技术探微》,《原生态民族文化学刊》2013年第4期。
⑫ 杨庭硕等:《清水江流域杉木育林技术探微》,《原生态民族文化学刊》2013年第4期。

第三章 "林农兼作"下的林农技术

们结合前述选子时的"枝叶仰者,子乃良",认为"拳曲者"是枝叶内卷的病态。① 对此,笔者认为"拳曲"应指树干弯曲病态。对于杉木,生于乾隆时期的黔东南学者龙绍讷有这样的描述:"杉之为木,有直无曲,一茎独上……性最易长,数年合拱,二十年之外则合抱矣。"② 因此健康的杉木应该笔挺向上,如出现弯曲现象则为病态。所以在养护过程中,如果发现移栽后的杉苗有拳曲现象,需要除去,补栽上健康的杉秧。

实生苗造林技术因为具有苗木来源充足、培植技术容易掌握、成活率高,早期生长快、郁闭早、有利于培育大径材等优点,而受到广泛推崇和应用。③

(二)萌芽更新技术

杉木萌芽力很强,砍伐后的伐桩基部休眠芽和少数不定芽还可以萌生新条,经培养可长大成材,这种杉木常被称为回头杉、发兜或回秧等。④ 虽然方志文献中没有提及黔东南林区有这种造林技术,但契约中却有着"蔸""兜"这种字眼,见契3-1。

契3-1:

立佃栽杉字人萧学源、龙志礼,今佃到主家姜东山、海闻、正荣等之山,地名大龟尾大十股并抵火山栽种杉。其山内有等处发兜杉木畅茂者,有登二、三十根,不得妄戕,留作山主……

宣统二年五月二十日 亲立⑤

---

① 杨庭硕等:《清水江流域杉木育林技术探微》,《原生态民族文化学刊》2013年第4期。
② (清)龙绍讷:《亮川集》,转引自黔东南自治州政协文史资料委员会《黔东南文史资料》第10辑《林业专辑》1992年10月,第50页。
③ 吴中伦:《杉木》,第404—405页。
④ 中华人民共和国林业部林科所林业生态研究室:《杉木造林》,第68页。
⑤ [澳]唐立、杨有赓、[日]武内房司:《贵州苗族林业契约文书汇编(1736—1950)》第二卷,东京外国语大学国立亚非语言文化研究所2002年版,C0087。

* 清代民国时期黔东南"林农兼作"研究

由上契可知,萧龙二人佃栽姜东山等人龟尾之山,山内已有二、三十根长势较好的杉木,这些杉木因"发兜"而来,不能"妄戕",须留作山主。对此,相原佳之作了相应解读,认为通过此契既可以看出有了萌芽更新,还可看出萌芽插条造林。[①] 他说的很有道理,不过在契约中实在找不到插条造林的证据,尽管汉族和苗侗先民确实掌握了这一技术。因此,此处仅探讨萌芽更新造林。在清水江文书中,"兜"这种字眼出现较早的时候是嘉庆二十年(1815)4月[②],因此萌芽更新技术最迟在嘉庆年间便已经用于黔东南林区造林了。

萌芽更新技术须注重老木砍伐时间,应该选择在杉木休眠季节,这时养分下降集中在根部,来年萌条就会多而健壮;如果选择在生长期砍伐,养分上升消耗,萌条数量少且弱,容易引起脱皮。因此砍伐最佳时期应在11—2月进行,如在春末砍伐萌条因太幼嫩易受干旱,而秋末砍伐萌条因未木质化又易受早霜之害。[③] 民国三十六年(1947)2月,众山友分派尾包半截山卖木股份,这片山场杉木于民国三十五年(1946)12月卖与瑶光河口山客姜宗铭"砍伐下河"。[④] 12月砍伐正值杉木休眠期,砍伐完成后至来年3月便可萌芽杉条了。

因为有老根基础,萌芽更新在前十年,生长速度快于实生苗;但十年以后则趋缓,老根年龄过大容易心腐,而且树干基部弯曲,木材价值较低。[⑤]

无论是实生苗还是萌芽更新造林,在造林初期郁闭之前皆进行林间套种,具体做法前文已经论述过,此处不再赘述。

---

① [日]相原佳之:《从锦屏县平鳌寨文书看清代清水江流域的林业经营》,《原生态民族文化学刊》2010年第1期。
② 张应强、王宗勋:《清水江文书》第1辑第4册,第26页。
③ 中华人民共和国林业部林科所林业生态研究室:《杉木造林》,第70页。
④ 张应强、王宗勋:《清水江文书》第1辑第6册,第132页。
⑤ 中华人民共和国林业部林科所林业生态研究室:《杉木造林》,第74页。

第三章 "林农兼作"下的林农技术

（三）蓄禁

杉苗历经三至五年后成林,进而进入郁闭期,这一阶段,不再进行套种,只能进行封山育林,也就是契约中的"蓄禁"。

黔东南林区一般通过契约、制度及乡规民约实现林木蓄禁,确保杉木成材。通过契约可知,栽手承担杉林蓄禁义务,防止奸匪进入林区盗伐,防止人畜进入林区对林木造成干扰,影响林木正常生长。即使栽手出让,蓄禁任务会转移到新的栽股手中,乾隆三十二年（1767）12月,邓占春将栽手出卖,在与买主的契约中提到"任从买主蓄禁"。[①] 甚至新的土栽有时还会重新订立蓄禁合约,中仰寨陆廷交、廷左曾佃种加池寨姜文玉、之琏、宗周等党号山场,道光六年（1826）五月,陆廷交、廷左将栽手出卖与中仰寨陆光清、光大、加池寨姜之豪、天保四人,山主与陆光清等4人商议后,专门订立了一份"蓄禁"合约,以确保杉木木植长大成材[②]。由此可知,肯定存在杉木成林后,依然存在套种现象,否则山主不会再三强调蓄禁。另外,前文论及人工林产生时,提到乾隆时期政府要求并奖励百姓植树,并对纵火毁林、牲口损木等情况明确要求惩罚,从制度层面保证杉木的蓄禁和成材,此处不再赘述。除契约约束和制度保障外,还有乡规民约。嘉庆二十五年（1820）11月,"水口山植物护林碑"中便明确写道:"禁大木如有盗砍者,罚银二两,招谢在外;禁周围水口树木,一载之后,不许砍伐枝桠,如有犯者,罚银五钱。"[③] 光绪三十年（1904）11月,立于彦洞的石碑上的告示也有类似的规定:"如有该地方栽蓄杉桐腊等树,不得任意妄行盗砍及放火焚烧、牧放牛马践踏事情,倘敢不遵,仍蹈故辙,准该乡团等指

[①] 张应强、王宗勋:《清水江文书》第1辑第12册,第11页。
[②] 张应强、王宗勋:《清水江文书》第1辑第4册,第43页。
[③] 黔东南苗族侗族自治州地方志编纂委员会:《黔东南苗族侗族自治州志·林业志》,第408页。

※ 清代民国时期黔东南"林农兼作"研究

名具禀，立即捉案重惩，决不姑息宽容。"①

(四) 防病虫害

光绪二十一年（1895）12月一份断卖杉山约中的外批中有"虫树在内"②，由此可知杉树还有病虫害的侵扰。契约文书记录的重点在土地、山林权利的交易，纠纷的处理等方面，鲜于记录杉木病虫害。不过吴中伦对杉木病虫害有了较全面的总结，害虫包括苗圃地害虫、杉叶害虫、嫩梢害虫和树干害虫等几种，病害包括杉苗、树、枝、叶等方面，并针对这些病虫害提出了一些防治措施。③ 杨庭硕等人认为，苗侗植杉过程中的"火焚""亮根"等环节最终目的是防病虫害；在杉木混交问题上，他们认为苗侗特意安排"仿生"结构的树种，这也是基于防病虫害的角度考虑的。④

二 油茶和油桐培育技术

(一) 油茶

加池寨"历代以来各有山场界至，或种茶山、或栽杉木"，乾隆二十三年（1758）加池姜甫臣却遭中仰寨陆良海等人"越界强种山场，蓄栽茶油树"。10月初1日，姜姓上山收租，不但无果反而遭到陆姓乱打，因此姜姓状告陆姓至两寨所属之龙里司。⑤ 由此可知，清水江流域除种植杉木外，还种植油茶。油茶籽可以榨油食用，三斤茶籽得油一斤；油巴可以肥田，也可以作燃料，茶油通过沅江和都柳江外销。⑥ 对于黔东南油茶种植，徐晓光有所涉及，并认为茶油栽种可以作为杉木种植的经济补充。通过油茶纠纷及处理，分析茶

---

① 黔东南苗族侗族自治州地方志编纂委员会：《黔东南苗族侗族自治州志·林业志》，第409页。
② 张应强、王宗勋：《清水江文书》第1辑第6册，第189页。
③ 吴中伦：《杉木》，第489—548页。
④ 杨庭硕等：《清水江流域杉木育林技术探微》，《原生态民族文化学刊》2013年第4期。
⑤ 张应强、王宗勋：《清水江文书》第1辑第4册，第287页。
⑥ (清) 俞渭：光绪《黎平府志》卷3《物产》，第301页。

第三章 "林农兼作"下的林农技术 ✳

山属于家族共有,① 因此对油茶种植技术涉及较少。仅从方志中可以了解到,油茶冬季开花结籽,第二年九、十月果子成熟开始采摘。②

(二) 油桐

可作为材质使用,还可作为燃料,油桐产的桐油也是黔东南重要商品之一,桐油被列为货之属之首。③ 黔东南植桐历史比较悠久,与杉木相比,植桐周期要短很多,三、四年便可结籽,因此也成为苗侗民族重要的经济来源之一。④ 油桐二、三月开花,十月籽熟落地,去壳后榨油可以做灯油,壳可作为肥料和鱼饲料⑤

(三) 林木混交

前文业已论及,黔东南林区不仅仅种植杉木、茶油及油桐,还混交着其他林木,如青杠、枫树等。但黔东南木材贸易以杉木为主,因此杉木与哪些木材混交,是必须考虑的问题。杨庭硕等人已阐释过,黔东南杉木原生于西部高海拔山区,伴生树种恰恰是高海拔常见的落叶阔叶树种如青杠、枫树等。因此,高温高湿的低海拔人工杉林的伴生树种依然有上述阔叶树种,应该不是偶然,它们与杉木构成"仿生",从高海拔区域被人为"迁徙"而来;至于低海拔区域,常绿阔叶树种中较常见的樟科、芸香科树种却不见踪迹,抗高温高湿的油茶却屡出现在林木中,这也非巧合,因为樟科、芸香等常绿树种容易对杉木形成强烈的化感作用,影响杉木的生长,所以低海拔区域常绿树种的去留也是苗侗人们长期选择的结果。⑥ 关于混交问题,徐晓光也有涉猎,不过他的侧重点在如何解决杉木长周期性背景下的林农生活来源问题,而短期混交油桐等作物,则可以以

---

① 徐晓光:《油茶的家族种植与相关诉讼研究——清水江林业契约文书的侧面解读》,《原生态民族文化学刊》2014年第3期。
② (清)俞渭:光绪《黎平府志》卷3《物产》,第301页。
③ (清)郝大成:乾隆《开泰县志·物产》,《中国地方志集成贵州编》第19册,第41页。
④ 贵州省编辑组:《侗族社会历史调查》,第21页。
⑤ (清)俞渭:光绪《黎平府志》卷3《物产》,第301页。
⑥ 杨庭硕等:《清水江流域杉木育林技术探微》,《原生态民族文化学刊》2013年第4期。

* 清代民国时期黔东南"林农兼作"研究

短养长,还能发挥生态效益。[①] 如前文所述,经济或生活来源问题,仅仅是客观结果或者是林农单方面的取向,在繁荣的木材贸易背景下,山主应该无暇思考林农的这些问题。况且,拿油桐来说,从种植到结桐籽,最快也得三四年,到第八年,因桐子收获已衰须砍掉油桐树[②],也就是说油桐经济收益最快也得四年方能实现,摘卖桐籽也仅四年时间,实在起不到"以短养长"的作用。相比之下,病虫害防治这种观点显得更为合理,而且吴中伦也认为"我国杉木栽培广泛应用杉木与油桐短期混交(套种)……这种造林方式在历史上表现为杉木单位面积产量较高,病虫害很少发生"[③]。在思考林木对杉木的病虫害防治及他感作用的同时,也应适当考虑杉木化感作用对混交林作物的影响。通过田野调查及咨询林学工作者得知,杉木等针叶树种会分泌一种芳香的化学物质,一般树种都害怕这种物质,混交较好的是部分阔叶树种,所以无论田野还是契约,林区留下的混交树种踪迹都是阔叶树种。

三 农作物栽培技术

（一）水稻栽培

论述至此,有一点似乎已经非常明了,木材贸易主要材质杉木收益周期太长,无论山主如何千方百计逐利,林农基本生活问题确实需要得到解决。特别是地处山多田少的本地林农,正因为此,学者们在讨论林农间作、混交林诸问题上,皆会不自觉地联想到经济或生活因素。正如开篇定义里所提到的,"林农兼作"既包括林间套种,也包括"林""农"两种互补的经济生活方式。特别是稻作,一年一熟,在以短养长方面,远比杉木与其他林木套种要高明得多,

---

[①] 徐晓光:《清水江文书"杉农间作"制度及"混交林"问题探微》,《原生态民族文化学刊》2013年第4期。

[②] 吴中伦:《中国之杉木》,收录于中国林业科学研究院《吴中伦文集》编委会《吴中伦文集》,中国科学技术出版社1988年版,第166页。

[③] 吴中伦:《杉木》,第367页。

第三章 "林农兼作"下的林农技术 ✽

虽然桐油、茶油在客观上的确可以带来经济收益,但毕竟这些林作物也有比水稻更长的收益周期,而且桐、茶产值受年限限制,远不及一年一熟的水稻来的实际和贴切。

如前文所述,苗族为荆蛮后裔,五千多年前其先民便已进入定居的农耕文化。水稻是其栽培的主要作物,苗语对水田进行了极为细致的分类,不同种类的水田在苗语中的名称皆不一样。此外,苗族很多村寨名也跟水田息息相关,这些足以证明苗族水稻种植的传统与历史。[1] 侗族是古越人后裔,拥有悠久的稻作文化,特别是侗语中的基本词汇如水稻、水田、稻秧、水牛等,充分说明"侗族先民有了语言就有了稻作文化"[2]。加上明清移民的涌入,居住在黔东南的苗侗民族,有些支系"向化已久,男子耕凿诵读与汉民无异,其妇女汉装弓足者,与汉人通姻"[3]。至于水稻培植,《黎平府志》有相应记载:"三月犁田,四月播种,五月插禾,九月纳稼。"[4] 虽然略显简单,但基本时令要求已非常清晰和明了。据《黔东南州志·农业志》[5] 记载,清代民国黔东南水稻为一年一熟,时令与《黎平府志》一致。至于耕作,一般进行春耕,既有用锄头挖田,也有用木锨挠,还有用人力犁田,少数地方使用了牛翻犁。

(二)玉米、粟、小麦

毫无疑问,这些旱地作物与杉木等林木进行套种,当然这种套种仅限于林木郁闭之前。至于时序与具体套种作物搭配,前文已详细论述,此处不再赘述。但关于这些作物的栽培技术,契约文中没有任何交待,只能从方志材料中寻找一些踪迹。

至于玉米,黔东南又称包谷、蜀黍,种在杉山空隙地方,可以

---

[1] 李锦平:《从苗语词语看苗族农耕文化》,《贵州民族研究》2002年第12期。
[2] 刘芝凤:《中国侗族民俗与稻作文化》,人民出版社1999年版,第11页。
[3] (清)爱必达:乾隆《黔南识略》卷21《黎平府》,第476页。
[4] (清)俞渭:光绪《黎平府志》卷1《气候》,第37页。
[5] 黔东南苗族侗族自治州地方志编纂委员会:《黔东南州志·农业志》,贵州人民出版社1993年版,第84页。

做饭和酿酒，因为种植在高山，当地又叫高粱。至于粟，只简单地介绍其又叫小米，是五谷中比较好的作物。而小麦，秋天和早春都可以播种，一般不种在水田中，因为水田种水稻后地力有限。①《黎平府志》对这些作物介绍很简单，寥寥几笔，反映两个细节，这些农作物栽培技术已很成熟，没有大笔记录的必要；这些作物没有杉木重要，因此即使杉木栽培技术已很成熟，依然浓墨重彩。

第二节　林木伐运技术

一　林木砍伐

（一）采伐树龄

据前引《黔南识略》等文献可知，杉木历经 20 年左右，高度可以达到"尺二三至尺五六"②，这时杉木便可采伐，从而进入人工林最后一个环节。20 年树龄只是可伐，如桅、断二木，肯定树龄更久，所以杉木成材后不一定立即进行砍伐贩卖。道光元年（1821）8 月，岩湾寨范维远将先年得买范咸芳父子山场之木出卖与文斗寨姜绍雄等人，言定："候三十年之后，其木砍伐下河，地归范族原主，姜姓不得争持。"③ 土股断卖一般须在杉木成林后方可进行，加上杉木成林的时间，这片山林从培育到砍伐历时 30 多年。道光年间，堂东寨姜士能将先年得买吴国贤所占上番现书山场一块之五钱股份（共分为 8 两）出卖与加池寨姜开让。光绪三十三年（1907），此山发卖"清明合同股数"时方发现未见吴国贤所占股数，因此姜士能后人姜廷英将自己所占股数补给姜开让后人姜献义。④ 通过这份抵约可知，山场发卖之前会重新厘清股数，包括

---

① （清）俞渭：光绪《黎平府志》卷3《物产》，第267—268页。
② 张应强、王宗勋：《清水江文书》第1辑第4册，第266页。
③ 陈金全等：《贵州文斗寨苗族契约法律文书汇编——姜元泽家藏契约文书》，第211页。
④ 张应强、王宗勋：《清水江文书》第1辑第6册，第65页。

第三章 "林农兼作"下的林农技术

股权当下持有人及股权来源；更重要的是可以大体推算出此片杉林的树龄在50年以上，说明杉木价格受杉木大小的影响，杉木越大价格越高。

（二）采伐季节

黔东南林木采伐时节，《锦屏县林业志》有比较清晰的描述："（杉木采伐）一般选择栽秧之后至打谷之前进行，一则杉皮容易剥离，杉皮用以盖房、扎棚等，是遮风挡雨最佳材料；再者与农忙时间错位，农林兼顾。也有于秋冬砍伐者，用刀具削皮，皮废，所产木材叫花皮木。"其他林木则选择在"秋冬二季和早春砍伐，林下灌丛多已枯落，易于山间出入，伐倒木少有虫蛀腐变"①。关于杉木采伐，选择在秋冬季节砍伐，当与萌芽更新造林有关。

（三）采伐方法

黔东南林区采伐一般分为皆伐和择伐两种，明清时期的皇木采办，特别是桅、断二木，当属"择伐"；而皆伐主要是指"一定面积范围内将林木一次性砍完"，又称为"倒山砍"或"砍倒山"②。砍伐时须先砍山头，再到坡脚，避免压坏未伐之木。采伐工具包括斧、锯、绳等，须根据运输路线和山势确定伐木倒向。③

二 林木运输

关于清水江流域的木材交易与流动，张应强已进行了充分的论述，即上河贩运木植的"山客"将木材运至"当江"卦治、王寨和茅坪，由"当家"之主家联系山客与来自下河以徽州、临江、西安为首的"三帮"水客买客进行议价，交易完成后山客将白银带回上河继续贩木，水客将木材送达江淮进行贸易，主家收取一定酬金。④山客、水客不能越界，由此形成了多股权力清晰的利益集团，并遵

---

① 锦屏县林业志编纂委员会：《锦屏县林业志》，第233页。
② 黔东南苗族侗族自治州地方志编纂委员会：《黔东南苗族侗族自治州志·林业志》，第178页。
③ 黔东南苗族侗族自治州地方志编纂委员会：《黔东南苗族侗族自治州志·林业志》，第178页。
④ 张应强：《木材之流动：清代清水江下游地区的市场、权力与社会》，第145—191页。

清代民国时期黔东南"林农兼作"研究

守着木材贩运的相应规则。此处就木材运输的技术层面,进行简单介绍。

林木出售给山客[①]后,由其雇人"砍伐下河贸易"[②],砍伐后的林木利用地势,由高处向山脚滑送,俗称"放洪",不通过滑送到山脚的木材,还要铺木箱,用人力运送至岭,再通过滑道放到能流送的溪口[③]。在将木材往溪口拖送的过程中,需要通过其他山场,并与相关山主订立相应合约[④]。不过这种借林通行,有时是互换的,如民国二十七年(1938)姜秉魁等便因水路危险,而向姜源淋借山通过并承诺日后姜源淋若需借山抬木,自己"不可横行不送"[⑤]。有时候山客索性将买来的山场包给别人,由其砍伐、下河。民国七年(1918)9月,加池寨姜作干买得皆里污528根正木,随即便以238文价格,包与姜秉文、姜显文、姜保连三人"一单坎(砍)槛拖至河边"[⑥]。从事木材贩运的山客,既可能是专门从事木材砍伐与贸易的人员,也可能是山主或栽手兼顾的。民国三十七年(1948),加池寨姜元秀等人议定,将祖遗及新创之山场杉木转与姜锡珍、姜家珍二人砍伐,同时因"各家所执契据不一,以致争持",凭中将山场作五大股均分,而作为砍伐负责人之一的姜家珍,同时还拥有了此山两大股股份。[⑦] 不过总体上说,山客中侗族、汉族所占比例很大,苗族极少。[⑧]

木材至水边后山客"雇佚开撬",将木"撬成排卦"[⑨]。一般情况下,大约每十根杉木排成一卦[⑩],顺清水江流域而下至"茅坪"

---

① 自称"苦力人",见张应强、王宗勋《清水江文书》第1辑第2册,第186页。
② 张应强、王宗勋:《清水江文书》第1辑第2册,第161页。
③ 张应强、王宗勋:《清水江文书》第1辑第5册,第149页。
④ 张应强、王宗勋:《清水江文书》第1辑第2册,第164页。
⑤ 张应强、王宗勋:《清水江文书》第1辑第2册,第166页。
⑥ 张应强、王宗勋:《清水江文书》第1辑第9册,第141页。
⑦ 张应强、王宗勋:《清水江文书》第1辑第4册,第115页。
⑧ 贵州省编辑组:《侗族社会历史调查》,第32页。
⑨ 张应强、王宗勋:《清水江文书》第1辑第4册,第256页。
⑩ 张应强、王宗勋:《清水江文书》第1辑第4册,第509页。

第三章 "林农兼作"下的林农技术

"王寨""卦治"进行交易。交易成功后,再顺清水江而下,经沅江,入洞庭进入长江,通达江淮;也有部分木材顺都柳江而下融江,汇入珠江,抵达珠三角。这些排卦大体可以分成梭衣脑排、船形排、子排及燕尾排等形状①,由水客雇"排伕"负责运送。木材在山林运送的工人叫"旱伕",而扎排入水的工人则称"排伕"或"水伕"。

第三节 文书体现的技术要求

一 明确成林时间

契约中一句简单的"种粟栽杉",个中包含着无限的艰辛。无论原始山场还是砍伐后的山场,皆有一个劈山、烧山②的开垦过程。然而烧山却可能给林农带来致命的风险,民国三十七年(1948)二月初一日,塘养寨杨维轰为造林失火焚烧加池寨一片杉木。经调解,杨维轰须赔付大洋1万8千元,同时还须三年内将此片杉林修理成林,栽手仍属于原栽手③,代价惨重。

(一)契约对成林时间的规定

于山主来讲,他们并不关心林农的"粮食不足"诸问题,他们在意的是林木伐卖,因此在一些山场招/佃约、准字中,双方立契的时候便明确了成林时间,见契3-2。

契3-2:
　　立准字人平鳌寨姜腾芳、姜番皎、姜氏蜜白,为因分得众
　　山一所,坐落地名播格,作六大股均分,腾芳等所占四股。奈

---
① 黔东南苗族侗族自治州地方志编纂委员会:《黔东南苗族侗族自治州志·林业志》,第227页。
② 吴中伦:《杉木》,第390—391页。
③ 张应强、王宗勋:《清水江文书》第1辑第6册,第146页。

✻ 清代民国时期黔东南"林农兼作"研究

因山坡隔越,人多事碍,不得亲自栽杉种粟。所有天柱县龙、刘、罗三姓人等相求。今我众等自愿书立准字与天柱县刘再举、罗朝显、罗朝充、刘朝显、刘公朝等名下栽杉种粟。限至三年杉木成林,二彼方立合约。若杉木不栽,另招别人,龙、刘、罗三姓不得异言。其三姓人等住居山内,务要朝夕殷勤,不得妄为停留面生歹人、(乱)放火,各守礼法。今欲有凭,立此准字为照。

凭中:刘廷邦

代笔:姜之祯

乾隆五十三年七月二十一日

*播格山六大股:腾芳、番皎、蜜格等占四股,佃与罗、刘、龙三姓种栽。另,不得停留歹人。乾隆五十三年七月二十一日①

契约中的"成林"指花费工夫的育林作业初期结束之后的林地状态②,如果在规定的三年时间内没有成林,山主可另招他人。这种规定体现了山主担心林农只进行粮食耕种,而忽略了林木培育,进而影响山场的林木收益。罗康隆认为,林农"注重"的差异还会导致同一块林地林木长势出现较大的差异,进一步影响林木成长封林及木相,最终影响林地积材量和砍伐周期,造成巨大经济损失。③

清代民国黔东南对成林时间的规定,从两年到八年不等,具体见表3-1。

---

① [澳]唐立、杨有赓、[日]武内房司:《贵州苗族林业契约文书汇编(1736—1950)》第二卷,C0003。
② [日]相原佳之:《从锦屏县平鳌寨文书看清代清水江流域的林业经营》,《原生态民族文化学刊》2010年第1期。
③ 罗康隆:《清代贵州清水江流域林业契约与人工林业的发展》,《中国社会经济史研究》2010年第2期。

第三章 "林农兼作"下的林农技术

表3-1　清代民国黔东南山场佃约中成林时间情况统计

序号	时间	承佃人（栽手）	成林时限	文献来源	册数	页码
1	嘉庆八年闰2月17日	陆廷佐 光朝 龙宗卿（中仰寨）	2	清	1	117
2	道光元年10月16日	陆光儒（中仰寨）	3	清	1	134
3	道光三年10月18日	陆光和、潘国盛（中仰寨）	3	清	1	136
4	民国十年9月22日	姜生贵等（本寨）	3	清	1	256
5	嘉庆十八年2月18日	唐作财	3	清	2	22
6	光绪三十二年12月1日	宋文宏 瑞 吴见广三（党秧寨）	3	清	2	126
7	嘉庆十三年4月20日	张和卫父子	3	清	3	164
8	民国九年10月7日	姜作清 谢德昌二人（党秧村）	3	清	3	253
9	宣统三年4月5日	龙老旺 宋乔寿（党秧）	3	清	3	404
10	民国二年6月22日	姜凤瑞 成安二人（加池寨）	3	清	4	425
11	民国二十三年12月29日	张子明 陆应全2人（中仰）	3	清	5	136
12	光绪二年11月3日	姜老往	3	清	5	420
13	宣统三年4月5日	龙老旺 宋乔寿（党秧）	3	清	6	71
14	民国二十三年2月28日	姜秉魁 姜献猷 文载 文清 文佐等	3	清	7	310
15	民国二十四年2月10日	陆应明（中仰寨）	3	清	7	311
16	光绪二十四年2月21日	姜保发（党秧）	3	清	10	308
17	乾隆五十六年12月18日	唐玉周 李明忠（会同县）	3	清	12	33
18	道光十年8月24日	龙文瑜父子（高让寨）	3	清	12	74
19	咸丰七年3月27日	杨昌甲弟兄三人（岩门寨）	3	清	12	116
20	同治二年正月17日	姜兆魁兆珊（加池寨）	3	清	12	122
21	宣统元年2月15日	竹保等7人（文斗寨）	3	清	12	142
22	道光七年6月16日	潘廷举（九佑） 杨宏仁 杨文映（也党） 范德穆（张花寨）	3	清	12	270
23	道光二十年12月16日	林昌秀等（九怀）	3	清	12	279
24	乾隆五十三年7月21日	龙刘罗三姓（天柱）	3	贵	2	C0003
25	道光七年5月28日	姚开宗弟兄（元洲府芷江县胡落寨）	3	贵	2	C0027
26	道光四年7月8日	蒋玉山 岳山（湖广黔阳县） 杨必明（芷江县）	3	贵	2	C0036
27	同治二年7月14日	杨再清弟兄（抚庆堡）	3	贵	2	C0066
28	同治七年5月7日	范老恩（岩湾）	3	贵	2	C0067

清代民国时期黔东南"林农兼作"研究

续表

序号	时间	承佃人（栽手）	成林时限	文献来源	册数	页码
29	光绪八年6月1日	姜玉发	3	贵	2	C0072
30	光绪十五年10月22日	姜登仕（本寨）	3	贵	2	C0076
31	道光十二年10月18日	董老七	4	清	2	57
32	道光二年正月25日	张士清	4	清	3	48
33	道光二十一年2月11日	姜福元 姜福宗	4	清	3	87
34	道光六年4月18日	姜朝弼	4	清	10	127
35	嘉庆二十年12月29日	潘长明（中仰寨）	5	清	1	130
36	同治十一年正月十日	姜秉忠父子（本寨）	5	清	1	169
37	民国四年正月17日	龙祥春（中仰寨）	5	清	1	240
38	民国四年6月4日	龙恩大 龙恩和弟兄（中仰寨）	5	清	1	241
39	民国八年2月15日	陆志春 成定等（中仰寨）	5	清	1	250
40	嘉庆二十三年2月8日	范绞贵（岩湾寨）	5	清	1	332
41	嘉庆二十三年10月14日	孙松交 姜世瑚（天柱县）	5	清	1	333
42	嘉庆二十四年6月1日	孙松交 龙长生（天柱县）	5	清	1	337
43	道光二十一年11年11日	龙老三（莲花山）	5	清	1	354
44	道光二十四年6月15日	宋家旺（党央寨）	5	清	1	355
45	咸丰十一年9月20日	龙老言（莲花山）	5	清	1	363
46	光绪二年2月13日	姜开胜 遇连（本房）	5	清	1	367
47	光绪十二年11月23日	宋乔寿弟兄（党秧）	5	清	1	370
48	光绪二十二年2月26日	姜恩秀 焕（本房）	5	清	1	373
49	民国十八年2月22日	姜继美 厚培 相培（本族）	5	清	1	386
50	道光十四年2月29日	杨光武	5	清	2	58
51	道光二十年12月19日	陆光智 光田（中仰寨）	5	清	2	66
52	道光二十三年10月19日	陆光廷（中仰寨）	5	清	2	69
53	道光二十三年11月28日	陆光廷（中仰寨）	5	清	2	70
54	道光二十五年11月24日	粟元和（党兄）	5	清	2	73
55	咸丰八年12月7日	蒋老四 吴锦圣（乌十溪）	5	清	2	76
56	咸丰十年3月13日	姜世道 连 兆祥 兆兴（本寨）	5	清	2	80
57	同治二年7月24日	董老岩弟（党漾）	5	清	2	83
58	光绪二十八年正月9日	姜凤文 双林 顺林叔侄3人（本寨）	5	清	2	118
59	民国二十四年正月28日	姜文举（本族）	5	清	2	162

第三章 "林农兼作"下的林农技术 *

续表

序号	时间	承佃人（栽手）	成林时限	文献来源	册数	页码
60	道光十五年3月11日	姜福宗、福元弟兄	5	清	3	78
61	道光二十一年10月29日	苗老兄（本寨）	5	清	3	88
62	道光二十二年正月27日	姜福宗（本房）	5	清	3	89
63	道光二十六年2月13日		5	清	3	92
64	嘉庆十七年9月15日	宋万和（汪射）	5	清	3	168
65	嘉庆二十五年6月12日	孙邦约（天柱县至溪寨）	5	清	3	172
66	嘉庆二十五年6月12日	孙松友（天柱县）	5	清	3	173
67	道光八年12月6日	董老七	5	清	3	179
68	道光十三年正月21日	杨昌和兄弟（天柱县）	5	清	3	190
69	道光二十年7月5日	王老兄	5	清	3	194
70	道光二十年11月20日	杨光武（党养山）	5	清	3	195
71	同治六年6月16日	龙文明父子（本寨）	5	清	3	212
72	光绪二年2月28日	王玉山 王喜发叔侄（本寨）	5	清	3	221
73	光绪四年12月18日	姜发未（党秧）	5	清	3	222
74	民国十四年9月26日	姜作名 文等4人	5	清	3	258
75	宣统二年9月25日	董应生（党秧寨）	5	清	3	402
76	民国二十七年12月2日	张子明（中仰寨）等6人（还有陆龙姓）	5	清	3	427
77	道光三年11月5日	宋万才（党殃）	5	清	4	309
78	咸丰十年3月11日	李老丢 王之元（凯里司）	5	清	4	354
79	咸丰十年7月18日	吴回光父子（乌叶）	5	清	4	355
80	同治三年4月24日	龙老七 李福乔 李发兴兄弟三人（莲花山）	5	清	4	356
81	同治四年3月16日	吴士宽父子（天柱县远口司移居堂东小地名鸣叶溪）	5	清	4	358
82	同治八年7月4日	姜培成 龙荣太（本寨）	5	清	4	366
83	宣统三年正月18日	龙发泰 姜双连 松宁三人（本寨）	5	清	4	419
84	民国十一年正月14日	吴毓斌（党秧村）	5	清	4	459
85	民国三十六年2月24日	格翁南路加什等寨山友	5	清	4	499
86	咸丰元年10月24日	王老年 虽弟兄（念洞人，移居田循坡小地名岭棚）	5	清	5	28

续表

序号	时间	承佃人（栽手）	成林时限	文献来源	册数	页码
87	咸丰六年7月8日	周天元（南路）	5	清	5	31
88	咸丰七年12月11日	龙文高（本寨）	5	清	5	32
89	咸丰十一年3月26日	吴士宽父子（远口天柱县）	5	清	5	34
90	咸丰十一年10月8日	吴士宽父子（远口天柱县移居堂东小地名鸣叶溪）	5	清	5	36
91	光绪十三年2月1日	杨胜兴弟兄3人（党秧）	5	清	5	52
92	光绪二十二年3月14日	吴锦云（永口居乌什）	5	清	5	59
93	光绪二十六年2月16日	姜凤鳌 凤祥	5	清	5	64
94	光绪三十年2月10日	姜双 顺连 龙发泰等（本寨）	5	清	5	67
95	光绪三十四年正月28日	姜凤瑞献魁献文献朝4人（本家）	5	清	5	71
96	民国十年2月7日	吴毓斌（党秧村）	5	清	5	99
97	咸丰九年6月17日	姜福元开化开运贵生4人（本寨）	5	清	5	404
98	同治五年12月14日	龙文高父子（本寨）	5	清	5	410
99	光绪二十一年8月1日	杨胜荣（党秧）	5	清	5	434
100	光绪三十四年11月26日	杨胜荣（党秧）	5	清	5	443
101	咸丰四年8月1日	陆正泰 陆大昌弟兄（中仰寨）	5	清	6	41
102	光绪三十二年11月24日	姜贵龙 长弟兄（党养村）	5	清	6	64
103	民国三年又5月11日	杨胜荣 杨胜旺弟兄二人（党秧）	5	清	6	73
104	民国三十年10月16日	龙有政（党养）	5	清	6	120
105	民国三十六年3月10日	龙吴陆三姓（中仰寨）	5	清	6	136
106	民国三十六年3月10日	龙吴陆三姓（中仰寨）	5	清	6	137
107	民国三十六年3月10日	龙吴陆三姓（中仰寨）	5	清	6	138
108	同治二年正月28日	姜兆昌姜兆荣弟兄二人（本寨）	5	清	6	178
109	同治五年12月25日	龙文高父子（本寨）	5	清	7	228
110	嘉庆十六年10月16日	陆通模（中仰）姜朝重（加池）	5	清	8	30
111	道光九年4月21日	杨昌和兄弟（天柱县）	5	清	8	43
112	光绪二十年正月23日	姜平松（本房）	5	清	10	291
113	咸丰九年10月28日	王之云	5	清	8	68
114	咸丰九年11月3日	姜运保（本房）	5	清	8	69
115	咸丰十年正月22日	吴锦廷（天柱远口移居乌什居家）	5	清	8	70

第三章 "林农兼作"下的林农技术

续表

序号	时间	承佃人（栽手）	成林时限	文献来源	册数	页码
116	同治五年正月24日	姜松乔 姜玉连等（本寨）	5	清	8	73
117	光绪三十年正月9日	姜祖长 龙发泰等4人（加池寨）	5	清	11	23
118	嘉庆十一年正月19日	张士贵（形州府）	5	清	11	147
119	嘉庆二十四年4月12日	张必龙弟兄3人（会同县）	5	清	11	152
120	道光二十年9月1日	姜开渭弟兄（加池寨）	5	清	11	164
121	同治三年3月3日	姜开朝 发桥叔侄（本寨）	5	清	11	170
122	民国六年正月24日	姜明春等6人（本寨）	5	清	11	254
123	道光十三年2月21日	范绍卿（岩湾寨）	5	清	12	76
124	道光十三年6月8日	蒋景明 仲华2家（黔阳县）龙文光等6家（高让寨）	5	清	12	77
125	道光十三年11月24日	姜老贵 姜昌后	5	清	12	78
126	道光十九年2月16日	姜老胖 老龙二人	5	清	12	89
127	道光十九年7月26日	王二生 吴老凤等人	5	清	12	92
128	道光十九年11月19日	龙文瑜等（高让寨）	5	清	12	93
129	道光二十年5月25日	杨宗耀 杨定堂（天柱县）	5	清	12	94
130	道光二十年6月26日	杨敬唐 龙关灵	5	清	12	95
131	道光二十四年6月9日	龙光星 龙光渭	5	清	12	110
132	咸丰十年11月29日	黄均安（冲黎）	5	清	12	119
133	同治二年正月16日	杨定安 宗耀 宗全（住居莲花山）	5	清	12	121
134	民国三年5月11日	杨胜荣弟兄2人（党秧）	5	清	8	121
135	同治三年9月10日	姜兆祥 魁 佳弟兄（加池）	5	清	12	124
136	光绪十一年7月7日	姜齐兴父子	5	清	12	128
137	道光十五年10月21日	姜世宽（加池寨）	5	清	8	207
138	光绪十七年7月6日	范基明（岩湾寨）	5	清	12	131
139	道光二十九年10月15日	杨珍朝（乌什溪）	5	清	8	213
140	同治元年3月10日	吴肥晚（乌什）	5	清	8	224
141	光绪十九年12月15日	杨玉和父子（鸠怀）	5	清	12	134
142	同治八年7月5日	姜培成 龙荣太（本寨）	5	清	8	232
143	光绪三十四年9月11日	姜天发等（下寨）	5	清	12	141
144	光绪十八年2月22日	杨老二（党秧寨）	5	清	8	260
145	民国二年2月28日	姜永达	5	清	12	146

* 清代民国时期黔东南"林农兼作"研究

续表

序号	时间	承佃人（栽手）	成林时限	文献来源	册数	页码
146	民国二年7月2日	张倚文 林荣华 林荣恩（九佑党加）	5	清	12	149
147	道光十六年12月4日	杨昌和（党样）	5	清	9	67
148	民国四年10月9日	高元长父子（上寨）	5	清	12	152
149	咸丰八年11月1日	潘政隆 潘政坤（污既）	5	清	9	85
150	咸丰九年正月15日	姜应乔、弟乔、玉秀弟兄（本寨）	5	清	9	86
151	民国五年10月15日	姜正茂等人	5	清	12	154
152	同治二年正月21日	姜弟宗 甲申 发根（本寨）	5	清	9	93
153	民国六年10月10日	姜如贤 姜占朝	5	清	12	158
154	民国七年2月1日	姜登兰 登廷 超武三人	5	清	12	160
155	同治三年10月15日	吴士宽（乌什）	5	清	9	96
156	民国八年正月29日	姜正茂	5	清	12	163
157	同治七年5月4日	杨昌发（党秧）	5	清	9	101
158	光绪十五年11月16日	吴锦云、吴锦礼 佺毓福叔佺（天柱县永口人）	5	清	9	112
159	民国九年2月7日	潘大直等人（党加）	5	清	12	172
160	民国九年7月13日	林荣恩（丢佑村）	5	清	12	176
161	民国十一年6月21日	姜陆相等	5	清	12	177
162	民国十二年3月6日	姜永光 永筠二人	5	清	12	178
163	民国十二年9月7日	姜永卿 如圣二人	5	清	12	179
164	民国十四年9月26日	高培兰 姜春美二人	5	清	12	182
165	民国三十二年11月29日	杨燃登等4人（寨岑）	5	清	12	207
166	民国三十六年2月13日	范国栋（岩湾）	5	清	12	209
167	道光十年6月19日	杨昌和	5	清	9	226
168	道光十二年3月13日	邓怡盛 周天元（黔阳县）	5	清	9	237
169	嘉庆二十一年闰6月13日	姜连合 保年 金五三人	5	清	12	259
170	道光十九年8月15日	陆光治 陆光国（中仰）	5	清	9	251
171	道光七年10月15日	姜玉兴	5	清	12	271
172	道光二十年3月3日	杨殿堂（天柱县）	5	清	9	253
173	道光十三年10月28日	龙仁玉 龙玉珠（鸠冉）	5	清	12	273
174	道光十七年6月6日	姜老庚 老申弟兄	5	清	12	276
175	道光二十六年7月6日	孙永高（天柱县星兴理窝儿寨）	5	清	12	289

第三章 "林农兼作"下的林农技术

续表

序号	时间	承佃人（栽手）	成林时限	文献来源	册数	页码
176	嘉庆二十三年 11 月 12 日	流天才	5	清	9	366
177	咸丰五年 11 月 17 日	舒昌麒	5	清	12	301
178	道光十六年 2 月 21 日	杨怀相（价杨寨）	5	清	9	380
179	咸丰八年 11 月 1 日	龙舞飞 盛弟兄（天柱县高让人住居九怀）	5	清	12	303
180	道光二十年 2 月 4 日	潘正义 潘国望（中仰）	5	清	9	383
181	同治元年 8 月 13 日	蒋仲华	5	清	12	304
182	道光二年 7 月 11 日	龙文瑜 文光（天柱县高酿寨）陆光前（中仰寨）潘廷光（九右寨）	5	清	12	369
183	嘉庆十八年 11 月 27 日	范国连（井宗寨）	5	清	10	79
184	道光八年 2 月 20 日	王老二 王老三（上江）	5	清	10	130
185	道光十九年 9 月 20 日	陆光儒 正谟（中仰寨）	5	清	10	162
186	咸丰十一年 2 月 27 日	张运兵 张运开 潘通明（中仰寨）	5	清	10	180
187	嘉庆十五年正月 7 日	罗维才	5	贵	2	C0015
188	嘉庆十七年 9 月 6 日	姜映林（下寨）	5	贵	2	C0017
189	嘉庆十九年 7 月 12 日	姜腾禄	5	贵	2	C0022
190	嘉庆十九年 7 月 16 日	姜玉山 景春弟兄 2 人（湖南省岑杨县）	5	贵	2	C0023
191	嘉庆二十五年 7 月 6 日	蓝元三	5	贵	2	C0031
192	道光三年 3 月 25 日	龙二星（平秋）	5	贵	2	C0033
193	道光四年闰 7 月 20 日	龙文瑜 武成（天柱县高酿寨）	5	贵	2	C0037
194	道光五年 8 月 20 日	姜本元	5	贵	2	C0039
195	道光五年 9 月 15 日	腾家兴 张国昌	5	贵	2	C0040
196	道光六年 10 月 10 日	王明叔叔侄（茂尧寨）	5	贵	2	C0041
197	道光八年 10 月 20 日	龙林罗三姓（九怀）	5	贵	2	C0042
198	道光十年正月 25 日	姜孟连 老荣二人（平鳌）	5	贵	2	C0043
199	道光十四年正月 18 日	黄均文兄弟	5	贵	2	C0047
200	道光十五年 9 月 13 日	姜绍牙	5	贵	2	C0050
201	道光十六年 5 月 20 日	范绍钦（岩湾）	5	贵	2	C0051
202	道光十六年 8 月 14 日	范绍钦（岩湾）	5	贵	2	C0052

清代民国时期黔东南"林农兼作"研究

续表

序号	时间	承佃人（栽手）	成林时限	文献来源	册数	页码
203	道光十七年10月25日	姜怀杰 起龙（平鳌）	5	贵	2	C0053
204	道光十八年7月1日	杨胜元（天柱岩寨）	5	贵	2	C0054
205	道光二十一年9月27日	姜显儒等（上寨）	5	贵	2	C0056
206	道光二十一年9月27日	姜显儒等（上寨）	5	贵	2	C0057
207	咸丰六年正月29日	姜灵寿 老旺	5	贵	2	C0063
208	咸丰六年7月17日	范锡寿（岩湾）	5	贵	2	C0065
209	同治十一年6月19日	舒康学（里格）	5	贵	2	C0068
210	光绪四年正月21日	姜致祥等（中房）	5	贵	2	C0071
211	光绪三十二年2月21日	萧学元（污瑞溪）	5	贵	2	C0083
212	道光二十六年8月1日	姚发贵父子四人（元洲府无俄滩住居念洞回龙坡）	6	清	4	63
213	民国七年正月15日	姜炳芳姜必荣兄三人（堂东寨）	6	清	6	77
214	道光十六年3月24日	姜朝弼（本寨）	6	清	8	54
215	嘉庆十年12月3日	龙什魁	6	清	11	145
216	道光五年7月15日	姜起相（平鳌）	6	贵	2	C0038
217	嘉庆十五年9月3日	姜庚养 福保 老坛	7	清	12	53
218	民国六年2月9日	范炳义 范基安等人（岩湾寨）	8	清	13	124
219	光绪十一年3月3日	潘大本 大植 张以文 以成 林年高等（中仰寨）	3 成林 5 排行	贵	2	C0073
220	光绪十八年2月16日	龙发富等4家（下文斗寨）	3 成林 5 排行	贵	2	C0077
221	光绪二十一年8月21日	姜吉兴父子	3 成林 5 排行	贵	2	C0079
222	光绪二十三年5月25日	潘光廷（岑梧寨）	3 成林 5 排行	贵	2	C0080
223	光绪三十三年12月4日	姜学正	3 成林 5 排行	贵	2	C0086
224	光绪二年3月4日	姜申兆等	3 排行 5 成林	贵	2	C0069
225	光绪三年9月10日	姜毓华	3 排行 5 成林	贵	2	C0070

第三章 "林农兼作"下的林农技术

续表

序号	时间	承佃人（栽手）	成林时限	文献来源	册数	页码
226	光绪二十一年闰5月9日	姜学开等	3 排行 5 成林	贵	2	C0078
227	光绪二十四年3月4日	李大发 龙芝顺（里格）	3 排行 5 成林	贵	2	C0081
228	光绪三十三年4月1日	姜学韬	3 排行 5 成林	贵	2	C0084
229	光绪二十三年正月28日	龙老望（党秧）	3 栽杉 5 成林	清	4	393
230	光绪二十三年2月9日	陆大昭 陆志高 陆志珍（中仰寨）	3 栽杉 5 成林	清	10	303
231	嘉庆三年2月24日	周万镒 顺镒弟兄（黔阳县）	4—5	贵	2	C0007

数据来源："清"表示《清水江文书》（第1辑）、"贵"表示《贵州苗族林业契约文书汇编（1736-1950）》。

通过上表可知，契文有明确规定成林时限的契约达231例，其中成林时限为2年的有1例，占总数的0.4%；成林时限为3年的有29例，占总数的12.6%；成林时限为4年的有4例，占总数的1.7%；成林时限为5年的有177例，占总数的76.6%；成林时限为6年的有5例，占总数的2.2%；成林时限为7年的有1例，占总数的0.4%；成林时限为4至5年的有1例，占总数的0.4%；另外有2例"三年栽杉、五年成林"的规定，占总数的0.9%。由此可知，在成林时限的要求上，最普遍的做法是5年，其次是3年，这也可以与前文提及的套种时序相呼应，即既可能有先农后林，也可以有林农同时的套种模式。特别是5年的案例中，林农可以先事农两年再植杉，进行真正的套种，不过这种模式容易消耗山场肥力，影响林木生长。但无论5年抑或3年，都符合文献中关于杉苗的成林记录。至于2年、4年、6年、7年及8年成林的案例，估计与山场位置，开山难度有直接的关系。不过还有10例较为特殊的案例，即

✱ 清代民国时期黔东南"林农兼作"研究

"三年成林、五年排行"和"三年排行、五年成林"。相原佳之认为:"排行表示林上的杉木成长到一定程度而为成列的状态",这是"山主对栽手的育林过程订立了新的基准"①。然而,从契约行文看,"成林"与"排行"似乎可以互换,因为在文书中这两种案例各占 5 例,至于原因,眼下实在解决不了。按时代看,除乾隆 2 例均为 3 年,以及"排行"这种"新基准"全部出现在光绪年间外,其他没有规律可循。不过有几点可以肯定:契约中对林木成林时间的规定,与文献记载是吻合的,也就是说这种规定于林农来说,完全可以实现的,体现了杉木培育过程中的成林技术;文书中的成林时间,于林农来说,2 年的成林时间规定比文献记载提早了 1 年,但这种案例毕竟是少数,更多的还是超过 3—5 年的时限,甚至达到了 8 年,这对林农无疑是有利的;于山主来说,当然是越早成林越好,因此出现了"三年栽杉、五年成林"的规定,目的是保证杉林成林,从侧面反映出到期不成林的社会现实,这在下文中会涉及。

(二)林间套种实践对契约的回应

在林间套种实践中,确实存在按时成林的情况。咸丰六年(1856)7 月,南路周天元佃种加池寨姜开义、姜沛清叔侄等山场一块,限定"五年之内必要成林"②。不到五年,即咸丰十一年(1861)正月,主佃如期签订了分成合同。③ 民国三十六年(1947)12 月,中仰寨龙裕魁、龙裕国等人佃种加池寨姜继元等人山场一块④,1949 年 8 月土栽签订了分成合同⑤,从佃山到成林,前后不到两年。民国三十七年(1948)2 月姜纯经、姜根保、锡昌、盛富、坤荣五人佃种姜元瀚等培显则共山一块。⑥ 1950 年正月,土栽如期

---

① [日]相原佳之:《从锦屏县平鳌寨文书看清代清水江流域的林业经营》,《原生态民族文化学刊》2010 年第 1 期。
② 张应强、王宗勋:《清水江文书》第 1 辑第 5 册,第 31 页。
③ 张应强、王宗勋:《清水江文书》第 1 辑第 5 册,第 33 页。
④ 张应强、王宗勋:《清水江文书》第 1 辑第 6 册,第 145 页。
⑤ 张应强、王宗勋:《清水江文书》第 1 辑第 6 册,第 156 页。
⑥ 张应强、王宗勋:《清水江文书》第 1 辑第 4 册,第 505 页。

第三章 "林农兼作"下的林农技术

订立了此山的分股合同①，前后近两年时间。这足以证明，文献记载与契约规定的成林时间，完全可以实现，否则不可能出现提前成林的现象。

不过契约中更多的是不能如期成林的案例。前引契约中已言明了林农到期不能成林，需要承担的后果：山主"另招别人"，也意味着栽手对未成林的山场林木丢失股份，这在有些案例中也是明确写进佃约的，如光绪二十三年（1897）的一份佃山契约也有着类似的道理，在这份契约末尾写道："此山限在三年栽杉、五年成林，若不成林，栽手并无实股。"② 同样的规定也出现在同年中仰寨陆大昭、陆志高、陆志珍三人的佃山场契约中。③ 在套种实践中，确实存在因未能如期成林而被山主收回的现象。咸丰二年（1852）11月，姜连寿与姜东英、姜东盛订立佃约，不过这片冉学诗山场却"因别人荒芜不成"而佃与姜连寿。④ 这意味着，在姜连寿佃种前，已有栽手佃种，但并没有种植成功，因此被山主招回佃与姜连寿继续修理。土栽虽然依然是3股与2股的划分，但在栽手2股中，山主却占据了1股，这意味着原栽手完全丧失栽手股，新栽手修理林木只占原栽手股的1股，另一股被山主占有。同治元年（1862）3月，八恭县王士魁因佃种文斗下寨姜钟琦等人之什共山上截未成，而任凭主家另招别人栽种。⑤ 由此可见，栽杉不一定都能够成功，或说不一定能够如期成林。但从另一侧面可以发现，此契中的栽手除丢失未成林林木栽股外，不需要额外付出什么代价；进一步联想到为"解决口粮"而佃山的农民，即使他没有栽杉，他依然获得了两年的事农机会，这样一来《黔南识略》中的先农后林的套种时序似乎也可以理解了。

---

① 张应强、王宗勋：《清水江文书》第1辑第4册，第511页。
② 张应强、王宗勋：《清水江文书》第1辑第4册，第393页。
③ 张应强、王宗勋：《清水江文书》第1辑第10册，第303页。
④ [澳]唐立、杨有赓、[日]武内房司：《贵州苗族林业契约文书汇编（1736—1950）》第二卷，C0062。
⑤ 张应强、王宗勋：《清水江文书》第1辑第12册，第120页。

❋ 清代民国时期黔东南"林农兼作"研究

因为《黔南识略》介绍这种模式的时候，首先提到的是"土人云"，也就是听当地人说的，当地人或许将这种普遍的投机现象（不种杉，只事农）传递给了爱必达。因此林间套种对于需要粮食的农民来说，具有巨大吸引力。民国十五年（1926），刘宗盛佃种龙集蛟平冲山场，言定"三年开山造林50亩，如若不成栽手无分"。三年期满后，因特大旱灾刘宗盛只栽了20多亩共2千多株，按照契约他丧失了所有栽股份额，已栽林木亦全归山主龙集蛟。① 民国十一年（1922）2月，加池寨姜开连出卖土股与同寨姜元贞，双方订立断卖契，契文有这样的外批："先年恩元佃种此山，并不栽杉，日后栽手并无股份。"② 这条外批表现出姜恩元曾佃种此片山场，但没有栽杉，随后山主姜开连等人将此山场佃与他人耕种。到杉木成林后，姜开连卖掉了属于他的份额，为避免原栽手姜恩元的纷争，特以外批的形式注明。姜恩元佃山未栽杉，很明显他在经营农业，因此山场被主家收回。

甚至还存在栽手不能如期成林而主动辞主的现象，嘉庆七年（1802）11月，平地寨张子贵将佃种文斗寨姜映辉等人皮的黎山场悔退。③ 道光二十五年（1845）12月，栽手在佃山两年后，见无成效主动辞主，"在如主家另招别人栽杉种粟"④。

到期不成林，无论山主另招别人还是栽手主动辞主，栽手都会丧失栽股份额。但也有山主延时，甚至亲自"出功"的情况。嘉庆十九年（1814）5月，范维远将乌欲祖山一块出佃与范德和等7人种粟栽杉已"五年完足"，按佃山场合约规定土栽二比此时如期签订了分股合约。⑤ 然而这份契约却有这样的外批："此木还未成林，另限栽手挖修一二年，不得推闪。"很明显，栽手经过五年套种后杉木

---

① 转引自贵州省编辑组《侗族社会历史调查》，第20页。
② 张应强、王宗勋：《清水江文书》第1辑第6册，第260页。
③ 陈金全等：《贵州文斗寨苗族契约法律文书汇编——姜元泽家藏契约文书》，第072页。
④ 张应强、王宗勋：《清水江文书》第1辑第2册，第73页；第1辑第3册，第356页。
⑤ 张应强、王宗勋：《清水江文书》第1辑第5册，第338页。

第三章 "林农兼作"下的林农技术

依然没有成林,但地主依然如约与其签订分股合同,甚至成林时间宽限两年。契约正文中也不见栽手须为未按时成林而付出的代价,仅有这样的话语:"自分之后,栽手逐年修理,不得荒芜。如有逐年内过十二月不见修理,地主出功栽主补还,不得推故。"无非再三强调栽手须悉心修理,确保杉木成林、成材,从侧面反映出当时栽手经营杉林的现状与山主的无可奈何,甚至山主须亲自"出功"仅让栽主补还。栽手为何对林木修理抱如此态度,原因在于杉木成材周期过长,不能有立竿见影的经济效用,在经营"林"时可能将心思放在"农"上,以解决生活所需。嘉庆初年加池寨污漫溪山场仅一片杉林便达到4200株①,因此对于山主来说,完全依靠自己经营难度很大,必须依靠栽手,特别在开山及幼苗阶段,栽手的作用不容忽视。

虽然在佃山场合同中山主特别强调成林时间,然而不能按时成林肯定已成为当时的社会问题,否则不会出现光绪初年佃山场合约中没有成林时间规定而仅要求"不得慌悮,倘有此情,栽手全无股份"的佃约②。换句话说,此时山主已不要求栽手何时成林,仅希望他们不荒误山林,能够成林即可。至于何时经营林或农,完全看栽手的意愿。民国时期,虽然也有成林时间规定,但亦基本形同虚设,见契3-3、契3-4。

契3-3:

立佃字人党秧村吴毓斌,今佃到加池寨姜元秀弟兄之山场一块,地名翻保了共山。界限上凭岭、下凭冲、左凭恩宽元贞二家之山、右凭作干叔侄之山,此山土栽分为五股,地主占土三股、栽手占二股。自佃之后,限定五年栽杉成林,若不成林,栽手并无股份。恐口无凭,立此佃字为据。

---

① 张应强、王宗勋:《清水江文书》第1辑第5册,第328页。
② 张应强、王宗勋:《清水江文书》第1辑第5册,第45页。

※ 清代民国时期黔东南"林农兼作"研究

凭中姜源淋

内涂一字

民国十一年正月十四日 吴俊元立①

契3-4：

立分合同字人党秧村吴毓斌，为因先年佃到加池寨姜元秀弟兄之山一块，地名翻保了。其山界限上凭岭、下凭冲、左凭恩宽元贞二家共山、右凭作干之山，此山土栽分为五股，元秀弟兄占土三股、吴毓斌占栽手二股。今已木植成林，二心平意愿立分合同，日后木已长大发卖，照依合同均分银两，不得争长论短。恐后无凭，立此合同二张各执一张为据。

凭中杨维森

民国廿一年六月廿日 吴俊元笔立②

通过对四至、土名及相关人物的对比可知，上述两契是指同一山场即加池寨姜元秀弟兄之共山翻保了。前契是佃山场契、后契为杉木成林后的分股合约。虽然佃山契中明确规定"自佃之后，限定五年栽杉成林，若不成林，栽手并无股份"，但杉木成林后的分股合同订立时间却与之间隔了十年有余，远远超过了规定成林年限。不过，从杉木成林后的土栽分股合同中，找不到栽手为此付出的任何代价。毫无疑问，这十年间栽手吴毓斌在这片山场经营的并非仅仅"林"，肯定有农，也就是说他免费获得了十年种植粮食的时间，但面对逾期成林，山主却无可奈何。

面对套种过程中林农事林不力的问题，山主在事发后按约招回山场，剥夺林农的栽手股。但却耗费了时间，影响山场林木的成材，为确保山林如期成林，山主绞尽脑汁，甚至在签订佃山契约时，让佃客以物作抵。嘉庆十五年（1810）9月，文斗寨姜庚养等3人佃

---

① 张应强、王宗勋：《清水江文书》第1辑第4册，第459页。
② 张应强、王宗勋：《清水江文书》第1辑第4册，第472页。

第三章 "林农兼作"下的林农技术

种姜映祥等人共山立契,山主与佃客言定"(姜庚养等)自愿以田一坵抵当,限在七年内木要栽成林,如有不成任凭地主发卖"①。相当于七年后,如若不成林,作抵的田产将交由姜映祥等人处理。道光二十年(1840)6月,杨敬唐、龙关灵佃种山场时,也以栽手1块作抵。② 咸丰九年(1859)6月,加池寨姜福元等人佃种姜开义等人山场时,姜福元以栽手2股作低、姜开运以地股1股作抵、姜开化与姜贵生则以田作抵,如果五年之内不成林,"四人作抵之项任凭开义等管业,四人不得异言"③,即五年不成林姜福元四人将失去所抵栽手、土股及农田的拥有权。须要提及的是,姜开运以地股作抵,说明他们所佃山场是姜开运与姜开义等人的共山,也就是说姜开运也是山主之一,佃种自己的共山照样以物作抵,体现出山主对成林的迫切需求。同治三年(1864)9月,加池寨姜兆祥弟兄因佃种文斗寨姜钟琦等人山场,而专门立抵当契④,以田一坵约谷七担作抵。杉木成林时,山主退抵字;若不成林,则抵当物为山主耕种管业。除以物作抵外,还有更严苛的规定,道光二十一年(1841)3月,姜启基等5人佃栽姜启华七桶公山而立约,为确保成林双方协议:"如内一人地界不成者,罚银三两三钱……踊跃捕巡,不得推诿偷安,如有此情亦罚银一两以警怠惰。"⑤ 林木不成林或疏于管理,栽手均要受到罚款的惩处。然而遗憾的是,并没有从契约中找到这种因过限而导致作抵物过渡或受罚的实例。

二 连片经营

小农家庭是中国传统社会的基本生产单位,中国传统社会的生

---

① 张应强、王宗勋:《清水江文书》第1辑第12册,第53页。
② 张应强、王宗勋:《清水江文书》第1辑第12册,第95页。
③ 张应强、王宗勋:《清水江文书》第1辑第6册,第42页。
④ 张应强、王宗勋:《清水江文书》第1辑第12册,第125页。
⑤ [澳]唐立、杨有赓、[日]武内房司:《贵州苗族林业契约文书汇编(1736—1950)》第二卷,C0044。

※ 清代民国时期黔东南"林农兼作"研究

产亦是一种小家庭农业经营，简称小农经济，亦即蔡雅诺夫提及的"家庭生产方式"①。传统小农经济具有分散性、自给自足等特点，甚至有学者认为："传统农业生产方式不仅阻碍农民收入的增长，而且制约整个国民经济的协调、稳定发展。"② 然而在清水江文书中，无论山场租佃、栽手买卖、土股买卖还是山场买卖，处处都体现了连片经营的思想，山林权利在山主、栽手间不断流转过程中，不断突破着我国传统社会的生产方式，实现着规模效应。特别在山林开发中，林木种植的根本目的不在于自给自足，林木生产的直接目的在于巨大的市场，即使对于栽手特别是外来栽手，佃山的目标也在于栽股断卖。

（一）连片经营的实施途径

1. 山场租佃

从契约中可知，清代、民国时期黔东南山场经营大体可以分成两种：一种类型是山主亲自经营。如道光三年（1821）岩湾范继尧出卖稿邦之杉木而立契，此山分为8股，范继尧占1股半，特意注明"并无栽手"③。言下之意，范继尧所占稿邦1股半的山场，由他自己亲自栽种。另一种类型则是将山场出佃与栽手栽种，不过在此过程中，山主竭力保证对杉木的连片经营。

（1）山主出佃山场

通过山场佃约可知，山主将自己的山场出佃给不同的栽手。如咸丰二年（1852）2月，加池寨姜世于、姜招于佃种同寨姜凤仪弟兄叔侄之领堦笼山场1块，此山场"上凭光秀所栽本家之山、下凭河、左凭冲、右凭子木"④，很明显，此山上方之山也是姜凤仪弟兄叔侄之山，佃与了（姜）光秀，而此山右方与其子所栽之木相邻，

---

① 张永健：《"家庭生产方式"与中国传统农业社会研究》，《社会学研究》1992年第6期。
② 李忠斌等：《传统农业生产方式的困境及其转变》，《中南民族大学学报》（自然科学版）2012年第3期。
③ 张应强、王宗勋：《清水江文书》第1辑第5册，第11页。
④ 张应强、王宗勋：《清水江文书》第1辑第1册，第54页。

第三章 "林农兼作"下的林农技术

亦可统一管理，也属连片经营。姜大荣、姜沛清叔侄先后于同治八年 11 月[①]、同治十四年 10 月[②]将刚套山场分别佃与不同的人耕种。光绪五年（1879）正月，加寨王玉山佃种姜凤仪等人皆陋觉山场 1 块，此山"右凭山主之山"[③]，也就是说此山右方与山主的山场相邻，当然与右方相邻的山场并未佃与王玉山。山主将自己本来相对集中的山场，出佃与不同的栽手耕种，这在清水江文书中比比皆是。由集中到分散，如何确保分散后，又回归到集中或说如何山主如何实现杉木的连片经营？这在山场佃约中有所体现。

（2）山主优先购买栽股

如前所述，杉木生长周期长达近 20 年，杉木长周期性决定了林农不可能等待那么长时间的利益回报。一般情况下，林农通过两种途径实现佃山利益：一是在杉木郁闭前套种农作物；一是断卖栽手。山主为防止林农将栽手卖与他人，造成林权混乱和管理不便等问题，在订立山场佃约便明确规定："其有栽手后来发卖，先问各股山主，后问别人。若不问者，乱将发卖与别人，山主知道决定不依。"[④] 光绪二十年（1894）姜秉忠佃种姜大明等山场一块，木植长大双方订立分股合同时，亦再次重申："恐后栽手二股出卖，先问地主，后卖他人，不准乱卖。"[⑤] 光绪三十二年（1906），甚至约定："若不问地主，栽手并不系分。"[⑥] 也就是说如果不问地主而卖给他人，则意味着栽手丢失了栽股，与他人交易属无效交易。通过山场佃约、主佃分成约等方式，确保山主连片经营山场杉木的权益。值得一提的是，仅《清水江文书》第 1 辑 469 份山场佃约中，在契约正文或批注中明确规定栽手出卖"先问山主、后问别人"的有 44 例，详见表 3-2。

---

① 张应强、王宗勋：《清水江文书》第 1 辑第 10 册，第 202 页。
② 张应强、王宗勋：《清水江文书》第 1 辑第 10 册，第 217 页；第 1 辑第 3 册，第 219 页。
③ 张应强、王宗勋：《清水江文书》第 1 辑第 1 册，第 65 页。
④ 张应强、王宗勋：《清水江文书》第 1 辑第 4 册，第 366 页。
⑤ 张应强、王宗勋：《清水江文书》第 1 辑第 4 册，第 389 页。
⑥ 张应强、王宗勋：《清水江文书》第 1 辑第 5 册，第 70 页。

清代民国时期黔东南"林农兼作"研究

表3-2　佃山约中明确规定栽手出卖先问地主情况统计

序号	时间	承佃人（栽手）	册数	页码
1	嘉庆二十三年2月8日	范绞贵（岩湾寨）	1	332
2	道光八年2月20日	王老二 王老三（上江）	10	130
3	光绪二十三年2月9日	陆大昭 陆志高 陆志珍（中仰寨）	10	303
4	道光二十年7月5日	王老兄	3	194
5	道光二十一年10月29日	苗老兄（本寨）	3	88
6	道光二十二年1月27日	姜福宗（本房）	3	89
7	道光二十一年11年11日	龙老三（莲花山）	1	354
8	道光十二年10月18日	董老七	2	57
9	道光元年10月16日	陆光儒（中仰寨）	1	134
10	咸丰八年11月1日	潘政隆 潘政坤（污既）	9	85
11	咸丰九年11月3日	姜运保（本房）	8	69
12	咸丰九年正月15日	姜应乔 弟乔 玉秀弟兄（本寨）	9	86
13	同治八年7月4日	姜培成 龙荣太（本寨）	4	366
14	同治十一年正月10日	姜秉忠父子（本寨）	1	169
15	光绪十三年3月14日	姜兆祖 元等（本寨）	2	297
16	光绪十三年3月14日	姜兆祖 兆元 欧老渭 李老园 龙发泰等（本寨）	10	267
17	光绪十四年3月14日	姜兆祖 兆元 欧老渭 李老园 龙发泰等（本寨）	7	255
18	光绪十五年2月5日	姜癸未 姜秉忠弟兄2人（党秧）	5	54
19	光绪十八年2月22日	杨老二（党秧寨）	8	260
20	光绪十八年2月3日	姜记祖 甲兴 杨兴 唐兴 元兴 恩荣6人	8	96
21	光绪二十年正月23日	姜平松（本房）	10	291
22	光绪二十一年12月1日	姜吉祖 志长 东成 东乔	5	58
23	光绪二十三年正月28日	龙老望（党秧）	4	393
24	光绪二十五年10月8日	龙发太（本寨）	3	113
25	光绪二十五年11月16日	吴老四（天柱人 居住污什）	8	108
26	光绪二十五年7月28日	吴喜隆 吴岩隆 吴成隆（污什）	8	107
27	光绪二十八年12月25日	姜炳文等4人（本寨）	9	121
28	光绪二十九年5月3日	姜开连等（本寨）	2	119
29	光绪二年2月20日	姜生发 长连二人（本寨）	3	220
30	光绪二年2月28日	王玉山 王喜发叔侄（本寨）	3	221

第三章 "林农兼作"下的林农技术

续表

序号	时间	承佃人（栽手）	册数	页码
31	光绪三十年2月10日	姜双 顺连 龙发泰等（本寨）	5	67
32	光绪三十二年12月1日	宋文宏 瑞 吴见广三（党秧寨）	2	126
33	光绪三十二年正月7日	龙老望 杨老三（党秧）	5	70
34	光绪三年9月8日	姜兆祖 欧成文（本寨）	6	50
35	光绪二年2月13日	姜开胜 遇连（本房）	1	367
36	光绪十二年11月23日	宋乔寿弟兄（党秧）	1	370
37	光绪五年正月26日	王玉山（本寨）	1	65
38	民国十年2月7日	吴毓斌（党秧村）	5	99
39	民国十三年2月14日	姜金贵 姜生贵弟兄（本寨）	6	272
40	民国二十五年2月16日	姜纯魁（党养寨）	2	163
41	民国八年5月5日	宋文瑞（党秧村）	5	451
42	民国九年10月7日	姜作清 谢德昌二人（党秧村）	3	253
43	民国八年2月15日	陆志春 成定等（中仰寨）	1	250
44	民国十九年9月22日	姜生贵等（本寨）	1	256

数据来源：《清水江文书》第1辑。

通过上表可知，佃约中明确规定栽手出卖时先问地主的案例约占佃约总数的11%，按时代看，从嘉庆开始几乎每朝都有，直到民国，足以证明山主对栽手股权或说对连片经营的重视。

2. 栽手买卖

（1）栽手卖给山主

上文提到，主佃间以契约的形式，约束栽手断卖的对象，确保山主拥有栽手优先购买权。在实际操作中，许多栽手股确实卖给了山主人。东京外国语大学出版的《贵州苗族林业契约文书汇编（1736—1950）》，汇集了文斗、平鳌两寨的契约，虽然佃山约中没有一例特别指出栽手断卖时"先问山主、后问别人"，但在栽手断卖过程中，大多数案例确定卖给了山主。在108份栽手断卖中，有54份卖给了山主，达到栽手案例总数的一半。而《清水江文书》（第1辑）458份栽手断卖契约中，也有近三分之一的案例是卖给了山主。

✱ 清代民国时期黔东南"林农兼作"研究

在栽手具体断卖过程中，山主连片或集中栽手股份有两种方式：其一是栽手直接将栽手股断卖给山主。嘉庆九年（1804）11月，培拜山姜天九父子因栽手之股自保不住，出卖给山主人岩湾寨范咸宗父子。[①] 道光元年（1821）2月，韶霭寨龙老五、龙贵山父子将先年佃种加池寨旧（舅）公姜佐兴之稿浓山场的栽手份额1股断卖给姜佐兴。[②] 同治元年（1862）3月，八恭县人王士魁便将佃栽文斗下寨姜钟琦等人山场的栽手份额，卖给了姜钟琦等人。[③] 民国八年（1919）5月，党秧村宋文瑞佃种加池寨姜梦熊等共山一块名岗套，佃契规定："若栽手留不下者先问地主，无人承受后方卖与别人。"[④] 六年后，宋文瑞须断卖栽手，如约断卖给姜梦熊等人。[⑤] 山场虽然出佃给栽手耕种，但由于杉木生长的长周期性，栽手之股容易断卖，但通过契约的约束力，栽手之股很容易回笼到山主手中。通过民国十一年（1922）5月的一份栽手卖契[⑥]可知，这片冉苟否山场土栽分为5股，其中栽手2股又分为5小股，在卖主姜保连叔侄出卖2小股栽手份额前，山主姜元贞已买占姜之渭、姜春吉2小股栽手份额。通过本次收购，山主姜元贞共占有这片山场5小股栽手中的4小股份额，栽手股份已经大部集中在他手中。其二是栽手经过辗转最终回到山主手中。文斗寨姜映祥等人将山场一块佃与蒋姓栽种，土栽分为两股，杉木成林后蒋姓将栽股出卖与江西曾国用父子，嘉庆九年（1804）6月，曾国用父子将栽股又转卖给山主姜映祥等人。[⑦] 此片山场土栽最终全部回到山主手中，曾国用父子中转的目的肯定不在于等到林木最终伐卖，而在于从中牟取差价。道光三年（1823）年12月，文斗寨姜述盛将先前因生理买入吴正贵、正明二人的栽股，

[①] 张应强、王宗勋：《清水江文书》第1辑第9册，第197页。
[②] 张应强、王宗勋：《清水江文书》第1辑第6册，第8页。
[③] 张应强、王宗勋：《清水江文书》第1辑第12册，第120页。
[④] 张应强、王宗勋：《清水江文书》第1辑第5册，第451页。
[⑤] 张应强、王宗勋：《清水江文书》第1辑第3册，第259页。
[⑥] 张应强、王宗勋：《清水江文书》第1辑第6册，第266页。
[⑦] 陈金全等：《贵州文斗寨苗族契约法律文书汇编——姜元泽家藏契约文书》，第76页。

第三章 "林农兼作"下的林农技术

转卖与地主姜映辉。① 文斗寨姜绍韬等人有共山一块，出佃与姜老养、姜老富等人佃种，土栽分为 4 股，其中地主占 3 股、栽手占 1 股。栽手 1 股第一次出卖时没有卖给山主，而是卖给了岩湾寨姜献琳。不过道光六年（1826）12 月，此片栽手股第二次断卖时，却回到了山主姜绍韬等人手中。② 光绪三十年（1904）7 月，姜显智父子将先年买占龙秉智、龙秉信弟兄在冉皆什山场的 1 股栽手出卖给此山主姜凤来。③ 这片山场土栽分为 5 股，其中栽手占 2 股，此前山主姜凤来已经从龙秉智手中购得 1 股栽手，通过本次交易，山主姜凤来拥有了此山全部栽手份额。

（2）栽手卖给他人

不过栽手也有不卖给山主人的情况，一份时间不详④的栽手断卖契便如此。加池寨姜桥保、姜运保二人先年佃栽姜凤仪、姜沛清之共山名冉皆什，土栽分为 5 股，其中栽手占 2 股。二人将栽手 2 股份额出卖，但买主并非山主姜凤仪和姜沛清等人，而是姜凤章。⑤ 或许是他们在出卖之前，先问过山主，山主无人购买时再出卖给别人的。不过，在这些交易中，也有连片经营的案例。姜周隆、姜周异曾于加石塘穷劳夏栽杉，其木作 3 股均分，地主占 1 股、栽手占 2 股，栽手 2 股又分为 6 股。乾隆四十三年（1778）12 月，二人出卖 4 股与姜富宇。⑥ 两个月后，二人又将余存的 2 股栽手出卖与姜富宇。⑦ 至此，加石塘穷劳夏山场的栽手全部集中在姜富宇手中。光绪九年（1883）11 月至光绪十年（1884）正月，姜作干通过两次购

---

① 陈金全等：《贵州文斗寨苗族契约法律文书汇编——姜元泽家藏契约文书》，第 230 页。
② 张应强、王宗勋：《清水江文书》第 1 辑第 12 册，第 70 页。
③ 张应强、王宗勋：《清水江文书》第 1 辑第 7 册，第 283 页。
④ 契文中找不到这份栽手断卖契约的具体时间，但不知为何书中编排时将日期写成民国□年六月十一日。然而文尾有一批栽手转卖的批文，批文落款是光绪十九年六月十六日。因此可以据此肯定，这份契约不是民国年间订立的，最大的可能性应是光绪年间。
⑤ 张应强、王宗勋：《清水江文书》第 1 辑第 8 册，第 311 页。
⑥ 张应强、王宗勋：《清水江文书》第 1 辑第 12 册，第 25 页。
⑦ 张应强、王宗勋：《清水江文书》第 1 辑第 12 册，第 26 页。

※ 清代民国时期黔东南"林农兼作"研究

买,购得了冉谷山场5股栽手中的3股。①

不过,在栽手未卖给山主的案例中,还存在被共同佃山的其他栽手收购的情况。乾隆五十九年(1794)7月,文斗寨姜腾芳、姜腾隆弟兄便将与姜兴文共佃栽平略寨龙昌荣眼加除之山的栽手股,断卖给姜兴文。②借此,栽手姜兴文占有了全部栽手股,实现了连片经营。

3. 土股买卖

林农欲尽快获得栽杉利益而断卖栽手股,山主当需要银钱时也会断卖山主的份额,契约中将山主的份额叫做土股。嘉庆二十二年(1817)5月,姜起贵等出卖眼对乐祖山,此片山林共计1两5钱,本次出卖1两2钱8分4厘与本房姜昌华。剩余2钱1分6厘:姜起连、姜文龙占1钱5分、姜绍昌名下占6分6厘。不到一个月,姜昌华将收购姜起贵的份额转卖与姜彬弟兄。③嘉庆二十三年(1818)初,姜起连、姜文龙将所占1钱5分份额出卖与姜彬弟兄。④也就在同年的8月,姜绍昌也将所持6分6厘份额出卖与姜彬弟兄。⑤原属于姜起贵等人的眼对乐祖山土股份额,经过几次转手全部集中在姜彬弟兄手中。道光十二年(1832)2月29日,加池寨姜开让有两笔交易,均是购买杉林,两笔交易均发生在培具山场。⑥该片山场上截土栽分为2股,其中山主1股分为19小股,堂东寨吴焕儒、吴焕奎各占4小股均出卖给姜开让。此外姜开让还购买了吴焕儒所占有的

---

① 张应强、王宗勋:《清水江文书》第1辑第9册,第415—416页。
② [澳]唐立、杨有赓、[日]武内房司:《贵州苗族林业契约文书汇编(1736—1950)》第二卷,B0007。
③ [澳]唐立、杨有赓、[日]武内房司:《贵州苗族林业契约文书汇编(1736—1950)》第一卷,A0118。
④ [澳]唐立、杨有赓、[日]武内房司:《贵州苗族林业契约文书汇编(1736—1950)》第一卷,A0119。
⑤ [澳]唐立、杨有赓、[日]武内房司:《贵州苗族林业契约文书汇编(1736—1950)》第一卷,A0122。
⑥ 张应强、王宗勋:《清水江文书》第1辑第6册,第15—16页。

第三章 "林农兼作"下的林农技术

上截栽手半股①份额，以及下截近一半的土栽股份。光绪三十年（1904）5月与9月，加池寨姜显渭父子先后有两笔购买山林的交易。② 山场名为堦荣梭，土栽分为5股，土股占3股、栽手占2股。其中土股3股又分为6小股，姜福元占5小股、姜开义弟兄占1小股，姜开义弟兄所占1股又分为6小股。栽手2股又分为7小股，姜显渭、显灿、玉荣占3小股，陆兴元买占4小股。第一笔，姜显渭父子购得陆兴元所占土股5股和栽手4股（其中土股5股为陆兴元祖父先年得买姜福元所占之股），第二笔，姜显渭父子购得姜茂富买占姜凤飞所占之土股，该股属于姜开义弟兄所占1股份额中6小股之1小股，先年为姜茂富祖父购买。至此，姜显渭父子拥有了此山场大部分股份，实现连片经营。同治三年（1864）2月，加池寨姜克顺通过购买获得同寨姜化礼弟兄刚套山场之土股。③ 此山分为5股，凤仪叔占2股、开吉叔侄1股半、姜化礼弟兄与开善共1股半（又分为3小股：姜化礼弟兄占2小股、开善占1小股）。虽然此次交易仅购得姜化礼弟兄的份额，但是通过外批可知，开吉叔侄1股半、开善之股也已集中在姜克顺手中，也就是说姜克顺通过此次购买，已占有此山3股份额。

连片经营不仅体现在栽手连片、土股连片上，在林权变动过程中，往往还体现在土栽连片上。光绪三十一年（1905），姜显渭父子购得培具山场杉林一块，此片杉林土栽分为36股，姜显渭父子先年买占姜兴元31股、根乔2股、茂福1股，此次又购得中仰寨陆元魁先祖买占姜开义之1股。④ 姜显渭父子通过收购，先后获得了此片杉林36股之35股份额。次年，姜显渭从陆元标手中购买得此山最后一股份额⑤，占有了此山土栽全部份额。民国初，培九山场土栽分

---

① 栽手1股又分为3小股，吴焕儒弟兄占1小股，其中吴焕儒占半股。
② 张应强、王宗勋：《清水江文书》第1辑第5册，第439—440页。
③ 张应强、王宗勋：《清水江文书》第1辑第7册，第226页。
④ 张应强、王宗勋：《清水江文书》第1辑第5册，第441页。
⑤ 张应强、王宗勋：《清水江文书》第1辑第5册，第442页。

为5股，其中土股占3股，又分为16小股；栽手占2股，又分为4小股。民国六年（1917）6月21日，姜作干从姜永炽手中购得土股1股①，次日又从姜永清手中购得土股1股和栽手1股②。民国八年（1919）2月，姜作琦父子将污耶赖山场的土股3股份额全部出卖给姜纯一，次年姜纯一又购得此山场2股栽手份额。③ 至此，姜纯一买占了此山土栽全部份额。

4. 山场买卖

在清水江文书中，最常见的交易当属林木交易，但也能发现山场交易的踪影。在山场买卖中，也非常重视连片性。

道光五年（1825）3月，加池寨姜开礼、姜开盛弟兄将党秧山场出卖与姜之豪，党秧山场"右凭买主山"④，通过此，姜之豪将自己的山场与买占的党秧山场连成一片。道光十六年（1836）6月，加池寨姜应生将九柳山场转让给姜之豪、姜开让父子，而九柳山场"右凭买主山"⑤。姜之豪、姜开让父子买占此山后，便可与自己的山场连成一片，实现连片经营。道光十八年（1838）11月，加池寨姜还乔将党秧山场出卖与姜之豪、姜开让父子，此山"右凭开让山"⑥，再次连片，扩大了姜之豪、姜开让父子在党秧山场的经营规模。

（二）连片经营的积极作用

连片经营在杉林防火、管理和规模效应方面起着积极的作用。

1. 杉林防火

杉木育林过程中，离不开火焚，这在田野调查中可以得到印证。清理山场，离不开火焚；积累肥料，亦离不开火焚，如《黔南识略》

---

① 张应强、王宗勋：《清水江文书》第1辑第9册，第135页。
② 张应强、王宗勋：《清水江文书》第1辑第9册，第136页。
③ 张应强、王宗勋：《清水江文书》第1辑第9册，第317页。
④ 张应强、王宗勋：《清水江文书》第1辑第4册，第315页。
⑤ 张应强、王宗勋：《清水江文书》第1辑第4册，第193页。
⑥ 张应强、王宗勋：《清水江文书》第1辑第4册，第331页。

第三章 "林农兼作"下的林农技术

所载:"春至,则先粪土覆以乱草,既干而后焚之"①;再加上林农兼作过程中,林农们亦有生活用火,可以说火灾于黔东南林区防不胜防。道光十二年(1832)3月,姜登智因火焚失火,焚毁姜之琏弟兄500余株杉木,姜之琏弟兄念在和睦的邻里关系,仅让其立错字,"日后之豪之琏子孙失错,不必生端议论"②。姜之琏弟兄损失500余株杉木但并未追究,只让对方立一错字,这并非是他们大度,他们担心日后自己不慎失火,用此错字让对方亦不追究,体现了林区火灾的不可避免。《锦屏县林业志》统计了1952年至2000年全县山林火灾情况:49年间共发生火灾1660起,受毁面积达631128亩,毁坏林木17200871株。③平均每年发生火灾30余次,相当于每个月都会发生火灾2次,这对于以林为生的黔东南民众来说,是致命的摧毁。诚如姜元贞在杉林火灾后所说:"民等地方山多田少,专靠杉木一宗为养生之计,一旦毁尽,活杀全家,受害不堪。"④清代民国黔东南林区发生火灾的次数已无从知晓,但从新中国成立后这片区域频频火灾的情况来看,当时火灾也应是当时民众无法回避的灾难,只能从契约中"失火烧山赔修杉山字"⑤"烧山立错字"⑥这些只言片语中去感受他们的痛苦与辛酸。

不过,火灾可以防范、可以降低发生率,几百年来人们一直努力着。甚至山场出佃时,禁止佃农在林区搭建房屋,如嘉庆十八年(1813)8月,蒋玉山佃种文斗寨姜国柱等人山场立约,契约末尾的外批中写道:"不许在山内起唑屋。"⑦这是杜绝佃农在林区生活用火,以图达到防火的目的。但引起山林火灾最主要因素还是烧山,对此锦屏县卦治乡火焚的应对经验是:"组织起来相互烧,一旦出现

---

① (清)爱必达:(乾隆)《黔南识略》卷21《黎平府》,第475—476页。
② 张应强、王宗勋:《清水江文书》第1辑第10册,第147页。
③ 锦屏县林业志编纂委员会:《锦屏县林业志》,第175页。
④ 张应强、王宗勋:《清水江文书》第1辑第4册,第279页。
⑤ 张应强、王宗勋:《清水江文书》第1辑第6册,第146页。
⑥ 张应强、王宗勋:《清水江文书》第1辑第2册,第173页。
⑦ 张应强、王宗勋:《清水江文书》第1辑第12册,第57页。

险情，人多利于即时扑灭。"① 组织起来相互烧山，确实可以及时扑灭大火；从另一方面也反映出，如果将山场割裂，各自为政、各自烧山的时间不一致，容易引起火灾甚至秧及邻山。而连片经营，多片山场连成一片集中在一个家族手中，烧山时就不会面临各自为政、烧山时间不一致的问题，从而降低火灾的发生率。

2. 杉林管理

连片经营还有利于林木从开山、种植、郁闭、间伐抚育到砍伐的统一管理，避免山场因割裂导致杉木郁闭期、砍伐周期不一致，甚至影响到杉木的积材量。

山地过于分散还容易引起权利争端，加池寨姜源淋便因此诉诸公堂。姜源淋先祖于同治年间买占姜开文等人污儿山场一块，至光绪初年其父砍伐后另自栽杉，抚育成林后却遭到人将木卖与瑶光客人砍伐下河。② 如果这片杉林与山主其他山场连片经营，应该不至引起这些争端。这种山主混乱、越界占杉、越界砍伐引起的争端在清水江文书中时常可见，皆是因为山场过于分散所致。

此外，山场过于分散，杉木生长周期不一致，亦不利于杉木的生长。在清水江文书中，有一种"讨路"文书③，即砍伐木材时需要路过别人山场，而立讨书契约。如果运输木材须途经的山场正处于郁闭期，结果可想而知，因此才有日后对方若需借山抬木，自己"不可横行不送"④ 的承诺。与此同时，在同一处区域，山场过于分散还可能导致一些山场已经郁闭，而其他山场方开始烧山、套种，杉木生长时段不一致肯定会相互影响，甚至影响民众的和谐。

3. 规模效应

连片经营还可以带来规模效应，让份额持有人获得一定的经济利益。下面以一份山场分股单（契3－5）为例：

---

① 锦屏县林业志编纂委员会：《锦屏县林业志》，第176页。
② 张应强、王宗勋：《清水江文书》第1辑第1册，第458—459页。
③ 张应强、王宗勋：《清水江文书》第1辑第2册，第164页。
④ 张应强、王宗勋：《清水江文书》第1辑第2册，第166页。

第三章 "林农兼作"下的林农技术

契3-5：

议该垒大路坎下山一幅，左右抵冲、上抵路、下抵正国屋皆，共议价足银五两八分。栽地分作五股，地占三股、栽占二股。地占之三股又分作十二股，该占足银三两正，每股泒该银二钱五分。

姜世俊父子名下占山六股，卖与□□为业，该占银一两五钱正，亲手自领。

姜世隆父子名下占山一股，该占银二钱五分，卖为正相弟兄为业。

姜世法父子名下占山一股，该占银二钱五分，卖为正相弟兄为业。

姜登瀛父子名下占山一股，该占银二钱五分，卖为正相弟兄为业。

姜登泮父子名下占山一股，该占银二钱五分，登泮手领。

姜登熙弟兄名下占山一股，该占银二钱五分，卖为正相弟兄为业。

姜登高弟兄名下占山一股，该占银二钱五分，卖为正相弟兄为业。

以上各人所占共合十二股。

山界栽手：正相弟兄占。

民国五年七月廿八日 分单 文轩笔记①

通过这份分银单可知，这片杉木共分为5股，其中山主占3股（又分作12小股）、栽手占2股。但从分银具体情况来看，姜正相弟兄不但占有了所有栽手份额，还买占了5小股山主份额。从另一侧面反映出，进行连片经营的不仅仅是山主，栽手也可以连片，除占

---

① 张应强、王宗勋：《清水江文书》第1辑第12册，第153页。

清代民国时期黔东南"林农兼作"研究

有栽手股外,还可以买占山主股。

清代民国时期,黔东南林区推行"林农兼作",在"林农兼作"下林农技术日臻成熟。比如杉木,在苗侗先民早已熟悉的插条技术与萌芽更新技术基础上,黔东南林区发明并推行实生苗技术,有利于人工林的发展;并通过契约、制度和乡规民约等方式实现林木蓄禁,以保证木材成材;杉木郁闭后依然有后续蓣修工作,这些工作一般栽手承担。虽然木材贸易繁荣,杉木人工林不断发展,但杉木收益的实现毕竟耗时太长,再加上杉木单一栽种会出现自毒等化感作用,因此在林间混交有青杠、枫树等高海拔落叶阔叶树种,以求构建"仿生"达到防治病虫的目的,同时混交了油桐、油茶等于杉木没有有害他感的低海拔经济作物,客观上达到了"以短养长"的效果;另一方面,在林间间种玉米、小麦等作物,在与山场犬牙交错的水田种植水稻,这些农作物一年一熟,收益实现快,真正实现"以短养长"。杉木成材后,卖与山客砍伐并运输到"当江"三寨,由"当江"主人牵线,将木材卖与水客,杉木沿江扎排通过江淮,白银逆流进入林区。往日木材与白银流动的繁华早已不在,留下的仅有数以万计的历史记忆——清水江文书,通过这些故纸,往昔苗侗民族的智慧跃然纸上。于山主,他们急切地希望林木成材伐卖,以实现经济收益,因此他们在出佃山场时明确规定了林木成材的年限,到期如果不能成林,栽手丢失所有份额;但于林农,无论是移民还是本地林农,杉木生长周期毕竟太长,他们的生活问题确实需要解决,况且黔东南林区山多田少,因此很多本地林农佃山的目的直接便是"无土种粮",基于此诸多到期不成林的案例接踵而至。为了解决到期不成林的问题,确保山主利益,很多山主在出佃山场时又增设一些诸如以物作抵,甚至出纳罚金的附加条件。在林木经营过程中,通过契约规定、栽手及山主林股、山场买卖,以及合伙,山主及栽手竭力实现连片经营,这些措施对林区防火、林区管理及规模效应方面发挥着积极的作用。

第四章 "林农兼作"下的山主、田主与林农

"林农兼作"之下，山主经营山场的模式有三种，自营、雇工经营以及佃与栽手，通过对山主经营模式的分析可知，清代民国黔东南林区山场属山主私有。在生产生活过程中，农民因各种原因典当田土，走投无路时将之绝卖，通过此，山场、田土最终集中在少数人手中，兼并严重。关于林农，主要有两类人群，一是外来移民，他们佃山栽杉，"林农兼作"，多为逐利而来，他们的地位并非如传统学者说的那么低下；一是本地林农，他们拥有少许田土，同时佃山，兼营林业和农业，既为生活也为逐利。

第一节　山主与山场经营

一　山主

顾名思义，山主就是拥有山场所有权的人，清代民国黔东南有多少山主，当无从估计。可以肯定的是，苗侗及本土汉人栽手不可能从一开始就没有山场，山场通过一系列的转让才逐渐集中到少数人手中的；不一定所有的栽手都意味着没有山场，在契约中甚至还有佃种人自己与他人共山的现象；值得一提的是，有些移民通过购买等方式，获得了黔东南林区山场，成为山主。此处仅就山主获得山场的途径作一简要介绍。

* **清代民国时期黔东南"林农兼作"研究**

（一）祖遗山场

祖先遗留下来的山场，随着祖辈去世、分家等情况的发生，祖遗山场会重新核定股权，进行分配，成为山主获得山场的主要来源之一。见契4-1。

契4-1：

立分合同本家姜沛清、开义、凤辉、大荣、大明、玉昌、沛云叔侄等因有祖遗之山一块，地名党东，界限上凭土垒、下凭岩洞、左凭岭、右凭兆珊之山以土垒到大路凭樟□岭到土垒为界。此山分为十二股，沛清占六股、开义占一股、凤辉占一股、大荣占一股、大明占一股、玉昌占一股、沛云占一股，合共十二股份清。恐口无凭，立此合同，子孙永远存照为据。

姜沛清存一纸、姜大荣存一纸、姜玉昌存一纸。

凭族：姜开周 凤至

代笔：杨光发

咸丰五年十一月初二 立①

通过此契可知，党东山场本为姜沛清等人祖遗之山，被分为12股，通过本次股权划分，姜沛清继承了此山一半的股权，姜开义、姜凤辉、姜大荣、姜大明、姜玉昌、姜沛云等人各继承1股山场。祖遗山场的继承与析分是山主获得山场较为常见的方式之一，这种形式直到民国都一直存在。②

（二）共同开发的山场

共同出工出力，合伙开发的山场是山主获得山场的又一主要来源。见契4-2。

---

① 张应强、王宗勋：《清水江文书》第1辑第4册，第352页。
② 张应强、王宗勋：《清水江文书》第1辑第3册，第148页。

第四章 "林农兼作"下的山主、田主与林农

契4-2：

计开辟猓善山

祖保、富宇二人占一大股。祥宇、得宇、年三三人占一大股。老牙、周文二人占一大股，周文一股卖与富宇。兴宇、明宇、老宗、香保四人占一大股，明宇、香保二人卖与富宇，老宗一股卖与清宇、老岩二人。甫天、九塘、香乔明、年保四人占一大股。岩年、岩所二人占半股，岩年一半卖与清宇、香乔二人，岩所一半卖与富宇、三年二人。一共山作五股半。

姜廷佐笔

乾隆三十五年二月十二日 立①

此契反映的是开发猓善山共同劳动成果的划分②，根据"所出劳动力的数量、所参加开发的劳动力日数以及所出生产工具"③等方面的差异，此山分成五股半：祖保、富宇获得1股，祥宇、得宇、年三获得1股，老牙、周文获得1股，兴宇、明宇、老宗、香保获得1股，甫天、九塘、香乔明、年保获得1股，岩年、岩所获得半股。共同开发山场的前提是存在无主荒山，因此这种来源只限于清初，清中叶以后至民国时期，由于木材贸易的繁荣和人工林的兴起，无主荒山存在的可能性极小。

（三）通过买卖占有的山场

通过契4-2可知，清宇、老岩、香乔等本来未参与猓善山的开辟，他们便通过购买而获得了此山的所有权。通过购买获得山场所有权的方式比较常见，较早的在乾隆九年（1744）10月，姜贵白将暗见山场一股份额出卖与姜富宇④，通过购买，姜富宇获得了暗见山场部分所有权。这种情况从乾隆至民国一直都存在，民国三十七年

---

① 张应强、王宗勋：《清水江文书》第1辑第12册，第237页。
② 张应强：《木材之流动——清代清水江下游地区的市场、权力与社会》，第210页。
③ 朱荫贵：《试论清水江文书中的"股"》，《中国经济史研究》2015年第1期。
④ 张应强、王宗勋：《清水江文书》第1辑第12册，第2页。

(1948)3月,姜春芝、鹤寿母子便将先年得买抱鬼山场的一股份额出卖与姜文忠①,所有权由此转给姜文忠。值得一提的是,外来移民亦通过买占而获得了山场所有权,从而成为山主。道光二十三年(1843)11月,会同县张必有因要回家(湖南)而出卖党吼山场6股半的份额出卖与姜开义弟兄。② 在山场、杉木买卖中比较难确定的是卖山场中的杉木,是二者都卖,抑或只卖山场,但这个案例中"任凭买主栽杉修理管业"的话语道明了,这是一片山场断卖,且山上没有林木,通过此次购买,姜开义弟兄获得得整片山场的所有权。③ 难得的是,卖主张必有是湖南会同人,属于移民,他获得这片山场所有权的方式既不可能是继承祖业、也不可能通过开荒获得,唯有购买。

二 山场经营

据吴大华等学者考证,清水江流域人工造林除林农佃山这种主要形式之外,还包括山主雇工经营和包栽这两种方式。雇工经营由山主雇工(分长短工),并负责他们的基本生活(银钱或米),雇工每天按规定完成工作量,木材最终全归山主。而包栽,栽手按约定种植,成林后由山主清点,按成活率付与工钱。④ 不过找遍能够见到的文书,都找不到包栽的案例,包括吴大华等人在他们的研究中也没有给出这两种经营方式的实例,虽然不排除这两种方式存在的可能性,但要厘清这两种方式实属不易。通过整理现有文书可知,清代民国时期黔东南林区山场经营存在以下几种方式。

(一)山主亲自栽种自己的山场

山主亲自栽种自己的山场,已见到的较早的记录出现在嘉庆年

---

① 张应强、王宗勋:《清水江文书》第1辑第11册,第399页。
② 张应强、王宗勋:《清水江文书》第1辑第6册,第34页。
③ 姜开义弟兄原本占3股半的股份。
④ 吴大华:《清水江文书研究丛书》第2卷《林业经营文书》,贵州民族出版社2012年版,第1—2页。

第四章 "林农兼作"下的山主、田主与林农

间（见契4-3），但并不意味着嘉庆之前没有这种经营模式。

契4-3：

立托得买岩乔、番乔之乌格溪山场杉木一块，其山二股均分，功勋占一股、岩乔番乔兄弟占一股。今兄弟一股出卖与本房姜佐周、侄朝瑾朝瑚三人共买为业，当日凭中议定价银五两正。日后修理出人工，照纸上股数出人。长大砍伐，照股均分。不得异言，今欲有凭，立此托字，永远为据，大发大利。

托约合同为据（字形一半）外批：佐周父子占一股、朝瑾父子占一股、朝瑚四兄弟占一股，老约佐周存。

凭中：姜功勋

写老约：姜宗义

照老约托：姜佐周

卖主：姜番乔 姜岩乔

嘉庆四年八月十八日 立①

这份契约体现的是郁闭后的中、幼林转让，据文中"老约"字样可知，卖主姜番乔、姜岩乔是转卖；另外契中提到日后修理照股出人，通过此可知此山没有出佃也即没有专门的栽手，如果出佃给了栽手，按前文的结论，成林后的林木抚育工作须由栽手独自承担；因此此山应是山主自栽，且是两人之共山，栽木后至少有一山主将占有的一半林木所有权（不含山场）出卖，至买主岩乔和番乔时，再转卖给姜佐周等人，因为是自栽所以日后修理时须按股出人。

道光三年（1821）岩湾范继尧出卖稿邦之杉木，此山分为8股，范继尧占1股半出卖，契文中特意注明"并无栽手"②。言下之意，范继尧所占稿邦1股半的山场，由他自己栽种。道光十五年（1833）

---

① 转引自贵州省编辑组《侗族社会历史调查》，第14页。
② 张应强、王宗勋：《清水江文书》第1辑第5册，第11页。

✱ 清代民国时期黔东南"林农兼作"研究

姜世安断卖冉皆笼山场,明确批注:"上截亲手栽。"① 意味着上截山场,由山主自己栽种、修理及管业。道光十七年(1835)6月,姜世培父子出卖番谷王土股和栽手,其中右边一块,姜世培占1小股,随后又这样写道:"此团为私栽。"② 意思是这团山场,由姜世培父子自己栽种,而此时父子将土栽份额全部出卖。道光二十九年(1847)4月,加池寨龙桥保将从套山场自己所栽杉木出卖,此山之木分为5股,其中地主占3股、栽手占2股。地主3股中,山主龙桥保、姜开明、姜开文、姜克昌等人份额属于自栽。③ 咸丰元年(1851)3月的一份断卖山场杉木栽手契约中,外批这样写道:"冉皆什各股各栽,约内写并无栽手,皆什山场在内。"④ 通过这份卖契可知,冉皆什山场分为12股,"各股各栽",也就是说这12股均无栽手,由山主份额持有人自己栽种并管理。咸丰四年(1854)加池寨姜沛云出让1股祖遗之山立契,自栽杉木一并出卖⑤,也就是说他出让了所占山场份额和他在山场上所栽的杉木。光绪二十一年(1895)12月,加池姜兆璠在出卖祖遗培格杉山的契约中写道:"此山无人有股,今全出卖。"⑥ 表明姜兆璠既是山主又是栽手。光绪二十七年(1901)10月的一份分山场清单⑦亦如此,这片名叫礼荣叩的山场土栽共分为12股,即使姜恩瑞和姜凤廷弟兄的股份买自于姜凤飞、姜凤歧,但凤飞、凤歧的最初的份额依然是土栽一并拥有,这只有一个解释,即12份山场皆由山主自己亲自栽种。宣统三年(1911)11月,众山友将顽九诸山场分成两股,其中1股由凤凰、凤羚及顺连等占有,且"自种栽杉"。⑧ 更明显地表达了,山主亲自

---

① 张应强、王宗勋:《清水江文书》第1辑第5册,第366页。
② 张应强、王宗勋:《清水江文书》第1辑第9册,第70页。
③ 张应强、王宗勋:《清水江文书》第1辑第7册,第209页。
④ 张应强、王宗勋:《清水江文书》第1辑第4册,第349页。
⑤ 张应强、王宗勋:《清水江文书》第1辑第4册,第350页。
⑥ 张应强、王宗勋:《清水江文书》第1辑第6册,第189页。
⑦ 张应强、王宗勋:《清水江文书》第1辑第4册,第398页。
⑧ 张应强、王宗勋:《清水江文书》第1辑第5册,第74页。

第四章 "林农兼作"下的山主、田主与林农

栽种的经营模式。民国元年（1912）8月，加池寨姜元昌、姜顺连叔侄断卖一块名为板皆罪的杉木，此片山杉分为10股，叔侄二人占1股出卖。不过，外批又说到："板皆罪上之栽手俱卖。"① 言下之意，姜元昌叔侄占有了板皆罪山场1份的土栽份额。民国六年（1917）7月，加池寨姜秉成断卖培皆皎山场杉木杂木，此山土股份为2大股又分为4小股，姜秉成将自己所占1小股出卖。在契文末尾有这样的批文："杉木、杂木并无栽手。"② 足以证明，姜秉成即为山主，所占的1小股份额由他亲自栽种杉木与杂木。虽然有时山主亲自经营山场，但在具体劈山、栽种甚至修理等环节时，依然可能付费雇工帮忙。如庚午年三月初二日，党秧五主山开山，便为雇工购买了一些米、酒、肉、盐③，此契当属山主日记之类的物件，从侧面反映了当时山主亲自经营山场，并雇工帮忙的做法。民国十三年（1924）4月，南路马廷栋、党秧宋文宏、加池姜源淋三人将他们的党秧陆百山共山承包与党秧宋文瑞父子薅修，承包价谷520斤，"栽手随地主分派，照地股出谷"④。此山地股份为6两，其中马廷栋占2两7钱9分9厘3毫1、宋文宏占1两7钱8分零1、姜源淋占1两1钱6分6厘6，因为林木是他们自栽，因此栽手随地股份、照地股出谷，这样马廷栋应该出包价谷253.3斤、宋文宏出161.1斤、姜源淋出105.6斤。民国二十四年（1935）2月，姜春茂包到姜元瀚、姜元灿及姜坤荣的党东共山，负责修剔，"四界修完，不得抛荒"。此山土栽分为三大股，各自出包价谷21斤。⑤ 很明显，此山场分为三大股，山主自己栽种，修剔四界时承包给短工，三人各自交纳各自的承包费用。

（二）山主佃种自己与他人的共山

这种情况有别于山主自栽自己的份额，山主自栽自己的山场份额

---

① 张应强、王宗勋：《清水江文书》第1辑第5册，第444页。
② 张应强、王宗勋：《清水江文书》第1辑第8册，第291页。
③ 张应强、王宗勋：《清水江文书》第1辑第8册，第341页。
④ 张应强、王宗勋：《清水江文书》第1辑第4册，第416页。
⑤ 张应强、王宗勋：《清水江文书》第1辑第1册，第268页。

✱ 清代民国时期黔东南"林农兼作"研究

时,不负责其他份额山场的林木栽植,其他份额可以由其他山主自栽也可以由他们佃与别人。但山主佃种自己与他人的共山,则是负责整片山场的栽植,体现在分成上时,山主既占山场股份,又占有栽手份额。

咸丰十年(1860),姜世道与姜兆兴等4人,佃种姜世显、姜世泽与姜世道的共山1块。① 同治二年(1871)1月,姜发根、姜弟宗、姜甲申等3人佃种姜明教、姜发根与范之斌共山一块,虽然姜发根与姜明教共同占此山6股中的5股,但他与姜弟宗等人共同佃栽此山。② 同治三年(1864)正月,姜明性佃种姜明教、姜发根、姜根乔和自己的汪耨共山一块,栽杉种粟。③ 虽然姜明性占有此山场1股份额,但此刻他是以栽手名义佃种此片山场。同治六年(1867)6月,加池寨龙文明父子佃种姜凤仪、恩瑞、恩茂与自己的共山一块,龙文明父子虽占有山场④,依然以栽手身份佃种。光绪五年(1879)2月,姜开周佃种"本家与己之共山一块"⑤。

(三) 山主出佃嫩木

山主劈山种杉后,将嫩木出佃与栽手修理,待木植成林时订立分股合同。嘉庆十六年(1811)5月,孙宗有佃姜佐兴、姜保桥之皆石山场大小嫩木,并言定:"(栽手)年年修理,日后杉木长大成林,主人名下应占四股,栽手占一股。"⑥ 土股比例明显比栽手高,主要是因为土股承担并完成了开山栽木的任务;另外这种方式与雇工不一样,雇工无论是长工还是短工,山主只须支付工资或粮食作为酬劳,而这种出佃,栽手获得的是分成。

(四) 山主出佃山场与林农种粟后栽杉

光绪二十六年(1900)2月,姜玉连父子佃到姜凤池、姜凤廷

---

① 张应强、王宗勋:《清水江文书》第1辑第9册,第89页。
② 张应强、王宗勋:《清水江文书》第1辑第9册,第93页。
③ 张应强、王宗勋:《清水江文书》第1辑第9册,第271页。
④ 张应强、王宗勋:《清水江文书》第1辑第3册,第212页。
⑤ 张应强、王宗勋:《清水江文书》第1辑第8册,第89页。
⑥ 张应强、王宗勋:《清水江文书》第1辑第10册,第67页。

第四章 "林农兼作"下的山主、田主与林农 ✳

等人皆路却共山一块,山场分为4股:凤池凤廷弟兄共占1股、凤池等又得买兰香1股、恩瑞得买福保1股、玉连1股。契尾的约定昭示着这种经营模式与上述模式截然不同:"此山只准玉连父(子)栽粟,日后任凭山主各自栽杉。"[①] 据此可知,姜玉连即是山主又是佃户,他承佃自己与他人的共山后只能从事农业活动,待山场开山完毕进而肥沃后,再由山主各自按比例栽杉。这种情况与前文的"先农后杉"比较类似,用意很明显,估计是山场位置特殊,通过事务进行全方位整地松土,更有利于林木生长,但这种情况比较少见。

(五)山主出佃山场与林农栽种

这种情况比较常见,仅《清水江文书》(一)的13册文书中,便有400份佃山场契约,具体程式见契4-4。

契4-4:

立佃种山场合同人稿样寨龙文魁、龙文明,邦寨吴光才、光岳、光谟、起白,蔡溪寨李富林、忠林三寨人等,亲自问到文斗下房姜兴周、永凤、姜文勷得买乌养山一所、乌书山一所,今龙、吴、李三姓投山种地。以后栽杉修理长大发卖,乌书山二股平分、乌养山四六股份,栽手占四股、地主占六股,乌书山栽手占一股、地主占一股。其山有老木,各归地主,不得霸占。今恐无凭,立此投佃字存照。

凭中:姜梦熊 姜安海

凭中代书:曹聚周 押

佃种人:龙文魁 吴光才 李富林

乾隆四十五年正月二十九日 立

党加众山佃约付与梦熊收存[②]

[①] 张应强、王宗勋:《清水江文书》第1辑第10册,第312页。
[②] [澳]唐立、杨有赓、[日]武内房司:《贵州苗族林业契约文书汇编(1736—1950)》第二卷,C0001。

❋ 清代民国时期黔东南"林农兼作"研究

据上契反映,佃约书写一般包含承佃人(包含所在村寨)、出佃人(包含所在村寨)、佃种地名(有些还包含四至)、佃后用途、林木分股比例、山内附加物的归属(如果没有就不写)、凭中、契约书写人(自己或代笔)及立契时间等要素。这一书写程式一直到民国基本没有变动。不过从行文语气可知,这种佃约比较像承佃人的口吻,因此虽然承佃人皆来自其他村寨,但契约却被发现在文斗寨,证明这种契约被保存在山主手中。另外还有一种以"招"字行文的契约,见契4-5。

契4-5:

立招字人姜啟周、啟姬、东贤、啟华、啟爵、啟文、之模、之彬、之政、啟平等,因有祖遗山场地名小归尾,有龙才富、乔科、姚昌才、刘必昆四人求佃,准招佃种生理,栽植杉木。只愿殷勤木植成林,不许荒芜另招异姓。如有此情,即迁出境。今欲有凭,立招字是实。

批:异日成林,作十股均分,地主占五股半、栽主占四股半。

其有界限:上登顶、下至溪与姜啟书、三常分界,左右凭岭,山内并无参杂。

招字姚昌才存、佃字姜啟姬存

凭中:唐万吉

代笔:姜化龙

嘉庆十七年四月十二日 立

嘉庆小归尾佃字

龙才富、乔科、姚昌才、刘必昆等小归尾佃字

抄:民国十三年在东山家缴存[①]

[①] [澳]唐立、杨有赓、[日]武内房司:《贵州苗族林业契约文书汇编(1736—1950)》第二卷,C0019。

第四章 "林农兼作"下的山主、田主与林农 ✳

很显然，这是以出佃人口吻写的契约，契中要素基本没有变化，只有主佃顺序互换了位置。不过从这份"招"字可以知道招字由栽手保管、佃字由山主保存，证实了前文对佃、招字语气的推测，所以佃字和招字应该存在于同宗交易中，由主佃双方各存一份。但让人疑惑的是，在整个469份佃山契中，基本以佃字为主，"招"字数量比较少。除了"招"字外，还有少数"准字""付约""讨字"。①

三 山场性质

关于黔东南林区山场性质，目前学术界没有统一的定论，大体来看，主要存在两方面观点：潘盛之②、罗康隆③、徐晓光④等人认为山场属于家族公有，唯有此才能解决大规模林地的管护、郁闭以及单个家庭的经济来源问题。与之相对的是罗洪洋、赵大华与吴云⑤、潘志成与梁聪⑥，他们承认家族公有在人工林产生之前确实存在过，但人工林产生后便逐渐向家庭私有过渡；至于潘志成等人提出的问题，罗洪洋等人认为可以通过山场出佃的方式解决。李向宇⑦进行了折中，认为公私林地共存。有经济学权威总结了私有的特点："生产资料都归彼此分开、互相独立的个人（包括家庭）所有，所有者都以追求私人利益为目的私下决定其财产如何处置和使用，他们所得的财富及其增殖和积累也只供个人享有。"⑧结合大量的文书

---

① ［澳］唐立、杨有赓、［日］武内房司：《贵州苗族林业契约文书汇编（1736—1950）》第二卷，C0003、C0004、C0006。
② 潘盛之：《论侗族传统文化与侗族人工林业的形成》，《贵州民族学院学报》（哲学社会科学版）2001年第1期。
③ 罗康隆：《清水江流域侗族人工林业研究》，博士学位论文，云南大学，2003年，第20页。
④ 徐晓光：《锦屏林业契约、文书研究中的几个问题》，《民族研究》2007年第6期；徐晓光：《油茶的家族种植与相关诉讼研究》，《原生态民族文化学刊》2014年第3期。
⑤ 罗洪洋、赵大华、吴云：《清代黔东南文斗苗族林业契约补论》，《民族研究》2004年第2期。
⑥ 潘志成、梁聪：《清代锦屏文斗苗寨的宗族与宗族制度》，《贵州社会科学》2011年第2期。
⑦ 李向宇：《清代苗侗民族林地所有制新探》，《贵州社会科学》2015年第9期。
⑧ 吴宣恭：《按产权关系的特征认识所有制的性质》，《高校理论战线》2004年第5期。

✳ **清代民国时期黔东南"林农兼作"研究**

可知,黔东南林区的山场属于家庭私有,原因包括以下几方面:

(一)"股"明确了家庭对山场的占有

股在清水江文书中使用非常普遍,代表着山主间、林农间及山主和林农间的物权关系。在山场租佃关系中,徽州以"主分""力分"① 代表山主和林农的份额;而黔东南林区则以"土股""栽股"加以区分,称谓虽有差异但实质是一样的。"股"除充分运用于山场、杉山外,还用于其他物权界定。道光二十六年(1846),姜开义出卖的一口塘分为2大股,姜开义弟兄所占的1大股还被分成5小股,而他本人仅占1小股。② 咸丰年间一份关于一株青杠树的卖契,价谷虽然只有54斤,但这棵青杠却分成了三股③,由此可见一斑。然而以股份作为物权标志的做法,最早起于何时已无从知晓,但却可以非常灵活地组合,表达持有人对山场的所有权,见契4-6。

契4-6:

……

此山场面分为十九股

献义成宽显渭三人共一股(一股又分为三小股,三人各占一股)

显清占二股

兆瑚显清显智永培四家共占一股

兆元培宇显清共占一股

永培占半股

显清显渭占一股

兆瑚永培共占二股半(分为四小股:永培占三小股、兆瑚占一小股)

---

① [日]岸本美绪:《贵州の山林契约文书と徽州の山林契约文书》,载[澳]唐立、杨有赓、[日]武内房司编《贵州苗族林业契约文书汇编(1736—1950)》第三卷,第599—624页。
② 张应强、王宗勋:《清水江文书》第1辑第4册,第212页。
③ 张应强、王宗勋:《清水江文书》第1辑第3册,第206页。

第四章 "林农兼作"下的山主、田主与林农 ✽

隆生弟兄显清共占半股

六生凤文隆生显清共占一股（分为四小股，每人占一小股）

恩瑞恩泰弟兄共占一股

凤文显渭二人半股（又分为二小股：凤文献义占一小股）

凤文献义叔侄占一股半

献义占一股

显渭占一股

恩秀弟兄占二股，五家共

显渭显清占半股（又分为三小股：显清占二小股、显渭占一小股）

凤文春明显清共占一股（又分为五小股：显清占二小股）

……①

这片名为冉高迫的山场因股数甚繁、人家繁衍难以清查而重新分山立契。契约将此山场分为19股，共有17个组合进行划分，而显清一人便参与了8个组合，占有的股数实为不小。如若像有学者所说，股份仅代表家庭或个人对家族公有财产（山场）的收益权②，那契中的显清为何参与那么多组合，契中没有一点可能体现家族公平性。出现上述纷繁的股，唯一的解释是股代表着对山主对山场的投入如金钱、劳动等因素，因此必须以所有权的形式体现出来。乾隆二十五年（1760）7月姜吉祥等人一起买得3处山场，林木卖空后而分山，购买这些山场共花银34两，本银分成1两、2两、2两5钱几类，分山时根据本银进行搭配，将山场分成三片。③

（二）山场可以买卖

罗洪洋等人为了证明黔东南山场属于私有，他列举了一些"卖

---

① 张应强、王宗勋：《清水江文书》第1辑第4册，第80页。
② 徐晓光：《锦屏林业契约、文书研究中的几个问题》，《民族研究》2007年第6期。
③ 陈金全等：《贵州文斗寨苗族契约法律文书汇编——姜元泽家藏契约文书》，第6页。

❋ 清代民国时期黔东南"林农兼作"研究

木又卖地"的文书作为例证。① 对此徐晓光有不同意见，他认为家族公有林地，其股份代表着收益权，可以转让，而家庭获得的份地如要出卖，家族成员具有优先购买权。② 然而事实并非如此，嘉庆六年（1801）9月，姜文助出卖冉腮歪山场与姜映辉等人，并"任凭买主子孙世代栽杉修理管业"。③ 可以确定的是这次买卖仅是山场买卖，如果这是姜文助的家庭份地，契中没有批示他与买主之间的关系；如果这是家族公有地，按照片徐晓光的解释，他只能转让收益权，但他却让买主子孙永远栽杉管业，明显地转让了所有权。这种交易在山场交易中占的比重并不低，只能证明这些山场属于家庭私有，有时是山主单独占有，有时以"股"的形式与他人共有。

正因为山场可以买，因此代表山场所有权的股，有时会发生变化。嘉庆十年（1805），加池寨也显德山场，原"三十七股均分"，在"砍伐卖放之木遗留空地"后，通过商议分为"三块一十一股"。④ 由 37 股变成 11 股，皆因山场在交易过程中，经持有人的整合所致。

（三）"股"作为所有权可以进一步细化

前文已论述过山主获得山场的途径，即继承、分业与买卖，而分股基本也与这些因素相关。

首先，因共同开山而分股。

前引契 4—2 众人开辟猿善山就是一例，开山是项艰苦的工作，非单个家庭能够完成。因此多个家庭共同努力，开山完成后再根据家庭提供的劳力、劳动时间和工具进行山场分配。契文中还有几个地方值得注意："老牙、周文二人占一大股，周文一股卖与富宇"，虽然契约中没有明确老牙、周文进一步分股，但在此次分山前，他们二人肯定完成了分股，否则周文不可能将股权转卖给富宇；"兴

---

① 罗洪洋、赵大华、吴云：《清代黔东南文斗苗族林业契约补论》，《民族研究》2004 年第 2 期。
② 徐晓光：《锦屏林业契约、文书研究中的几个问题》，《民族研究》2007 年第 6 期。
③ 张应强、王宗勋：《清水江文书》第 1 辑第 12 册，第 39 页。
④ 张应强、王宗勋：《清水江文书》第 1 辑第 4 册，第 7 页。

第四章 "林农兼作"下的山主、田主与林农　✽

宇、明宇、老宗、香保四人占一大股,明宇、香保二人卖与富宇,老宗一股卖与清宇、老岩二人",与老牙、周文的情况一样,他们既然能够出卖股权,肯定在本次分山前便完成了相应的分股,而且老宗一股卖给了清宇和老岩二人,文中虽未言及清宇和老岩的分股情况,他们事后肯定还会分股;山场分股时,不以纯个人划分,而以开山时劳动或资源的配置为依据进行划分。这份契约至少清晰地说明了股权去向,但有时候明明已经出卖了股权,但后面分山时却没能体现出来,前引契4-1便是典型。这份分山合同立于咸丰五年(1855)11月初2日,股权见前契文,但在此之前却有另一份卖山契,见契4-7。

契4-7:

立断卖山场栽手并扫土约人加池寨姜沛云,因要银使用,无处所出,自愿将祖遗之山场土股一股并栽手一股,栽手自栽……(其他山场) 请中上门度到中仰寨陆光清名下承买为业……(和另一山场议定的价格)

外批:此山土栽分为十二股,姜沛清占六股、姜开义占一股、姜凤辉占一股、姜大荣占一股、姜大明占一股、姜玉昌占一股、姜沛云占一股出卖与陆光清……(另一山场的分股)

凭中:姜世元 张运昌

咸丰四年五月二十七日 亲笔 立[①]

通过与契4-1对照可以肯定是同一山场,但是这份契约是卖山卖木契,姜沛云的一股山场份额连同所栽之木早已在咸丰四年(1854)5月27日便卖给了陆光清,但一年后的分山契中并没有注明陆光清,依然写着姜沛云的股权。

因此,就我们见到的契约中没有标明股权转移,并不代表股权

[①] 张应强、王宗勋:《清水江文书》第1辑第4册,第350页。

✱ 清代民国时期黔东南"林农兼作"研究

没有转移;没有标明股权细分,并不代表股权没有细分,更不能把这种"共有"视为公有股份。光绪二十一年(1895)6月,姜秉智等人将白斗共山分为6股,姜秉智占1股、作梅五家占5股。① 就这分单,李向宇便认为白斗山场"大部分产权具有公有制属性,而剩下的小部分产权却由个人私有,而这种现象在清水江流域是十分常见的"②。个人觉得这种结论过于武断,作梅五家完全可能如契4-2中的老牙、周文一样,虽然共占股权,但在"白斗"山场分山前就已商议或划分好股权了。这种共有其实就是按资源配置为依据进行划分的,作梅五家在"白斗"山场中就是一个资源整体,至于五股如何配置,就得看他们五家的股份细分单了。而这种组合配置是可以参与买卖的,如嘉庆三年(1802)3月,文斗寨姜廷魁等人将共山一块出卖与加池寨姜佐兴,契末附有姜廷魁等人股数配置情况:"廷伟私占一股、廷辉私占一股、廷瑜私占一股、廷魁廷良共一股、廷望国华共一股、世熏绍文绍宗三人共一股、廷珍姜奇通和三人占一股、廷智廷珠共半股共七股半出卖与姜佐兴名下为业。"③ 按照李向宇的说法,"廷魁廷良共一股、廷望国华共一股、世熏绍文绍宗三人共一股、廷珍姜奇通和三人占一股、廷智廷珠共半股",这些都应该是公有山场,然而既然都已经卖给了姜佐兴,假如他们没有商议或细分股权,他们怎么实现收益?

其次,因共同买山而分股。

大规模购买山场成本不小,因此很多时候须合力购买,然后再进行分股。为方便山场经营和管理,有时以家族合力购买,但这并不意味着买占的山场属于家族公有。加池寨一姜姓上下两房众等先年60两买占苗伯寨帛号山场,原分为6大股,因为大伙栽杉修理不齐,因此于乾隆三十年(1765)7月商议,将山分为2小股:姜吉

---

① 张应强、王宗勋:《清水江文书》第2辑第1册,广西师范大学出版社2009年版,第243页。
② 李向宇:《清代苗侗民族林地所有制新探》,《贵州社会科学》2015年第9期。
③ 张应强、王宗勋:《清水江文书》第1辑第4册,第291页。

第四章 "林农兼作"下的山主、田主与林农

祥、高明、宏道、乔保、唐连占 1 股，盘路以下、又田坎以上、又故里田沟以下、又小冲以下，共四处。姜唐列、年保、年堵、号年、廷相占 1 股，共二处，盘路以上、又田坎以下；廷相 1 人占 2 股，此山 5 股，老朝等 3 人之 2 股尽卖与姜映辉。姜唐列、年保、年堵、号年、廷相占 1 股，共二处（四至划分）。廷相 1 人占 2 股，此山 5 股，老朝等 3 人之 2 股尽卖与姜映辉。① 这份分山契透露了几方面信息：因大伙栽杉修理不齐，也就是时间不能统一而分山，言下之意分山后各自按股修理，股权私有不言自明；新股为 2 股，每股都标明了地理位置，如果是公有之山，大家共同劳动，共分成果，没必要标识得如此清晰；第二股两处山场又分成了 5 股，而 5 股之下还有股权转移。

甚至有时异姓因共同买山而进行股权细分，乾隆四十九年（1784）闰 2 月，加池寨姜佐兴等九家购买一块文斗寨山场后订立了分山清单②，"其股有九"，估计当时九家（姜姓 2 家、龙姓 7 家）各家出银数量一致，因此简单的分作九股，故又名"九家山"。不过这份契约上有批注，至嘉庆十九年（1814）正月此山分为三幅，均为姜姓。过中肯定经历了股权买卖，最后龙姓股权全部集中到姜姓手中。

再次，因遗产继承而分股。

对于公有制，罗洪洋借助经济学"搭便车"理论，认为山场公有的"非排他、非竞争"特点会让有些成员"少干或不干"，以此否定公有的存在。③ 现存的一些契约中，确实言明了分山是因"人多事碍，荒芜日久，目触心伤"，分山后"任其勤惰"④。为防止因人多懒惰而荒芜山场，进而分山明确各个家庭的权属和责任。值得一

---

① 张应强、王宗勋：《清水江文书》第 1 辑第 12 册，第 307 页。
② 张应强、王宗勋：《清水江文书》第 1 辑第 4 册，第 288 页。
③ 罗洪洋、赵大华、吴云：《清代黔东南文斗苗族林业契约补论》，《民族研究》2004 年第 2 期。
④ ［澳］唐立、杨有赓、［日］武内房司：《贵州苗族林业契约文书汇编（1736—1950）》第三卷，E0004、E0009。

※ 清代民国时期黔东南"林农兼作"研究

提的是，在遗产继承分股的案例中，看不到分股后的山场是公有山场的证据，即使分家之前是公有山场，但经过分家析产后公有制不断解体甚至消失。①

  契4-8：

  立分山场杉木合同约人姜廷望、廷瑾、廷智、国珩四家，因祖父遗下山场杉木未分。今请族中约分，各家心平意愿，所有名分所占开列于后：

  廷望家占九龙山与国珩共，又占乌丢与廷魁共，又占番卧索上路下路，又占耶麦上下与廷智共，又占白诸盘路下。

  廷瑾廷理兄弟家占眼格内一大块，又占番甫者，又占四里塘中，又占乙求，又占从华馋与国华共，又占井奔与廷良共，占八牛山三处，又占眼其。

  廷智长寿叔侄家占眼拜，又占干榜，又占南格，又占皆动，又占党格，又占皆晚，又占污堵溪桥头先年换作廷望，又占殷纪半股，又占耶麦上下与廷望共。

  国珩国英兄弟三人家占九龙山与廷望共，又占污见，又占眼格外一块，又占井东有，又占良田。

  自分之后，得地得木，各家勤去栽修，日后子孙不得异言，恐口无凭，立此合同，四家各执一张为据。

  其有皆雅之地，放在四家均共，日后砍伐出租。

  乙号。

  凭族中：姜廷奇　廷干　廷魁　弘文　廷良　绍魁

  代笔：叔弘仁②

通过上契可知，四大家划分祖遗山场时，以资源配置的形式分

---

① 潘志成、梁聪：《清代锦屏文斗苗寨的宗族与宗族制度》，《贵州社会科学》2011年第2期。
② 张应强、王宗勋：《清水江文书》第1辑第4册，第129页。

第四章 "林农兼作"下的山主、田主与林农

成四股，同时明确标识了各家占有的具体山场名字，更明确地反映出这些山场非公有而是私有山场。

另一方面，家庭不断繁衍，子孙甚至为山场而发生争端，因此共山需要根据实际划分成若干小股。乾隆三十四年（1769）8月，姜文杉等人因祖遗冉淹山场一块而致"三房人等争论"，在亲友劝解下分山，每一房所占山均有详细的地理和空间位置。① 乾隆五十一年（1786）10月，平鳌寨姜宗海因为欠半甲之银，而将所占杉山1股出卖与姜世贤、惟周、兴文众半甲。直至光绪二十八年（1902）2月，众半甲已繁衍成24家，因此将此1股分为19股。②

综上所述，清代民国时期黔东南林区山场以股的形式明确了山主对山场的所有权的占有，而且股可以买卖，作为所有权的"股"还可以进一步细化，这表明林区山场属家庭私有，而非家族公有。正因如此，通过研读山场断卖文书发现，买主主要集中在少数人身上，他们通过购买，不断集中黔东南山场。下面仅以加池寨山主为例，见表4-1。

表4-1　　　　清代民国黔东南山主购买山场情况统计

序号	时间	卖主	买主	文献来源	册数	页码
1	乾隆九年10月17日	姜贵白	姜富宇	清	12	2
2	乾隆二十九年7月14日	姜文孝 文玉	姜富宇 姜文让	清	12	5
3	乾隆三十年11月23日	姜文杉等	姜富宇	清	12	7
4	乾隆三十年2月18日	姜敞才 祖保 老干等	姜富宇	清	12	6
5	乾隆三十一年10月13日	姜什保	姜富宇	清	12	314

---

① 张应强、王宗勋：《清水江文书》第1辑第13册，第94页。
② ［澳］唐立、杨有赓、［日］武内房司：《贵州苗族林业契约文书汇编（1736—1950）》第一卷，A0034。

※ 清代民国时期黔东南"林农兼作"研究

续表

序号	时间	卖主	买主	文献来源	册数	页码
6	乾隆三十一年6月30日	姜剪香（文斗寨）	姜富宇	清	12	236
7	乾隆三十二年12月12日	姜番保 固貌	姜富宇	清	12	10
8	乾隆三十二年12月12日	姜明祥	姜富宇	清	12	12
9	乾隆三十二年2月29日	姜岩五	姜富宇	清	12	315
10	乾隆三十二年闰7月28日	姜文学	姜富宇	清	12	9
11	乾隆三十三年12月18日	姜文进	姜富宇	清	12	317
12	乾隆三十三年3月13日	姜文佐	姜富宇	清	12	13
13	乾隆三十五年11月11日	姜文进	姜富宇	清	12	238
14	乾隆三十六年7月7日	姜俨岩 保岩（下房）	姜富宇	清	12	21
15	乾隆四十三年10月4日	张老福父子三人（文斗寨）	姜佐章	清	7	138
16	乾隆五十八年12月5日	龙德富 龙金福 龙包义 侄龙作林	姜佐兴（加池寨）	清	4	289
17	乾隆五十九年7月6日	姜啟相 姜国用（文斗上寨）	姜佐章（加池寨）	清	8	25
18	乾隆五十九年8月7日	姜国用（文斗寨）	姜佐章（加池寨）	清	8	26
19	嘉庆四年10月14日	姜因保（本寨）	姜佐兴	清	5	325
20	嘉庆四年6月5日	姜英保（本寨）	姜佐兴	清	5	324
21	嘉庆七年2月3日	姜光周 姜连未（文斗上寨）	姜佐章	清	7	165
22	嘉庆八年又2月18日	姜兴龙	姜佐兴	清	4	130
23	嘉庆九年4月18日	姜合、福、四龙（本寨）	姜佐兴（本寨）	清	4	292
24	嘉庆十年4月6日	范宗尧	姜佐章	清	7	173
25	嘉庆十年6月3日	姜东保（本房）	姜廷德	清	1	3
26	嘉庆十年7月18日	姜焉保（本房）	姜佐兴	清	4	20

第四章 "林农兼作"下的山主、田主与林农

续表

序号	时间	卖主	买主	文献来源	册数	页码
27	嘉庆十三年12月20日	杨发龙（本寨）	姜佐兴	清	4	17
28	嘉庆十四年11月8日	姜美保（本族）	姜佐兴	清	5	334
29	嘉庆十五年5月5日	姜奉生（本寨）	姜佐兴	清	4	297
30	嘉庆十七年7月27日	姜德宗 姜成周 姜通文弟兄（本寨）	姜廷德	清	2	213
31	嘉庆十九年5月22日	姜德宗 姜成周 姜通文弟兄（本寨）	姜廷德	清	2	215
32	嘉庆十九年6月1日	姜廷相（本家叔）	姜廷德	清	1	8
33	嘉庆十九年7月11日	姜廷华父子（本寨）	姜佐兴	清	4	22
34	嘉庆十九年闰2月21日	姜士周（文斗寨）	姜廷德（加池）	清	2	25
35	嘉庆二十年12月14日	姜廷元父子（文斗）	姜佐兴（加池）	清	4	23
36	嘉庆二十年4月9日	姜学宗 姜生兰父子（本寨）	姜佐兴	清	4	26
37	嘉庆二十一年10月12日	范德城（岩湾寨）	姜佐兴（加池寨）	清	4	302
38	嘉庆二十一年2月16日	龙善华（本寨）	姜佐兴	清	4	25
39	嘉庆二十二年3月23日	姜木林母子（本寨）	姜佐兴	清	4	28
40	道光四年3月8日	姜生兰（本寨）	姜开明	清	3	177
41	道光五年12月22日	姜老先保望用兄弟（文斗）	姜开明（加池寨）	清	1	31
42	道光九年3月24日	姜福宗、福元（本寨）	姜开明	清	2	52
43	道光十一年10月26日	姜登智父子（本寨）	姜世荣	清	9	374
44	道光十一年12月3日	姜登智（志）同子（本家）	姜世荣	清	9	235
45	道光十二年10月18日	世培（本家）	世荣	清	9	56
46	道光十二年5月26日	姜开相开化老中贵祥叔侄（本寨）	姜之模	清	8	203
47	道光十二年7月17日	本房：姜凤兰世清弟兄	姜之模	清	8	46
48	道光十四年5月3日	姜奉有等（本寨）	姜之模	清	8	52
49	道光十六年5月1日	开宗（侄子）	姜世荣（叔父）	清	9	244
50	道光十八年12月26日	姜朝弼（本寨）	姜开明	清	3	83
51	道光十八年1月28日	姜朝弼（本寨）	姜开让	清	5	372
52	道光十八年6月4日	姜世培同子 万宗父子（本家）	姜世荣	清	9	382

· 135 ·

※ 清代民国时期黔东南"林农兼作"研究

续表

序号	时间	卖主	买主	文献来源	册数	页码
53	道光十八年6月8日	姜合、四龙（本寨）	姜开让	清	1	153
54	道光二十三年11月25日	张必有（会同县）	姜开义、姜开让弟兄	清	6	34
55	道光二十三年12月19日	范本禹叔侄（岩湾）	姜开让等（加池寨）	清	4	207
56	道光二十四年5月26日	范本顺（岩湾寨）	姜开让（加池寨）	清	3	196
57	道光二十四年5月26日	范本顺	姜开让（加池寨）	清	1	160
58	道光二十五年9月6日	范本烈（岩湾寨）	姜开让兄弟（加池）	清	3	197
59	同治六年8月12日	姜凤至（本家）	姜恩瑞	清	3	214
60	同治八年6月14日	龙文明父子（本寨）	姜恩瑞	清	2	275
61	光绪二十三年6月21日	姜凤文父子（本家）	姜献义	清	1	202
62	光绪二十三年6月8日	姜凤文父子（本家）	姜献义（本家）	清	1	200
63	民国十五年11月4日	姜金岩（本族）	姜元瀚弟兄	清	11	66
64	民国十五年12月2日	姜继连 姜长记等	姜元瀚	清	11	68
65	民国十六年5月17日	姜永道叔侄（本寨）	姜元瀚	清	11	75
66	民国三十六年4月24日	姜氏玉交 孙鹤寿锦寿等（本族）	姜元瀚	清	11	131

数据来源："清"表示《清水江文书》（第1辑）、"贵"表示《贵州苗族林业契约文书汇编（1736—1950）》。

上表统计的仅仅是加池寨山主购买山场的契约，不包含山主购买田产、"青山"、栽手及房屋等其他产业，如果算上这些他们出现频率将会更高。此外，之所以选择这些山主，主要是因为他们在同一时段购买的次数，出现的频率最高。拿姜富宇来说，他从乾隆九年（1744）开始出现在买山契中，集中活跃于乾隆中期，从乾隆三十年（1765）2月至乾隆三十三月（1768）3月，三年时间里他集中共购买了10片山场，非实力雄厚的殷实家庭，根本无财力进行集中购买活动。正因为山场私有，可以自由买卖，因此在山主的集中

· 136 ·

第四章 "林农兼作"下的山主、田主与林农

购买下，各村寨山场逐渐兼并，最终集中在财力雄厚的少数人手中，诚如《侗族社会历史调查》所描述的新中国成立前文斗上寨的山林情况："地主阶层占有的山林面积占全寨山林的94%。"① 基于此，无论外来移民抑或本地林农，欲经营山林，必须向山主佃种山场，从而出现了大规模佃山契约。

第二节 田主与田土兼并

清江民国时期黔东南林区虽然以人工林经营、木材贸易为主，然而木材收益实现的周期太长。虽然林农可以通过林间套种获取一部分生活资料，但套种作物都是旱地作物，因此水田经营不失为兼作的方式之一。虽然黔东南山多田少，但依然有小部分的水田，可以种植水稻，以短护长。顾名思义，只要拥有水田或旱田的民众均可以被称为田主，分成两类：一是拥有少数份地的普通农民，二是广置田土的地主。虽然农田是作为林业经营的重要补充之一，但随着田土权力的不断转移，普通农民的田产演绎着由典当到断卖的悲歌，万不得已时最终失去田产，靠"种粟栽杉"、林间套种生活，甚至佃种地主田土。

一 田土典当

在《清水江文书》（第1辑）、《贵州文斗寨苗族契约文书汇编——姜元泽家藏契约文书》、《贵州省苗族林业契约文书汇编》及"岑巩文书"② 中，存有近200份"典""当"契约。用作典当物的有田、房屋、园、杉木，不过以田土出典契为主，约占典当契约总数的92.96%，甚至还有出典粪坑③的案例。至于典当的原因，大多

---

① 贵州省编辑组：《侗族社会历史调查》，第19页。
② 此为笔者调研所得，仅进行拍照，原件存于乡民自己家中。
③ 张应强、王宗勋：《清水江文书》第1辑第7册，第42页。

✱ 清代民国时期黔东南"林农兼作"研究

因家庭日常生活缺少银钱或粮食,不过也有少数出典人因生意缺少资金而典当。订契年代上起雍正八年(1730),下止民国二十八年(1939),具有一定的连贯性。

关于典当这种特殊经济现象,20世纪80年代开始便已颇受经济史学界关注,具有代表性的专家学者主要有王廷元[1]、韦庆远[2]、刘秋根[3]、刘建生[4]等。不过这些论著多侧重于典当业研究,而对民间典当的探讨略显薄弱。当然,也出现了一些研究土地、房产典当的论著。郑力民认为,明清徽州土地典当中典与当存在明显的区别,并罗列了区分标准[5];吴秉坤则以大量契约为基础,逐一驳斥了郑力民的观点,进一步认为典与当无本质区别[6];彭文宇对清代福建田产典当类型和本息偿还方式等问题进行了初步研究[7];曹树基通过契约文书,探讨了清中后期浙南山区的土地典当[8];龙登高则将典放入整个土权体系之中,阐释它在土权体系中的作用。[9] 然而这些成果大多将典当与抵押借贷等同,同时从论及范围看,清代民国清水江流域鲜有提及。但清水江流域民间典当与徽州、福建和浙南山区存在差异。至于清水江文书,近六十年来中外学术界取得了丰硕成果[10],但仅有少数成果论及典当。瞿见以民法的视角,从清中后期文斗典制

---

[1] 王廷元:《徽州典商述论》,《安徽史学》1986年第1期。
[2] 韦庆远:《明清史辨析》,中国社会科学出版社1989年版。
[3] 刘秋根:《中国典当制度史》,上海古籍出版社1995年版;《明清高利贷资本》,社会科学文献出版社2000年版;《清代典当业的法律调整》,《中国经济史研究》2012年第3期。
[4] 刘建生等:《山西典商研究》,山西经济出版社2007年版。
[5] 郑力民:《明清徽州土地典当蠡测》,《中国史研究》1991年第3期。
[6] 吴秉坤:《清至民国徽州田宅典当契约探析——兼与郑力民先生商榷》,《中国经济史研究》2009年第1期。
[7] 彭文宇:《清代福建田产典当研究》,《中国经济史研究》1992年第3期。
[8] 曹树基:《清中后期浙南山区的土地典当》,《历史研究》2008年第4期。
[9] 龙登高、林展、彭波:《典与清代土权交易体系》,《中国社会科学》2013年第5期。
[10] 详见李良品、杜双燕《近三十年清水江流域林业问题研究综述》,《贵州民族研究》2008年第3期;程泽时《清水江文书国内外研究述评》,《原生态民族文化学刊》2012年第4期;马国君、李红香《近六十年来清水江林业契约的收集、整理与研究综述》,《贵州大学学报》(社会科学版)2012年第4期;钱宗武《清水江文书研究回顾与前瞻》,《贵州大学学报》(社会科学版)2014年第1期。

第四章 "林农兼作"下的山主、田主与林农

的内在面向①出发,阐释了这一区域典制的基本程式和特殊情形②,论述充分,不过作者绕开了"典当"的性质及与抵押借贷的关系诸问题;王凤梅仅从文书学角度,对天柱典当契约进行简单分类。③ 作为"林农兼作"的要素之一,田土典当问题值得探究,很有必要将清代民国时期黔东南民间典当诸问题厘清。

(一)典当性质及"典""当"区别

1. 典当性质

对于"典当"的定义,《中国大百科全书》《辞海》《现代汉语词典》《汉语大词典》等,大都将其视为一种机构,如"当铺""质库""解库"等,而《美国百科全书》及《大英百科全书》则索性与抵押借贷等同。对此清律有界定:"以价易出,约限回赎,曰典。"④ 虽只谈及"典",但从民间实际情况来看,二者常常连用或混用。清代民国时期的清水江流域,"典"与"当"存在差异吗?典当与抵押借贷能否等同?要厘清这些问题,首先须对这一区域的典当进行详细分类。为方便统计与分析,先将这些典当契约文书进行粗略统计,见表4-2。

表4-2　　　　　清水江文书中的典当契约统计

朝代	总数	典契数	当契数	承典人自己经营	佃与原主人	佃与其他人	出典人付息	未写明	出处
乾隆	5	5		2	2			1	清
嘉庆	31	28	3	6	16	2	2	5	清

---

① 对于"内在面向",作者引用了英国哈特的定义,即规则的参与者接受规则,并以其作为衡量自己和他人行为的标准。见[英]哈特《法律的概念》,许家馨等译,商周出版社2000年版,第XXII页。

② 瞿见:《清中后期黔东南文斗寨苗族典制研究》,《民间法》(第11卷),厦门大学出版社2012年版,第198—218页。

③ 王凤梅:《〈天柱文书〉典当契约分类探析》,《人文世界——区域·传统·文化》第6辑。

④ 《大清律例汇辑便览》卷10《户律·婚姻》,据光绪二十九年刊本影印,成文出版社1975年版。

清代民国时期黔东南"林农兼作"研究

续表

朝代	总数	典契数	当契数	典当后处理方式					出处
				承典人自己经营	佃与原主人	佃与其他人	出典人付息	未写明	
道光	34	26	8	14	14		5	1	清
咸丰	9	9	0	5	1	1	1	1	清
同治	18	16	2	10	3		1	4	清
光绪	25	23	2	16	5		1	3	清
宣统	3	3	0		3				清
民国	18	17	1	13	4			1	清
合计	143	127	16	66	48	3	10	16	清
乾隆	1	1						1	姜
嘉庆	6	5	1	3	1	1	1		姜
道光	6	6		4		1		1	姜
咸丰	1	1		1					姜
同治	1	1		1					姜
光绪	2	2		1	1				姜
宣统	3	3		1	1	1			姜
民国	2	2		2					姜
合计	22	21	1	13	3	3	1	2	姜
雍正	1		1	1					岑
乾隆	2	1	1	2					岑
嘉庆	3	3		3					岑
道光	17	10	7	13	1	2			岑
咸丰	1	1		1					岑
同治	1		1	1				1	岑
光绪									岑
宣统	1		1	1					岑
民国	7	2	5	7					岑
合计	33	16	17	27	3	2		1	岑

注：清为《清水江文书》（第1辑）、姜为《贵州文斗寨苗族契约文书汇编——姜元泽家藏契约文书》、岑为"岑巩文书"。

第四章 "林农兼作"下的山主、田主与林农

从上文提及的契约文书里，总共清理出典、当契198则，其中典契164则、当契34则。按照典当后典当物的处理方式，清水江流域的典当大体可分为两类：

第一，承典人亲自经营、获得典当物的全部收益。这部分契约共有106份，约占典当契约总数的53.5%。雍正八年（1730）10月，李元爵将祖产一份含田土、山场出当与杨玉明弟兄，当价足色文银42两，此后田土任从杨姓耕种、山林任其砍伐森栽培。① 这种典当做法简单，即出典人出让典当物的使用权，承典人亲自经营，以典当物的全部收益来实现典金的回报。这种做法对于出典人来说，没有任何风险；但对于承典人来说，除需要付出个人劳动等投入外，同时还承担着一定的风险，比如天灾人祸。

第二，承典人将典当物佃与他人，与其共同分享典当物的收益。此类型与第一种类并无本质上的区别，唯有不同的是，这一类的典当物以土地为主，但是承典人自己不亲自经营，而是佃与他人经营和管理，并与佃农约定收益分配的方法。这种做法在整个契约文书中约占四分这一，至于利益分配，大体可分成三类：

（1）定额，即佃户每年定时、定量向承典人上交谷物。至于定为多少，应视土地的产量而定。在这些典当契约中，即有产量又有定额租谷的契文相当少。嘉庆八年（1803）4月，姜金保将载谷2石的水田出典给姜佐兴后继续耕种，每年纳禾2秤。② 至于文书中的担（石），据龙泽江等人考查每担应为洪平90斤③，这与嘉庆八年（1803）2月和嘉庆十三年（1808）10月的典契完全吻合。④ 关于秤的计量，可以参考道光八年（1822）11月的一份佃田契，即每秤60

---

① 此为"岑巩文书"，为笔者调研所得，仅进行拍照，原件存于乡民自己家中。
② 张应强、王宗勋：《清水江文书》第1辑第4册，第131页。
③ 龙泽江等：《清水江文书所见清代贵州苗侗地区的田粮计量单位考》，《农业考古》2012年第4期。
④ 张应强、王宗勋：《清水江文书》第1辑第9册，第18页；陈金全等：《贵州文斗寨苗族契约法律文书汇编——姜元泽家藏契约文书》，第95页。

✱ 清代民国时期黔东南"林农兼作"研究

斤。① 照此推算，姜佐兴承典姜金保的这一坵水田后，佃与姜金保耕种，可获得这坵水田全部收益 66.7% 的典资回报。道光七年（1821）正月，加池寨姜世胡将产量为"禾 6 把"的田出典给姜成瑜，典后依然由姜世胡耕种，每年上谷租 9 秤。② 至于"把"，据龙泽江等人的考证，1 把约 60 市斤。③ 依此计算，姜世胡将产量约 360 斤的田出典，随后佃回自己耕种，每年还须向承典人上交 540 斤的租谷，显得有些不合常理，由此可知"把"的计量值得商榷。民国时期的定额相对较为清晰，民国二十六年（1937）10 月，加池寨姜秉光将产量为 7 担的田出典后自己继续耕种，每年上租谷 400 斤。④ 由此可知，民国年间这种定额租大体为土地总收益的 63.5%。此外还有一份无具体时间的民国典当契，土地产量是 2 石，每年上租谷 120 斤⑤，定额租相关于总收益的 66.7%。换句话说，承典人不参与任何劳动、不承担任何风险，便从佃户那儿获得了土地总收益百分之六十多的典资回报。为确保这种典资的回报率，在建立新的租佃合约时，基本都会有诸如："如有短少，银主下田耕种"⑥ 或"不得短少，如有短少任钱主拨人耕种"⑦ 之类的规定。

（2）分成，即佃户每年按比例向承典人上交谷物。这种做法没有上述定额那么普遍，从为数不多的契约中可知，这一时期的比例一般有两种：二股均分、承典人 3 股耕种者 2 股。承典人 3 股耕种者 2 股这种分成方式仅见两例，一例在乾隆三十九年⑧、另一例则在嘉庆十七年⑨。相比之下，二股均分的分成方式比较常见。相对于定

---

① 张应强、王宗勋：《清水江文书》第 1 辑第 3 册，第 336 页。
② 张应强、王宗勋：《清水江文书》第 1 辑第 9 册，第 37 页。
③ 龙泽江等：《清水江文书所见清代贵州苗侗地区的田粮计量单位考》，《农业考古》2012 年第 4 期。
④ 张应强、王宗勋：《清水江文书》第 1 辑第 7 册，第 315 页。
⑤ 张应强、王宗勋：《清水江文书》第 1 辑第 13 册，第 210 页。
⑥ 张应强、王宗勋：《清水江文书》第 1 辑第 10 册，第 358 页。
⑦ "岑巩文书"，为笔者调研所得，仅进行拍照，原件存于乡民自己家中。
⑧ "岑巩文书"，为笔者调研所得，仅进行拍照，原件存于乡民自己家中。
⑨ 张应强、王宗勋：《清水江文书》第 1 辑第 4 册，第 145 页。

第四章 "林农兼作"下的山主、田主与林农

额来说，分成存在一定的风险性，分成多少受到土地收益的影响。但从另一方面来看，如果收益高，承典人的分成所得也高，正如龙登高所说"高风险通常意味着高回报"①。

值得一提的是，在典当后建立的新的租佃关系中，佃户多为原田主即出典人，达到了契约总数的86.9%。在这一过程中，他们的关系发生了微妙的变化：通过典当、租佃，大多数田主变佃农、银钱主（承典人）变为地主。嘉庆七年（1802）10月21日，杨文棹因缺少银用，将对磉田4坵、翁禾散田2坵计谷28担，出典与李国璋。但就在同一天、同一契约上，双方又订立了佃田契，即杨文棹佃到李国璋田6坵，每年称租禾30秤。② 特别是后面这份佃约，与普通的佃约完全一致，如若不是前面的典约，李国璋俨然田主，杨文棹与佃农无异。

（3）收息，承典人向佃户收取货币利息以实现典资的回报。这种做法与定额、分成的做法并无实质区别，只是这里实现典资回报的不是实物而是货币。不过，这种做法在"岑巩文书"中没有，整个典当契约中仅12例，且以"当"字为主，约占总数的6.1%。至于具体利率，在所见的契约中均为"照月加三"，即3%的月利率，与当时民间借贷比较接近。③ 体现出该区域在政府调控下④，民间借贷利率趋于稳定，最终形成了"习俗利率"。⑤ 或者可以这样理解，以货币的方式实现典资回报率的做法，遵循了民间借贷的规则，因

---

① 龙登高等：《典与清代地权交易体系》，《中国社会科学》2013年第5期。
② 张应强、王宗勋：《清水江文书》第1辑第3册，第10页。
③ 光绪三十四年（1908）2月25日，文斗下寨姜世美父子向上寨潘继宗借得新宝银6两4钱，姜世美父子分两次还清，一次是宣统元年（1909）3月17日还银6两、一次于7月23日还银3两6钱。两次共还银9两6钱，也就是贷款17个月，共还利3两2钱，每个月约还利2.94%，相当于3%。证明了"照月加三"即为3%的月利率。见陈金全等《贵州文斗寨苗族契约法律文书汇编——姜元泽家藏契约文书》，第507页。
④ 马建石等：《大清律例通考校注》卷14《户律·钱债》，中国政法大学出版社1992年版，第522页。
⑤ 彭凯翔等：《近代中国农村借贷市场的机制——基于民间文书的研究》，《经济研究》2008年第5期。

此回报率不如实物回报的方式高,所以这种做法相对较少。

2. "典""当"区别

综上所述,按照典当后典当物的处理方式为依据,清代民国清水江流域民间典当大体可以分成两类,即承典人亲自经营典当物和承典人将典当物出租给他人。但无论哪种类型,都有一个共同点,即在典当过程中,典当物的用益物权发生了转移,这也是典当与抵押借贷的本质区别所在。兹举两契为例(契4-9、契4-10):

契4-9:

立当字人本房姜廷华,为因家中无银作事,自愿将到屋唑新旧作当与姜开明名下,实当银一两五钱整,亲手领回应用,照月加三行利。不拘远近相还,日后依照旧续(赎)回。不得有误,今恐无凭,立此当字为据。

代笔:姜开渭

道光元年七月初八日 立①

契4-10:

立借抵字人本寨姜永兴,为因缺少银用,无处得出,自愿将到(稻)田一坵作抵。今借到姜元贞名下之足银二两五钱八分整,亲手收足应用。其银每两自愿当租谷五十斤,其银限到秋收银谷为还,不得有悮。如有悮者,任凭银主上田耕种管业。恐后无凭,立此抵字为据。

民国丁巳年六月廿日 亲立②

契4-9是第二类第三种典当契,即承典人向佃户收取货币利息以实现典资的回报。之所以选择这种契约,是因为这种典当契与前面那些类型有区别,即用益物权的转移并不明显,甚至表面

---

① 张应强、王宗勋:《清水江文书》第1辑第1册,第343页。
② 张应强、王宗勋:《清水江文书》第1辑第5册,第84页。

第四章 "林农兼作"下的山主、田主与林农

上看似乎没有转移,因此它与抵押借贷最为类似最容易混淆。但细读二契不难发现二者有明显的区别:在交易标的物方面,契4-9是典当物即房屋,契4-10是银钱;在期限方面,契4-9关注赎期,而契4-10关注的是本利归还日期;特别是用益物权方面,契4-9有明显的用益物权过渡,虽然不拘远近,但依然须要回赎;而契4-10在约定的有效期内是没有这种让渡的,仅当本利不能如期归还时,放贷者为确保自身利益,强制执行抵当物权力的转移,即契文中的"任凭银主上田耕种管业"。因此,物权的转移是区分典当与抵押借贷最根本的标志,物权有转移,意味着交易标的物在典当物,需要回赎因此关注赎期及回赎的价格等问题,这是典当;反之则是借贷。

所以说典当与抵押借贷存在本质的区别。不过清代民国清水江流域的典约与当约没有差异,如果必须指出它们的不同,仅仅表现在典当后对典当物的处理方式上,但它们的本质是一致的。同时,以"收息"方式实现典资回报的那12份当约,与其他典当约相比确实有不一样的特点。不过,在"岑巩文书"中便看不到这种特征了。乾隆二十四年(1759)12月,陈开先将水田10坵出当与景氏弟兄,当价银103两,之后任从景处上田耕种,不论年月远近价到赎回。① 即使从文书学上看,也找不到"典约""当契"的差异。

(二)典权转移

典当之后,当承典人经济窘迫,便进行转典、移典甚至断卖承典之田;当出典人无力回赎时,便设法加典,最终走向断卖。

1. 转典、移典与断卖承典之田

于承典人来说,典当是一种投资,没有一定财力的人应该不会参与这种活动。但当承典人突遇变故如亲人亡故②,急需用银时,便

---

① "岑巩文书",为笔者调研所得,仅进行拍照,原件存于乡民自己家中。
② "岑巩文书",为笔者调研所得,仅进行拍照,原件存于乡民自己家中。

* 清代民国时期黔东南"林农兼作"研究

会考虑转移典当。在这批典当契中,共有 8 份转移典当文书,约占总数的 4%。从时间上看,道光年间有 5 份、咸丰年间 1 份、宣统年间 1 份、民国时期 1 份。在"岑巩文书"中,有时还叫转当①,这与该地典约当约行文完全一致有关。对于转典,郭建教授认为:"在当时的民间习惯上,转典需要原出典人会同立契,而且转典的典期一般比较短暂。"② 不过在清水江流域中的转典,立契时并不需要原主在场,或说"无须征得业主之同意"③。转典典价与原典典价一致④,而且转典之后,须将原典契转与新的承典人,出典人向最终承典人回赎即可。⑤ 但还有一种,名为"移典",即承典人变为出典人,重新出典典当物,且重新议定典价,并约定典期。咸丰六年(1856)11 月,姜开智便将先年得典姜开杰之田一坵移典与姜兆龙,议定了典价、规定了典期。⑥ 对此瞿见认为此次移典是给"典业绝卖做铺垫"⑦。他之所以得出这样的结论,是因为他发现了此田原主姜开杰断卖此田的契约,恰巧移典与断卖两契仅相隔三天。支撑他观点的理由是买主姜兆龙为了"立即管业",不能与田主姜开杰直接交易,因为受到姜开杰与姜开智典约典期的限制。因此先由原典主将此田移典与姜兆龙,"突破原典典期的约定",随后原田主再将田断与姜兆龙,至此姜兆达到"立即管业"之目的。看似逻辑缜密,但依然存疑点:一方面,此契外批原整理文字有三个字看不清楚,即"其典之后,限□□□年后到赎回",瞿见将"后"纠正为"价"固然没问题,但细看原照片,"限"与"年"之间并没有三个字,而仅仅只有一个"丰"字,即"限丰年价到赎回"。"丰年"意味着姜兆

---

① "岑巩文书",为笔者调研所得,仅进行拍照,原件存于乡民自己家中。
② 郭建:《典权制度源流考》,社会科学文献出版社 2009 年版,第 208 页。
③ 瞿见:《清中后期黔东南文斗寨苗族典制研究》,《民间法》(第 11 卷),第 198—218 页。
④ [澳]唐立、杨有赓、[日]武内房司:《贵州苗族林业契约文书汇编(1736—1950)》第三卷,东京外国语大学国立亚非语言文化研究所 2003 年版,D0052。
⑤ 陈金全等:《贵州文斗寨苗族契约法律文书汇编——姜元泽家藏契约文书》,第 214 页。
⑥ 陈金全等:《贵州文斗寨苗族契约法律文书汇编——姜元泽家藏契约文书》,第 428 页。
⑦ 瞿见:《清中后期黔东南文斗寨苗族典制研究》,《民间法》(第 11 卷),第 198—218 页。

第四章 "林农兼作"下的山主、田主与林农

龙要保障自己的收益,因此这里依然是典期约定,而非作者说的"明显的回赎期约定"。此契定于 11 月 29 日,要遇丰年,怎么也得一年以后,即原典主姜开智虽将田移典与姜兆龙,但他依然可以赎回,姜兆龙虽然从田主手中取得了此田的所有权,但依然受此移典典期的制约,不能立即全部占有此田。另一方面,即使如原文整理文和瞿见认为的那样"限"与"年"之间有三个字,回赎期最短也得是"咸丰六年",即依然有为期一个月回赎机会,或者说原典主姜开智即使放弃回赎也得一个月后,而断卖契订于十二月初二日,依然受制于移典的回赎期,达不到"立即管业"之目的。由此看来,此次移典不能做三天后绝卖的"铺垫",移典与断卖两契相隔这么近,仅仅是巧合,姜开杰将田出断与姜兆龙,仅仅是因姜兆龙通过移典取得了原典主姜开智的地位即"承典人对转卖典业的先买权"。① 宣统二年(1910)8 月,易元泉将先年得典文斗下寨姜世官之田,移典与姜周栋,四年后姜登宰赎回。② 很明显,此次移典并没有为"绝卖做铺垫"。除转移典当物之外,还有承典人断卖承典之田的现象。见契 4-11:

契 4-11:
立断卖田字人本寨姜纯美,为因缺少粮食,要银用度、无处所出。自愿请中将到祖遗之田一坵三间,地名冉佑,约谷六担。界限……四抵分清。今将出卖与本寨姜元贞名下承买为业,凭中议定价银三十六两八钱正,亲手收足应用。自卖之后,任凭买主上田耕种管业,卖主不得异言。倘有不清,俱在卖主向前理落,不关买主之事。恐口无凭,立此断卖字永远存照为据。
凭中:姜开连
民国十年六月廿三日 父作琦亲笔 立

---

① 吴经熊校:《袖珍六法全书》,会文堂新记书局民国二十四年版,第 98 页。
② 姜登宰应为原田主姜世官之后人,吴经熊校:《袖珍六法全书》,第 511 页。

※ **清代民国时期黔东南"林农兼作"研究**

> 外批：民国乙丑十四年正月廿九日，佳（加）池寨姜元贞收得平鳌寨姜盛朝来赎冉佑田三间田之典价银廿六两三钱八分。其有断字，尾价不与此田相干，自仰向姜纯美取讨尾数是实。
>
> 凭中：姜梦熊
>
> 笔：范承烈①

乍一看，这份断契与普通的断契没有任何区别，而且契中还声称此田为祖遗之田。但通过外批方知，此田田主为平鳌寨姜盛朝，先年以26两3钱8分的典价出典与加池寨姜纯美。而承典人姜纯美不可能忘记此事，他故意以祖遗之山之名，将典当物断卖给同寨的姜元贞。不料，四年后出典人姜盛朝来赎，个中差价只能由姜元贞向姜纯美讨回。但这种情况是少数，只作为特例指出。

大多典当契约上都有典期规定，这个规定是为维护承典人的利益为宗旨。诚如前面所划分的两大类典当，其中土地典当占据了绝大部分。这些契约中，关于典资回报，只有那12则以"当"字开头的契约有一定保障，因为其回报方式是"照月加三"，意味着按月获利。但即使如此，他们仍然还预设一定的兑现时间，一般是半年内。如道光九年（1829）10月，加池寨姜开仕因生意须要本钱，将田出当与姜世荣，议定当价银为银14两6钱7分。并言定照月加三行利，同时限在开年二月归还。② 也就是说，姜世荣通过契约的形式确保4个月的当资回报，即1两7钱6分；但如果到预设的时间里，兑现不了这个回报，他便"亲自下田耕种"，从而回到第一种典当类型。除那12则当约外，或者说其他类型的典当契约里，如果不预设典期，承典人的典资回报就得不到保障。因为土地的收益大多在秋

---

① 张应强、王宗勋：《清水江文书》第1辑第5册，第105页。
② 张应强、王宗勋：《清水江文书》第1辑第9册，第46页。

第四章 "林农兼作"下的山主、田主与林农

天,如果不预设典期,出典人在秋收之前回赎,承典人便无法实现投资回报。在这些典当契约中,有一大半没有言明典期,估计已约定俗成。在言明典期的契约中,有近30份皆规定"种足三年,不俱远近,价到续(赎)回"[①]。也有个别规定为一年[②],但这份契约订于2月,一年之后亦跨越了秋收这个节点。也有个别规定为至少四年[③],四年后不俱远近。契中的"不俱远近"道出了回赎时限的意蕴,即在确保典资最低回报时限的基础上,出典人何时回赎不必担心,因为典当物的用益物权已在承典人手中,比如第一类的使用权,第二类的租佃权。这种投资风险,远远低于借贷。

2. 加典与断卖

对于出典人来说,典当意味着在出让一些权力、获得银钱的同时,还保住了典当物的最终所有权。但当赎期到来无力回赎时[④],他们通过采用加典的方式,继续典当,这也是典当优于抵押借贷的地方。[⑤] 乾隆四十五年(1780)11月,刘镇东弟兄五人将田土山场出典与周永昌弟兄,典价为218两。三年后,周永昌弟兄加典价银60两,继续承典。[⑥] 加典有时也叫"加契",咸丰年间刘致年曾给土主刘金希加钱、同治年间刘治保等人也因加钱继续承典而立"加契"。[⑦] 于出典人来说,加典固然是解决无力回赎最好的选择,但加典是出典、承典双方的事,如果双方没能达成一致,出典人便有失去田土所有权的危险,即先典后断。文书中确也现出了一些先典后断的案例,见表4-3。

---

① 张应强、王宗勋:《清水江文书》第1辑第10册,第336页。
② 张应强、王宗勋:《清水江文书》第1辑第6册,第190页。
③ 陈金全等:《贵州文斗寨苗族契约法律文书汇编——姜元泽家藏契约文书》,第400页。
④ 截至目前,笔者尚未发现一例如期回赎的事例。
⑤ 抵押借贷到期未偿还本利,将面临抵押物所有权的强制转移。
⑥ "岑巩文书",为笔者调研所得,仅进行拍照,原件存于乡民自己家中。
⑦ "岑巩文书",为笔者调研所得,仅进行拍照,原件存于乡民自己家中。

* 清代民国时期黔东南"林农兼作"研究

表4-3　　　　　　　清水江文书中先典后断统计表

序号	时间	卖主	位置（名称）	买主	册数	页码
1	嘉庆四年12月28日	龙起泮 龙起河弟兄2人（韶霭寨）	乌得田2坵、乌拉大田1坵（先年典与王学海）	姜佐章（加池寨）	7	156
2	道光十四年6月13日	姜开明	先年得断本寨姜翻绞之田，先典与姜之琏后断与姜开明	姜之琏	10	154
3	道光十八年12月18日	姜世琏同子灵宗（加池）	先年出典与买主之田名上塔绞大小3坵计谷5担	姜吉兆 姜吉瑞老爷（瑶光寨）	7	204
4	道光十九年12月4日	姜世结、元兄弟（本寨）	田2坵名皆料：1坵约谷14石、1坵约3石。先年典与苗光河口姚家、姚家又曲与苗馈龙家琳、复又典与加池姜开明	姜开明	2	247
5	道光二十三年2月25日	姜廷才（本房）	田大小二坵名党周	姜凤鸣	3	354
6	光绪二十二年6月28日	姜培业	先年分占祖业之田大包田1坵、大包外坎1坵、棚边1坵、外边1坵、坎下1坵（前典与寅祖兄，典价银22两8钱）	姜寅福	8	106
7	民国九年11月1日	范光荣、华、志芳叔侄（张化寨）	先年得买加什寨姜元英弟兄祖遗之田1坵名皆于，约谷28担，转断	姜元秀弟兄（加池寨）	1	255
8	民国九年12月10日	姜廷珍	田2坵约谷5担	姜纯义（承典者）	9	323
9	民国十三年1月28日	姜家宝、姜家珍弟兄（本寨）	田1坵约谷2担	姜凤德	10	396

数据来源：《清水江文书》（第1辑）。

从现有资源来看，先典后卖的案例极少，分布在嘉、道、光三

· 150 ·

第四章 "林农兼作"下的山主、田主与林农

朝及民国时期,在这些案例中,承典人一般具有田土的优先购买权。再看这些买主(承典人),姜佐章、姜开明、姜纯义和姜凤德等人在当时非常活跃,无论在田土、山场还是借贷及其他交易中,都有他们的踪迹。先典后断的案例虽少,但从侧面也反映出田主尽可能将田产回赎,不愿意轻易失去产权。

甚至有时还出现出典人无力回赎,由他人备价回赎的情况,见契4-12。

契4-12:

立典田字人加什(池)寨姜元英兄弟,为因缺少银用,无处所出。自愿将到祖遗之田二处:一处地名党他,约谷二十担,界止上凭竹园、下凭菜园、左凭□角、右凭典主小田;又一处地名皆于,约谷二十四担,界止上凭凤文之田、下凭山、左凭显国田角、右凭显韩田角为界,四抵分清。今将请中问到文斗姜德相兄弟名下,承典为业,当日凭中议定价宝银一百六十九两五钱八分整。亲手领回,不欠分厘。其田自典之后,任凭银主管业,典主房族不得异言,其田不俱(拘)远近,价到赎回。倘有不清,俱在典主理议,不管银主之事。口说无凭,立此典字是实。

(内批)此田姜献义已备价赎回,日后仍准元俊后人取赎,此批。

中华民国九年正月二十八日,德相笔批,凭中:姜坤相。

凭中:潘继忠、姜宗耀

光绪二十五年三月初四日 亲笔 立①

通过这份契约的内批可知,加池寨姜元英、姜元俊弟兄将祖遗之田二坵出典与文斗寨姜德相弟兄,一直未得回赎。近20年后,居

---

① 张应强、王宗勋:《清水江文书》第1辑第1册,第204页。

※ 清代民国时期黔东南"林农兼作"研究

然由姜献义备价赎回。同时仍准元俊后人取赎,这种做法与转典较为类似。

总而言之,清代民国时期清水江流域的典当,依照典当后典当物的处理方式为依据可以分成两大类。这两大类的典与当的实质是一样的,即发生了用益物权的转移,因此始终须要回赎,这也是典当区别于抵押借贷的关键所在。典当关系建立后,当承典人经济遇窘时,便进行转典、移典甚至断卖承典之田;而当出典人无力回赎时,便会设法加典,最终走向断卖。无论如何,典当在清代民国时间的清水江流域发挥了一定的积极作用,于承典人来说,它规避了借贷带来的巨大风险,平稳地享受着由典当带来的典资回报;于出典人来说,它通过转让用益物权,在获得银钱的同时还保守着典当物的最终所有权,同样规避了因借贷无力偿还而面临失去抵当物所有权的风险。

二 田土买卖

相对于典价,田土断卖的价格似乎并没有多大的诱惑力。加池寨姜朝弼与他人共有田4坵,分为2大股,姜朝弼占1股。他曾以66两5钱的价格,将自己所属的1股出典与姜华周。道光四年(1824)5月,他又将此股出断与姜朝英,价银76两5钱。不过买主得"自出银续回管业"①,也就是说,姜朝弼这股田产,断卖价格仅比典价高10两。但当出典者无计可施时,依然会走向断卖,道光十八年(1838)12月,加池寨姜世琎、姜灵宗父子因要银用度,而将先年出典与瑶光寨姜吉兆、姜吉瑞二人之田断卖与此二人②,至此典当物的所有权彻底转移。前文已论及,先典后卖这种情况毕竟是少数,田主尽力保留着其产权;另一方面,典当是双方的事,当田主急须用钱欲出典田产,却找不到典主时,他唯一能够选择的是直

---

① 张应强、王宗勋:《清水江文书》第1辑第11册,第156页。
② 张应强、王宗勋:《清水江文书》第1辑第7册,第204页。

第四章 "林农兼作"下的山主、田主与林农 ✳

接卖田。而这类契约，在文书中数量不少，约有500例。下面以同一时段出卖和买进频率较高的人物为例，展开论述，见表4-4、表4-5。

表4-4　　　　田土买卖中卖主出现频率较高情况统计

序号	时间	卖主	位置（名称）	买主	册数	页码
1	光绪十二年9月25日	姜大达父子	污榜溪祖遗之田	南岳宫会	3	D0038
2	道光二十一年10月10日	姜东化	祖遗友额之田大小3坵	姜东盛（堂兄）	3	D0024
3	咸丰五年4月2日	姜东化	先年分占晚爷之田1坵名勇额约谷3石	姜东盛（二兄）	3	D0029
4	咸丰五年4月2日	姜东化	先年分占晚爷之田1坵名勇额约谷3石	姜东盛（二兄）	3	D0029
5	宣统二年2月23日	姜恩泰父子（本家）	田一坵约谷4石	姜恩瑞	2	316
6	乾隆四十七年12月14日	姜番保	田2坵约禾7把	姜佐兴	4	124
7	乾隆四十九年2月27日	姜番保	祖田一坵，约禾6把有余	姜鳌剪	3	5
8	乾隆五十年2月20日	姜番保	祖田1坵名假荣约禾1把	姜佐章	7	15
9	乾隆五十一年5月21日	姜番保	祖父分占田1坵约禾1把	姜佐彰	8	178
10	同治十三年5月4日	姜凤凰	皆绞田1坵约谷7担	凤来（亲兄）	7	84
11	同治三年12月5日	姜凤凰	先年得买凤仪之田1坵	姜克顺	7	76
12	同治九年6月3日	姜凤凰	田2间	姜发盛	9	406
13	光绪十七年3月1日	姜凤歧	皆于之大田1坵	姜献义侄元英	4	227

· 153 ·

清代民国时期黔东南"林农兼作"研究

续表

序号	时间	卖主	位置（名称）	买主	册数	页码
14	光绪十九年10月29日	姜凤歧	补生田1坵约谷6担	姜献义	4	230
15	光绪九年2月4日	姜凤歧（本房）	先年得买凤凰冉皆什田1坵	姜凤来、姜凤凰	7	93
16	光绪十五年6月16日	姜凤歧（本寨）	田1坵约谷3担	姜凤来	7	99
17	嘉庆六年12月21日	姜含宗等	祖遗田大小3坵	姜文裕	3	D0003
18	咸丰十年12月11日	姜甲申弟兄（本家）	党周捐田1坵	姜明教	9	88
19	咸丰十一年10月2日	姜甲申弟兄（本家）	乌什礼衣田1坵	姜明教	9	91
20	道光十五年11月26日	姜居仁	祖遗田阳旧皆墨大小3坵	姜东盛	3	D0019
21	道光十三年10月8日	姜居仁 居义	得买居敬之田	姜东盛	3	D0012
22	道光十五年11月20日	姜居仁 居义	祖遗田	姜东盛	3	D0018
23	道光十七年4月16日	姜居仁 居义	祖遗田1坵羊坵	姜东盛	3	D0022
24	道光十二年3月7日	姜世安（本寨）	容冉三田1坵	姜世荣	9	52
25	道光十三年10月18日	姜世安（本寨）	冉槛田1坵	姜世儒	9	61
26	道光八年12月22日	姜世安（本寨）	祖遗田1坵分为2股本名占1	姜之模	7	37
27	嘉庆十年8月27日	姜廷华（文斗寨）	田丹田1坵	姜之珽（加池寨）	10	42
28	嘉庆十二年10月8日	姜廷华（文斗寨）	田1坵名也丹	姜贵生（加池寨）	10	55
29	嘉庆十四年10月28日	姜廷华（文斗寨）	皆桥田2坵约禾3把	姜兰生 姜贵生（加池）	10	60
30	嘉庆二十二年10月18日	姜廷华（文斗寨）	培格田大小二坵并上下平埂内杉木	姜廷德	3	35
31	嘉庆九年12月2日	姜廷华（文斗寨）	祖遗田大小2坵	姜君仁 姜贵生	10	35

第四章 "林农兼作"下的山主、田主与林农

续表

序号	时间	卖主	位置（名称）	买主	册数	页码
32	民国十六年11月19日	姜文忠（本房）	皆穷里败田大小2坵约谷1担	姜秉魁	8	301
33	民国三十一年1月18日	姜文忠（本房）	先年得买姜秉珍皆里三做田1坵约谷100斤	姜良富	5	142
34	民国二十七年9月18日	姜文忠（本寨）	皆里整规田1坵约谷3担	姜秉魁	7	123
35	民国二十八年5月5日	姜文忠（本寨）	皆绞田大小2坵约谷2担	南什修路会（本寨）	8	146
36	民国六年2月23日	姜作琦 姜作美父子（本寨）	祖遗之田一坵三干约谷6担	姜元贞	6	221
37	民国五年8月14日	姜作琦（本寨）	冉佑之田一连大小4坵约谷4担	姜元贞	6	219
38	民国九年12月4日	姜作琦（本寨）	祖遗之田约谷2担	姜元贞（本寨）	4	247
39	民国九年12月4日	姜作琦（本寨）	祖遗之田约谷4担	姜元贞（本寨）	4	248
40	嘉庆二十年7月4日	龙廷彩 龙光秀父子（文斗中寨）	乌榜小田1坵约谷3小斗连荒坪在内	姜之琏	10	86
41	嘉庆二十四年9月29日	龙廷彩（本寨要）	先年得买下寨姜廷宗田1坵	姜朝望（下寨）	9	26
42	道光元年5月28日	龙廷彩（文斗寨）	周榜田上下2块	姜之连（加池寨）	10	103
43	道光十七年11月9日	龙廷彩 龙光元	先年得买下寨姜廷望名下之田1坵，禾把20拿	龙杨保（上寨上房）	9	71
44	民国五年2月10日	孙光前（本寨）	田大小2坵约谷3担	姜元贞（本寨）	4	245
45	民国十年6月25日	孙光前（本寨）	皆余之田1坵约谷1担	姜元贞	5	106
46	民国十四年6月9日	孙光前（本寨）	皆余之田1坵约谷4担、皆里得田1坵约谷1担	姜元贞	5	121
47	民国十四年6月9日	孙光前（本寨）	皆于，田1无坵约谷2担	姜元贞	1	264

数据来源：《清水江文书》（第1辑）、《贵州苗族林业契约文书汇编（1736—1950）》。

* 清代民国时期黔东南"林农兼作"研究

在近500份卖田契中,从乾隆至宣统,再到民国,每个时段都有一些高频率的名字跃然纸上。如加池寨姜番保,从乾隆四十七年(1782)至五十一年(1786)四年间,他先后4次卖田5坵,这5坵田土产量可达15把,约900斤。[1] 可以这样思考,4次卖田后,姜番保一家每年会减少900斤稻子的收入,他通过什么方式来填补这这个缺口?在黔东南林区可做的,便是租佃山场,进行粮食和木材生产;还可以担任林木砍伐工作,以及林木运输的旱伕和排伕等"艰险繁重"[2] 甚至危急生命的工作。[3]

一方面是农民不断失去田产,另一方面则是大地主不断兼并田土,见表4-5。

表4-5　　　　田土买卖中买主出现频率较高情况统计

序号	时间	卖主	位置（名称）	买主	册数	页码
1	乾隆三十年12月15日	姜主保（本房）	田1坵名也拙约禾3把	姜佐章	7	4
2	乾隆三十一年1月25日	姜彩臣（本寨）	田1坵	姜佐章	7	5
3	乾隆三十四年9月20日	范兴远（岩湾）	祖遗皆穷田1坵约禾5把并荒地1块	姜佐章	8	4
4	乾隆三十五年闰5月12日	姜甫亚父子	田2坵约禾24把	姜佐章	7	8
5	乾隆四十年1月23日	姜俨保及弟妻白隐姑	田2坵约禾4把	姜佐章	7	13
6	乾隆四十年2月7日	姜严三 姜严番	祖遗田1坵名帛南排	姜佐章	7	9
7	乾隆四十年3月24日	姜忠海（堂东寨）	田1坵名宗腰你	姜佐章	7	136
8	乾隆四十年闰10月21日	姜番乔（党东寨）	中具在禾30把	姜佐章	7	62
9	乾隆四十四年10月11日	范番保（岩湾寨）	田1坵约禾10把	姜佐章	7	139
10	乾隆四十四年2月25日	姜荣周	田1坵名培列禾5把	姜佐章	7	12
11	乾隆四十四年5月26日	姜严保（本房）	田1坵禾4把	姜佐章	8	9
12	乾隆四十四年6月21日	姜文魁等人（堂东）	水田1坵 在禾16把	姜佐章	7	63

---

[1] 据龙泽江等人考证清代田粮计量单位,1把约60市斤。见龙泽江等《清水江文书所见清代贵州苗侗地区的田粮计量单位考》,《农业考古》2012年第4期。

[2] 贵州省编辑组:《侗族社会历史调查》,第101页。

[3] 锦屏县林业志编纂委员会:《锦屏县林业志》,第246页。

第四章 "林农兼作"下的山主、田主与林农

续表

序号	时间	卖主	位置（名称）	买主	册数	页码
13	乾隆四十五年12月8日	范世珍（岩湾寨）	野德田1坵	姜佐章	8	12
14	乾隆四十五年8月16日	姜士祥（文斗寨）		姜佐章	7	143
15	乾隆四十六年1月21日	范九纯（岩湾寨）	韦也冉田1坵约禾2把	姜佐章	7	144
16	乾隆四十六年3月5日	姜在淇	冉奇田大小3坵禾20把	姜佐章	8	13
17	乾隆四十七年11月9日	姜文魁同弟（本房）	祖遗田2坵	姜佐章	7	14
18	乾隆四十八年2月10日	姜乾保	培股秧田约禾6把	姜佐章	7	64
19	乾隆五十年2月20日	姜番保	祖1坵名假荣约禾1把	姜佐章	7	15
20	乾隆五十一年3月4日	姜故朱父子	格眼田约禾4把	姜佐章	8	15
21	乾隆五十一年3月4日	姜俨番	祖遗之田1坵约禾4把有余	姜佐章	7	150
22	乾隆五十一年5月21日	姜番保	祖父分占田1坵约禾1把	姜佐章	8	178
23	乾隆五十二年11月20日	范老五（岩湾寨）	也得田1坵	姜佐章	7	17
24	乾隆五十二年11月20日	范老五（岩湾寨）	也得田1坵	姜佐章	7	151
25	乾隆五十二年1月14日	陶富才（格翁寨）	也宗田1坵禾6把	姜佐章	8	16
26	乾隆五十二年3月20日	姜应召 昌连弟兄2人（文斗六房）	田大小4坵名也丹	姜佐章	9	8
27	乾隆五十四年2月28日	范老四（岩湾寨）	也得田1坵	姜佐章	7	18
28	乾隆五十四年2月28日	范老四（岩湾寨）	也得田1坵	姜佐章	7	65
29	乾隆五十六年12月16日	杨正邦	得买龙光显之田1坵名鸠榜	姜佐章	7	19
30	乾隆五十九年5月10日	姜廷辉	田1坵名鸠了	姜佐章	7	20
31	嘉庆四年12月28日	龙起泮 起河弟兄2人（韶霭寨）	乌得田2坵、乌拉大田1坵（先年典与王学海）	姜佐章	7	156
32	嘉庆八年6月8日	龙有凤 家骈 恒山弟兄3人	三浪田1坵约禾6把、也卧田1坵约禾10把	姜佐章	7	170

续表

序号	时间	卖主	位置（名称）	买主	册数	页码
33	嘉庆八年6月9日	龙有凤 岩凤 恒山弟兄3人	付见田1坵、冉牛田1坵、皆仰田1坵、从央田4坵，禾16把	姜佐章	8	28

姜佐章买田交易合计：33宗

34	乾隆四十七年12月14日	姜番保	田2坵约禾7把	姜佐兴	4	124
35	乾隆四十九年闰3月5日	姜起富 姜弘烈二人	太散田1块	姜佐兴	10	8
36	乾隆五十年8月6日	龙素志	田1坵	姜佐兴	4	125
37	嘉庆十年4月18日	姜廷试（文斗寨）	得买加池姜登运田1坵名培古	姜佐兴	5	3
38	嘉庆十年4月18日	姜廷试（文斗寨）	得买加池寨姜登运名下培古水田1坵	姜佐兴	11	1
39	嘉庆十三年2月10日	姜木元 姜木林弟兄（本寨）	水田1坵载谷10担	姜佐兴	4	140
40	嘉庆十五年11月24日	姜生福（本寨）	祖业田1截	姜佐兴	4	141
41	嘉庆十六年10月12日	范继尧 范绍粹（岩湾寨）	田？坵	姜佐兴	4	143
42	嘉庆十九年12月7日	姜朝仲 朝弼二人	也知田1坵	姜佐兴	4	147
43	嘉庆二十一年2月16日	龙现华（本寨）	田1坵	姜佐兴	4	148
44	嘉庆二十二年11月26日	姜朝弼（本寨）	灰古田1坵落禾千把	姜佐兴	4	149
45	嘉庆二十二年11月26日	姜朝弼（本寨）	眼笼田1坵落禾千把	姜佐兴	4	150
46	嘉庆二十三年3月10日	姜起连弟兄二人（扒洞寨）	田1坵禾4把	姜佐兴	4	152
47	嘉庆二十四年12月7日	姜敦智（本寨）	田1坵名皆冉	姜佐兴	4	153
48	嘉庆二十五年12月21日	姜朝弼（本寨）	田2坵名也粹	姜佐兴	4	161
49	嘉庆二十五年12月6日	龙长生（本寨）	祖遗3坵地名衣唱约谷5担	姜佐兴	4	159
50	嘉庆四年12月23日	范文进（岩湾寨）	田2坵	姜佐兴	4	128
51	道光元年12月22日	姜朝弼（本寨）	乌什乌见田1坵	姜佐兴	4	163

第四章 "林农兼作"下的山主、田主与林农

续表

序号	时间	卖主	位置（名称）	买主	册数	页码
姜佐兴买田交易合计：18宗							
52	乾隆五十一年9月19日	唐故领 唐尚明	祖遗水田1坵名卧随共计禾20拜	姜之模	3	D0002
53	嘉庆十九年12月21日	范绍宗（岩湾）	得受故九从修田1坵	姜之模	8	33
54	嘉庆二十四年10月25日	姜世荣 姜世太兄弟2人（本寨）	落皆要	姜之模	8	37
55	道光六年10月7日	姜明德（本寨）	田3坵	姜之模	7	195
56	道光七年12月22日	姜成凤（本寨）	田1坵	姜之模	7	36
57	道光八年12月22日	姜世安（本寨）	祖遗田1坵分为2股本名占1	姜之模	7	37
58	道光十二年12月26日	姜开运（本房）	也堆田右截约谷6担	姜之模	7	41
59	道光十六年2月12日	姜福元（本房）	也单田1坵约谷5石	姜之模	7	45
60	道光十六年2月3日	姜承宗（本寨）	皆敢田2坵	姜之模	7	44
姜之模买田交易合计：9宗							
61	乾隆五十八年12月26日	范绍尧（岩湾寨）	祖父遗田	姜廷德	3	311
62	乾隆五十九年12月10日	吴数剪（苗餜寨）	水田一块约禾4把	姜廷德	3	8
63	乾隆六十年5月18日	姜廷烈 老兰兄弟二人（本寨）	水田一坵名鄙姑约禾6把	姜廷德	3	312
64	嘉庆六年6月初2日	姜相周（本寨）	祖田1块名皮周	姜廷德	2	203
65	嘉庆十年3月4日	姜老五 姜老丙二人（本寨）	寨脚田4坵约禾6把	姜廷德	3	316
66	嘉庆十年9月23日	姜矮剪携弟媳龙氏及侄子（甲洞寨）	田一坵计谷1秤	姜廷德	3	17
67	嘉庆十三年10月4日	范继尧 范绍粹（岩湾寨）	田1坵名补生	姜廷德	2	209
68	嘉庆十三年10月4日	范继尧 范绍粹（岩湾寨）	本名田大小6坵	姜廷德	3	318
69	嘉庆十三年2月25日	范正西（岩湾寨）	田二坵名补生	姜廷德	3	20
70	嘉庆十三年2月9日	范绍恒（岩湾寨）	布新田1坵	姜廷德	2	208
71	嘉庆十四年10月21日	范绍尧（岩湾寨）	田大小4坵名补生	姜廷德	3	319
72	嘉庆十六年12月14日	范老岭（岩湾寨）	祖业田1坵名党日	姜廷德	3	322

·159·

清代民国时期黔东南"林农兼作"研究

续表

序号	时间	卖主	位置（名称）	买主	册数	页码
73	嘉庆十九年闰2月27日	龙现华（本寨）	田三间名汗十溪，分为4股，名下占1股出卖	姜廷德	3	28
74	嘉庆二十二年10月18日	姜廷华	培格田大小二坵并上下平埂内杉木	姜廷德	3	35
75	嘉庆二十二年11月17日	陆通理（中仰寨）	里丹田大小二坵	姜廷德	3	36
76	嘉庆二十二年3月3日	陆通模（中仰寨）	田大小？坵	姜廷德	2	219
77	嘉庆二十三年12月14日	姜世培（本寨）	布星，田大小3坵	姜廷德	1	334
78	嘉庆二十五年10月29日	姜弼周父子（本寨）	田大小四坵，地名乌榜溪	姜廷德	1	18
79	道光元年12月22日	姜成周 通文弟兄2人（本寨）	共田一坵名党养，分为2股、典1股与廷光弼周，余存1股出卖	姜廷德	3	45

姜廷德买田交易合计：19宗

序号	时间	卖主	位置（名称）	买主	册数	页码
80	道光三年4月8日	龙现彩同子（本寨）	冉格田大小2坵	姜世荣	9	29
81	道光十一年11月15日	姜绞生 尚生 忠生（本寨）	冉三田大小4坵，在禾3把半	姜世荣	9	234
82	道光十一年11月27日	姜开祥弟兄3人（本寨）	世荣油山坎上田1坵名培格	姜世荣	9	49
83	道光十二年3月7日	姜世安（本寨）	容冉三田1坵	姜世荣	9	52
84	道光十二年5月3日	姜绞生 尚生 忠生（本寨）	冉三田大小4坵，在禾3把	姜世荣	9	238
85	道光十三年12月13日	姜乔弟兄4人（本寨）	也皆十	姜世荣	9	62
86	道光十三年12月30日	姜光朝（本寨）	冉拉田1坵约谷2石	姜世荣	9	63
87	道光十三年3月25日	姜世宽（本家）	也丹田1坵	姜世荣	9	59
88	道光十三年4月18日	姜之美（本寨）	引三田1坵	姜世荣	9	60
89	道光十六年2月16日	姜世杰（本寨）	杨年得买杨光武之田1坵，名脚略约禾谷一秤	姜世荣	9	381
90	道光二十一年4月4日	姜明川（本家）	先年得买世安祖遗之田名雄皆绞	姜世荣	9	384
91	道光二十四年4月2日	姜世洪 子义太义荣	也汪田1坵	姜世荣	9	77

第四章 "林农兼作"下的山主、田主与林农 ✽

续表

序号	时间	卖主	位置（名称）	买主	册数	页码
	姜世荣买田交易合计：12宗					
92	道光六年12月27日	姜三绞（本房）	田一坵名冉也赊谷1石	姜开明	3	59
93	道光十一年12月29日	姜老苏（本家）	培鸠田2坵	姜开明	1	349
94	道光十七年3月14日	姜生绞 八生弟兄（本寨）	田1坵约谷1石	姜开明	3	344
95	道光十九年5月17日	姜绍舜 姜绍田弟兄（文堵下寨）	祖遗之田名乌榜溪大小5坵，上下连带荒坪	姜开明	3	350
96	道光四年12月24日	姜世奇	党围田大小2坵，载谷4石	姜开明	3	335
97	道光十二年12月24日	姜路桥（本寨）	田1坵禾谷2石	姜开明	2	238
98	道光十四年3月18日	姜承宗（本寨）	也得田一截	姜开明	3	76
99	道光十五年2月6日	姜之美（本寨）	皆礼得田一坵约谷2石半	姜开明	3	77
100	道光十八年12月7日	姜世乔、晚乔、广乔弟兄三（本寨）	田一坵名白南排	姜开明	3	82
101	道光十九年12月4日	姜世结、元兄弟（本寨）	田2坵名皆料：1坵约谷14石、1坵约3石。先年典与苗光河口姚家、姚家又曲与苗馒龙家琳、复又典与加池姜开明	姜开明	2	247
	姜开明买田交易合计：10宗					
102	道光五年12月27日	姜苏林 姜渭林弟兄（本房）	皆报库田1坵载谷4石	姜开让	4	171
103	道光七年2月10日	姜韦乔父子（本寨）	皆纹田1坵载谷7石	姜开让	4	174
104	道光十年3月8日	姜应生（本寨）	冉蜡下田2坵，又上1坵	姜开让	4	178
105	道光十三年11月8日	姜光伟（本寨）	田1坵	姜开让	4	189
106	道光十三年12月25日	姜世培（本寨）	田2坵	姜开让	4	190
107	道光二十一年11月26日	姜开善、良、吉（本寨）	祖遗田1坵约禾18担	姜开让	4	197

· 161 ·

❋ 清代民国时期黔东南"林农兼作"研究

续表

序号	时间	卖主	位置（名称）	买主	册数	页码
108	道光二十二年12月20日	姜世仁（本寨）	冉容田1坵约谷3担	姜开让	4	205
109	道光二十三年12月25日	姜老秀父子（本寨）	党周大田1坵约谷8石、培右大田1坵谷8石、野德之田大小3坵、又小田2坵	姜开让	4	208
110	道光二十六年7月10日	姜开善弟兄3人	板皆田2坵荒坪1幅、大坵在谷3担、小坵在谷1担	姜开让	11	4
111	道光二十六年10月4日	陆通焯（中仰寨）	田	姜开让	4	211
	姜开让买田交易合计：10宗					
112	道光十三年10月8日	姜居仁 居义	得买居敬之田	姜东盛	3	D0012
113	道光十三年11月25日	范献琳（岩湾寨）	东牛井优田2坵约谷9担	姜东盛	3	D0013
114	道光十四年11月26日	姜庙生	勇额祖遗田1坵	姜东盛	3	D0015
115	道光十四年2月28日	姜怀俊	勇额祖遗田1坵	姜东盛	3	D0014
116	道光十五年11月20日	姜居仁 居义	祖遗田	姜东盛	3	D0018
117	道光十五年11月26日	姜居仁	祖遗田阳旧皆墨大小3坵	姜东盛	3	D0019
118	道光十五年3月4日	姜炳	先年得买姜治宏顽你1坵约禾60挈	姜东盛	3	D0016
119	道光十七年4月16日	姜居仁 居义	祖遗田1坵羊坵	姜东盛	3	D0022
120	道光十八年8月8日	姜炳 怀俊	友额勾乌田1坵	姜东盛	3	D0023
121	道光二十一年10月10日	姜东化	祖遗友额之田大小3坵	姜东盛	3	D0024
122	道光二十一年10月10日	姜炜 姜凤弟兄	勇额田1坵	姜东盛	3	D0025
123	道光二十九年12月21日	吴成德父子（张花寨）	先年得买平鳌姜炜田名中培1坵	姜东盛	3	D0028
124	咸丰五年4月2日	姜东化	先年分占晚爷之田1坵名勇额谷3石	姜东盛	3	D0029
	姜东盛买田交易合计：13宗					
125	道光二十四年10月21日	姜开福（堂兄）	田2坵	姜开周	10	170
126	咸丰十年8月10日	姜氏兰香（本家）	夫所遗留田名皆交	姜开周	10	179
127	同治六年11月14日	姜丙生（本房）	田1坵名乌什溪，约谷4担	姜开周	10	193

第四章 "林农兼作"下的山主、田主与林农 *

续表

序号	时间	卖主	位置（名称）	买主	册数	页码
128	同治八年11月18日	陆大谟 陆大和（中仰寨）	田大小6坵约谷12石	姜开周	10	200
129	同治八年5月18日	陆春光侄陆志珍志芹（中仰寨）	先年得买之田大小4坵谷16石	姜开周	10	195
130	同治九年1月28日	姜开朝父子（本房族兄）	田1坵名汙湿小溪	姜开周	10	204
131	同治九年3月24日	陆大清（中仰寨）	也丹大田1坵约谷13石	姜开周	10	207
132	同治十三年10月9日	陆灿琼 志德 茂躯（中仰）	祖田2间名补生	姜开周	10	216
133	光绪元年10月27日	姜克贞（本房）	皆报库田2间约谷8石	姜开周	7	240
134	光绪四年6月22日	陆光化（中仰）	衣浚田1坵	姜开周	10	226
	姜开周买田交易合计：10宗					
135	道光三十年11月28日	姜凤舞（本家）	步新堪头四方田一坵谷5石、右边冲上边田一坵约3石	姜恩瑞	2	258
136	同治三年3月11日	姜保富（本寨）	堂后田大小5坵，若谷9旦（担）。此田分为2大股，保生名下1、保富名下1出卖	姜恩瑞	3	370
137	同治三年9月29日	姜甲兴弟兄4人（本寨）	乌石田1坵约谷2伯斤	姜恩瑞	3	372
138	同治四年10月9日	姜桥保（本寨）	兄先年得买凤至之田名培鸠1坵	姜恩瑞	3	374
139	同治八年3月6日	吉庆、昌、迪弟兄（本家叔父）	祖业地名党与下截大田一坵谷14担	姜恩瑞	2	273
140	同治八年6月14日	姜乔保（本房）	田1坵名补生约谷1担	姜恩瑞	3	377
141	同治八年7月26日	姜贵生父子（本房）	培鸠田2坵	姜恩瑞	3	378
142	光绪三年7月1日	高老五（本寨）	大补先田1坵	姜恩瑞	3	389
143	光绪四年2月12日	陆大昌（中仰寨）	田四坵谷二石	姜恩瑞	2	285
144	光绪二十年12月22日	姜凤文（本房）	大补先之田二坵约谷5石	姜恩瑞	2	309
145	光绪二十二年11月23日	姜恩泰父子（本家）	补先田一坵	姜恩瑞	2	311

· 163 ·

* **清代民国时期黔东南"林农兼作"研究**

续表

序号	时间	卖主	位置（名称）	买主	册数	页码
146	光绪二十二年3月4日	姜凤璋父子（本家）	皆党先田一坵约谷2石半	姜恩瑞	2	310
147	光绪二十三年5月16日	姜遇荣（本寨）	党候之田大小三开	姜恩瑞	2	312
148	光绪二十四年5月26日	姜吉祖父子（本寨）	田2坵名冉蜡	姜恩瑞	3	395
149	光绪二十六年6月23日	姜忠连姜开连弟兄（本房）	小田1坵名冉蜡	姜恩瑞	3	397
150	宣统二年2月23日	姜恩泰父子（本家）	田一坵约谷4石	姜恩瑞	2	316
151	民国三年9月14日	姜显清父子	皆报库田大小2坵	姜恩瑞	1	379
姜恩瑞买田交易合计：17宗						
152	咸丰元年7月1日	龙门姜氏兰妹（本家）	田1坵	姜明经	9	391
153	咸丰二年12月8日	姜包贵 姜福保弟兄（本寨）	田1坵	姜明经	9	80
姜明经买田交易合计：2宗						
154	同治八年1月12日	吴正荣 正学弟兄	父亲得买文湖之田名党豆墨大小3坵约谷10担	姜发春（平鳌）	3	D0035
155	同治八年11月20日	姜国显	先年所捐之田名党格水沟头	姜发春	3	D0034
156	同治九年10月8日	姜国玕（乡正）东吕等（首士）	先年捐抽中培之田大小5坵约谷4石	姜发春	3	D0036
157	同治十二年8月28日	吴正才	先年得买姜文湖之田5坵约谷11担	姜发春（平鳌）	3	D0037
姜发春买田交易合计：4宗						
158	光绪二年3月26日	姜凤凰（本家弟）	田1坵约谷3担	姜凤来	8	83
159	光绪二年11月5日	姜凤凰（本家）	冉也党田1坵	姜凤来	8	242
160	光绪九年2月4日	姜凤歧（本房）	先年得买凤凰冉皆什田1坵	姜凤来	7	93
161	光绪十二年7月7日	姜连富（本寨）	培故田1坵	姜凤来	7	96
162	光绪十五年4月20日	姜恩荣（本房）	皆里得田1坵	姜凤来	7	98
163	光绪十五年6月16日	姜凤歧（本寨）	田1坵约谷3担	姜凤来	7	99
164	光绪二十年10月18日	姜永铢弟兄	里丹田1坵约谷5担	姜凤来	8	270
165	光绪二十四年3月26日	姜恩科（本房）	田1坵约谷6担	姜凤来	7	105

第四章 "林农兼作"下的山主、田主与林农

续表

序号	时间	卖主	位置（名称）	买主	册数	页码
166	光绪二十四年4月11日	姜世俊（文斗下寨）	太善田1坵约谷8旦	姜凤来	7	108
167	宣统二年10月18日	姜显渭（本寨）	太善田2坵约谷2担	姜凤来	7	110
姜凤来买田交易合计：10宗						
168	光绪十六年7月11日	姜克明	友额之田2坵	姜海闻	3	D0041
169	光绪十八年闰6月29日	姜发杨父子	先年得买坤友额又名从树塘俗名党格田大小4坵谷8石	姜海闻	3	D0043
姜凤来买田交易合计：2宗						
170	民国四年6月8日	姜坤泽（本家）	培故之田，约谷5担	姜元贞（本家）	1	242
171	民国五年2月10日	孙光前（本寨）	田大小2坵约谷3担	姜元贞（本家）	4	245
172	民国五年8月14日	姜作琦（本寨）	冉佑之田一连大小4坵约谷4担	姜元贞	6	219
173	民国六年2月23日	姜作琦 姜作美父子（本寨）	祖遗之田一坵三干约谷6担	姜元贞	6	221
174	民国六年8月4日	本寨众等议仓姜凤诏	皆培皆绞之田1坵约谷1担	姜元贞	5	86
175	民国六年9月4日	姜顺邻（本房）	祖遗皆粟田1坵约谷5石	姜元贞（本房）	4	246
176	民国七年3月26日	罗纲、姜凤诏等人	纲上之田2坵	姜元贞	5	89
177	民国九年12月4日	姜作琦（本寨）	祖遗之田约谷2担	姜元贞	4	247
178	民国九年12月4日	姜作琦（本寨）	祖遗之田约谷4担	姜元贞	4	248
179	民国十年3月17日	姜永兴（本寨）	祖遗之田名皆绞左边岭田1坵约2担	姜元贞	5	101
180	民国十年4月15日	姜之渭（本寨）	九污色之田2坵、培故之田1坵	姜元贞（本家）	4	249
181	民国十年5月14日	姜元贞元秀弟兄4人	先年得买作琦之田约谷8担	姜元贞	5	103
182	民国十年6月23日	姜纯美（本寨）	祖遗之田一连7坵，名冉佑约谷5担	姜元贞（本家）	4	250

清代民国时期黔东南"林农兼作"研究

续表

序号	时间	卖主	位置（名称）	买主	册数	页码
183	民国十年6月23日	姜纯美（本寨）	祖遗之田1坵名冉佑约谷6担	姜元贞	5	104
184	民国十年6月25日	孙光前（本寨）	皆余之田1坵约谷1担	姜元贞	5	106
185	民国十年11月28日	姜之渭（本寨）	祖遗九污色之田1坵约谷1担、从党架田3坵约谷2担、小补省田2坵约谷3担	姜元贞（本家）	4	251
186	民国十一年2月15日	姜纯敏（本寨）	祖遗之田乌榜大小6坵约谷2担	姜元贞	5	109
187	民国十一年3月11日	姜后培母子（本家）	故拱冲田1坵约谷2担	姜元贞	6	261
188	民国十一年12月3日	唐记苟（本寨）	培鸠之田1坵约谷1担半	姜元贞	6	269
189	民国十三年6月18日	姜元秀（胞兄）	先年得买姜献魁姜金贵二处之田名冉皆宠田1坵、皆在里丹大小3坵	姜元贞（胞弟）	4	252
190	民国十四年6月9日	孙光前（本寨）	皆于，田1无坵约谷2担	姜元贞	1	264
191	民国十四年6月9日	孙光前（本寨）	皆余之田1坵约谷4担、皆里得田1坵约谷1担	姜元贞	5	121
192	民国十四年7月20日	姜永兴（本寨）	田4坵约谷4担	姜元贞	4	253
193	民国十五年5月18日	姜金贵（本寨）	祖遗之田名皆在里丹大小4坵谷3担	姜元贞	5	129
194	民国十五年5月28日	姜显高等（本寨）	田大小2坵约谷2担	姜元贞	5	131
195	民国十五年6月19日	姜秉贞父子（本房）	小补生田1坵约谷3担	姜元贞	4	254
196	民国十五年7月13日	姜盛朝（平鳌）	冉佑田1连大小8坵约谷14担	姜元贞	6	321
姜元贞买田交易合计：27宗

数据来源：《清水江文书》（第1辑）、《贵州苗族林业契约文书汇编（1736—1950）》。

表中列举的15份加池寨、平鳌寨田产买卖中，出现频率较高的买主，其中姜东盛、姜发春、姜海闻为平鳌寨，其他皆是加池寨。

第四章 "林农兼作"下的山主、田主与林农 ✽

他们诉说着乾隆三十年（1765）12月至民国十五年（1926）7月，加池、平鳌两寨田主通过购买对本寨及周边中仰、韶霭、岩湾、格翁、文斗、张花、甲洞、扒洞及堂东等村寨田土的整合和兼并。比较典型的如加池寨姜佐章，他在乾隆三十年（1765）12月至嘉庆八年（1803）6月38年间，共参与33宗买田交易。其中19宗标明确标了产值，合计177把，据龙泽江等人的考证，每把相当于60市斤[①]，因此这19宗交易的田产可达10620斤。同样，根据龙泽江等人的考证，每挑相当于95市斤[②]，因此177把折算成挑，相当于111.79挑。林芊教授对挑、边与亩的关系亦进行了考证，据他测算1挑为6边，36边为1亩。[③] 因此177把为111.79挑，相当于670.74边，即18.63亩。依此推理，将这15名买主所购买田产换算成亩，详见表4-6。

表4-6　　　　　　　田土买卖中出现频率较高买主置业

序号	姓名	总宗数	有田产宗数	田产（把）	折合成挑	田产（挑）	总挑数	折算成边	折合成亩
1	姜佐章	33	19	177	111.79		111.79	670.74	18.63
2	姜佐兴	18	6	2011	1270.11	15.00	1285.11	7710.63	214.18
3	姜之模	9	3	20	12.63	11.00	23.63	141.79	3.94
4	姜廷德	19	4	17	10.74		10.74	64.42	1.79
5	姜世荣	12	4	7.5	4.74	2.00	6.74	40.42	1.12
6	姜开明	10	6			27.50	27.50	165.00	4.58
7	姜开让	10	6			52.00	52.00	312.00	8.67
8	姜东盛	13	3	60	37.89	12.00	49.89	299.37	8.32

[①] 龙泽江等：《清水江文书所见清代贵州苗侗地区的田粮计量单位考》，《农业考古》2012年第4期。

[②] 龙泽江等：《清水江文书所见清代贵州苗侗地区的田粮计量单位考》，《农业考古》2012年第4期。

[③] 林芊：《近代天柱凸洞侗族地区的土地买卖和地权分配——清水江文书（天柱卷）研究之一》，《贵州大学学报》（社会科学版）2013年第2期。

＊ 清代民国时期黔东南"林农兼作"研究

续表

序号	姓名	总宗数	有田产宗数	田产（把）	折合成挑	田产（挑）	总挑数	折算成边	折合成亩
9	姜开周	10	5			53.00	53.00	318.00	8.83
10	姜恩瑞	17	9			47.61	47.61	285.66	7.94
11	姜明经	2	0						
12	姜发春	4	3			25.00	25.00	150.00	4.17
13	姜凤来	10	6			27.00	27.00	162.00	4.50
14	姜海闻	2	1			8.00	8.00	48.00	1.33
15	姜元贞	27	24			96.50	96.50	579.00	16.08
合计		196	99	2292.5	1447.89	376.61	1824.50	10947.03	304.08

通过上表可知，在田产交易中，作为买方出现且频率很高的196例中，共有99例明确标出了产量，相当于总案例的一半。乾嘉以前产量单位习惯用"把"表示，从道光开始则习惯用"石""担""擔""挑"，据龙泽江等人考证，这些量词是相通的，都相当于库平80斤，约95市斤。① 根据龙泽江、林芊等人的推算方法，这近一半案例，大约兼并了304.08亩田产，可产谷1824.5挑，约173327.5市斤。如果另一半案例与这一半相当，那么这15个地主兼并的田产，可产谷346655市斤，如果按每个家庭4人、每人每天0.8斤粮食为标准，这个数字可供近300个家庭一年的粮食消耗。不过，这15个案例涉及了11个村寨，前后时间间隔了160多年，从这个意义上来说虽然存在兼并，但兼并规模并不算激烈，按林芊的话说"无大土地集中"②。况且，他们在购进田产的同时，也在断卖

---

① 龙泽江等：《清水江文书所见清代贵州苗侗地区的田粮计量单位考》，《农业考古》2012年第4期。
② 林芊教授阐释了近代天柱凸洞地区的土地及地权问题后，得出如斯结论。天柱与锦屏等林区不太一样，天柱文书中土地契约占据的比重远比锦屏等地高，证明天柱的农业比重比林业高，在这样的前提下，天柱凸洞尚"虽有兼并，但无大土地集中"，林区其他地方的情况当不言自明。见林芊《近代天柱凸洞侗族地区的土地买卖和地权分配——清水江文书（天柱卷）研究之一》，《贵州大学学报》（社会科学版）2013年第2期。

第四章 "林农兼作"下的山主、田主与林农

田产。如嘉庆二十年（1815）5月，邓大朝将20多年前从天柱、黎平两县买进的冉翁田大小7垙出卖给文斗寨姜映辉。① 嘉庆二十四年（1819）10月，姜世荣便将先年得买皆要之田出卖②；道光十四年（1834）6月，姜开明将先年得买姜翻绞之田出卖③；道光三十年（1850）7月，姜开让出卖先年得买开聪弟兄之田。④

三 田土租佃

相对于山场租佃，田土租佃数量极少，只发现了9例，这与黔东南地区山、田比例有很大关系。具体租佃情况见表4-7。

水田、旱田租佃极少，主要分布在清嘉、道、光三朝及民国时期，咸同两朝依然没有找到案例，当与咸同"苗乱"有关。通过上表还可知，付息方式分为两种：一是，定额租，这种案例占据了一大半。表中出佃的田土只有一例写明了产量，即"约谷17石"，按表4-6的折算方法，相当于1615市斤。但这个案例中，每年须上交租谷22称半，按每称60斤折算，每年租谷大约1350斤。抛开天灾不说，即使风调雨顺，每年租谷上交率也高达83.6%；一是分成租，嘉庆年间为50%，光绪年间一宗案例中是10%，当是特例。但租佃田土始终面临天灾风险，而且租谷数量太高，相比之下，佃种山场不但套种作物收益全归林农所有，还可以获得林木份额。这应是清代民国时期黔东南林区山场租佃契约特别多，而田土租佃契约极少的原因之一。

表中涉及的村寨包括苗馁寨、南恕（路）寨、文斗寨、加池寨和瑶光寨。有几点值得注意：上面9例中，加池寨姜佐章参与2例租佃契约，他也是表4-1中山场主要购买者，他能将田产佃与其他

---

① 陈金全等：《贵州文斗寨苗族契约法律文书汇编——姜元泽家藏契约文书》，第56页、第143页。
② 张应强、王宗勋：《清水江文书》第1辑第8册，第36页。
③ 张应强、王宗勋：《清水江文书》第1辑第10册，第154页。
④ 张应强、王宗勋：《清水江文书》第1辑第7册，第54页。

✳ 清代民国时期黔东南"林农兼作"研究

表4-7 清水江流域水旱田租佃情况

序号	时间	承佃人	田土名	出佃人	利息	册数	页码
1	嘉庆三年9月28日	龙老王（苗俊寨）	乌拉培大田1坵并小田，乌造田1坵	姜佐章（加池寨）	秋收二股平分	7	21
2	嘉庆七年3月9日	龙祥云	乌拉培田大小8坵	姜佐章	收割之日二股平分	7	23
3	道光八年11月28日	姜世谟等三人（加池寨）	格米大田2坵，约谷17石	姚玉坤	每年秋收租谷22称半（每称60斤）	3	336
4	光绪十一年3月9日	姜作千弟兄	邦落冉田2坵	姑母	每年租谷500斤	9	283
5	光绪二十六年1月23日	姜三林（加池）	先年得买朴晨之田大小1连2坵	姜国相（文斗）	秋银主上股分花，见十除一	11	20
6	民国八年2月16日	姜纯美（木寨）	先年出典与姜元贞之田名冉佑三间1坵	姜元贞	秋收银主上股分花	5	91
7	民国九年12月5日	姜作畜（木寨）	冉蜡之田	姜元贞	每年上租谷300斤	5	96
8	民国十年4月6日	姜纯义（加池）	里丹大小7坵，污榜大小8坵	马世远（南怒）	每年租谷1400斤送至溪口	9	327
9	民国十七年闰2月5日	元秀 元贞 元瀚 元灿（儿）	膳田（母亲生养死葬之费）	母亲	元秀400斤，元贞元瀚各300斤，元灿900斤	6	337

数据来源：《清水江文书》（第1辑）。

· 170 ·

第四章 "林农兼作"下的山主、田主与林农

村寨，证明他在兼并山场的同时，也兼并了不少田产，表 4-5、表 4-6 能够证实这一点；另外便是姚玉坤，他是享誉整个乌下江的山客"姚百万"[1]，因经营木材致富后，广置山林田地，"自瑶光开始，溯乌下江而上四五十里，两岸（瑶光、韶霭、塘东等寨）的田土山林莫不为其所有"[2]，因此有田出佃给加池寨民；田主姜元贞，虽然在表 4-1 中没有列举他，但他在山场、山林和栽手买卖中也非常活跃，肯定兼并不少山场，因此有实力兼并田产，表 4-5 证实了这一点，另外表中姜纯美佃种的其实是典当与姜元贞的田土；南怒（南路）马世远，这份契约是"招"字，与山场租佃一样，以马世远的口吻写的契约，估计是承佃人姜纯美保留下的契约，姜纯美本是加池寨人，他能从外寨南路马世远处佃得土地，且规模巨大，每年光租谷就达 1400 斤，马世远的实力当不容小觑。

因此，表 4-7 中数据虽然很少，但除田主为姑母、母亲两个案例之外，其他田主都有一定实力。对广大百姓来说，他们能做的，便是保全生活，通过"林农兼作"，经营好山地、田产。作为"林农兼作"主要方式之一，田土资源不像山场那么广阔，因此在田产交易特别是田产断卖上，他们相对比较谨慎，不到万不得已，不会放弃田产；但山场情况不太一样，无论山场如何兼并，至少可以轻易佃种，除林间套种可以带来农作物收益外，还可以获得木材的收益。也正因为此，虽然存在一些如"姚百万"一样实力雄厚的地主、山客在兼并田产，但基于林区田土本来就少和百姓谨慎两方面因素，林区田产"无大土地集中"[3]，这也是林区田产租佃契约极少的原因。上文提到的姚百万，因广置田土，终在道光年间被当地苗侗民众"联合起诉"[4]，家族因此衰落。

---

[1] 杨彦增：《清代黔东南苗侗族民众的联合起诉策略探析》，《兰台世界》2015 年第 7 期。
[2] 贵州省编辑组：《侗族社会历史调查》，第 30 页。
[3] 林芊：《近代天柱凸洞侗族地区的土地买卖和地权分配——清水江文书（天柱卷）研究之一》，《贵州大学学报》（社会科学版）2013 年第 2 期。
[4] 杨彦增：《清代黔东南苗族侗民众的联合起诉策略探析》，《兰台世界》2015 年 7 月下旬。

※ 清代民国时期黔东南"林农兼作"研究

第三节 林农与山林抚育

一 "来人"与世居林农

(一)"来人"及"来人"地位

如前文所述,木材贸易的繁荣吸引了大批移民进入林区,对于黔东南林区外来移民问题,岸本美绪、王宗勋、吴大华、梁聪及朱晴晴等中外学者皆撰有专文,探讨外来人口的地位与经济生活。这些移民进入林区后,分布在各种行业中,被当地人统一称为"来人"①,"来人"是相对于本地人而言,当是他称。如小江地区,据朱晴晴考证,"来人"又称为"客家",是指清代民国时期从临江、湖南等地迁入的移民;小江龙氏被称为"坐家",与"来人"遥相响应。这种概念区分,既体现"人们对先来后到人群权力的划分",也体现"区域社会中的人们对群体进行的身份划分,是一种自发的人群分类"②。当然,作为一种自发的人群分类,"来人"这个词应该只存于苗侗生活中,在各种交易文书,却很少见到这种字眼,这是否能够隐约地体现一种苗汉"一视同仁"的民族意识?黔东南林区"来人"的地位究竟如何?

较早关注黔东南林区移民地位的当属岸本美绪,她看到了"来人"在林区购置山场,以及与本地姜姓联姻的现象,并认为"从贵州的林契文书中难以判断出山主与林农之间是否存在经济和社会上的差距"③,但她针对林农佃山场时的"以物(货币)作抵"现象

---

① 王宗勋:《从锦屏契约文书看清代清水江中下游地区的族群关系》,《原生态民族文化学刊》2009年第1期。
② 朱晴晴:《"江西街":清水江下游一个移民村落的形成》,《原生态民族文化学刊》2011年第2期。
③ [日]岸本美绪:《贵州の山林契约文书と徽州の山林契约文书》,载[澳]唐立、杨有赓、[日]武内房司编《贵州苗族林业契约文书汇编(1736—1950)》第三卷,第599—624页。

第四章 "林农兼作"下的山主、田主与林农

时,却认为"这一规定大多针对外乡林农"①,无意之间透露出"移民"与世居在佃山立约上的不公平性。梁聪将这一观点明确化,他认为"这种履约担保条款似乎只是针对外寨佃农尤其是汉族移民而言,而对于熟人社会内部发生的租佃关系,例如山主和佃户来自于同一个村寨时,并不会有此种要求"②。吴大华继续了这一观点,他认为这么做的目的是为了避免栽手只顾事农而荒芜"栽杉",同时也为更加方便追究栽手"不成林"时应承担的责任。③ 他们所指的外来佃户不一定仅指外来移民,也指其他村寨的林农,特别是文斗寨民,在他们眼中"中仰""加池"等寨都是为文斗种山守山的。④ 此外,吴大华还论及外来移民只能在所佃山场搭棚,不能居住于村寨⑤,以及外地栽手占有栽股份额上,也比世居林农地位低诸问题⑥,虽然没有明确外来林农地位比世居林农低,但这些方面的差异已经体现了"来人"与世居的差异,至少可以明确一点,"来人"在这几方面受到了不公正对待。对于"来人"地位,王宗勋明确提出,他们"地位低下",主要体现在:住居上,不能居于苗侗村寨,只能住在山林临时"窝棚"中,故被称为"蓬户";土栽分成比例上,与世居悬殊太大,世居一般对半,差者也是土3栽2,但"来人"土3栽2是常态,甚至林木全归地主,"来人"只有套种作物;"来人"出卖栽手必须先问山主,山主不买方可卖与他人;"来人"佃山时以物(货币)作抵及其他附加条件(不能随意放火、收租及不停留面生歹人等);"来人"农忙时须到山主家"帮忙"等。"来

---

① [日]岸本美绪:《贵州の山林契约文书と徽州の山林契约文书》,载[澳]唐立、杨有赓、[日]武内房司编《贵州苗族林业契约文书汇编(1736—1950)》第三卷,第599—624页。
② 梁聪:《清代清水江下游村寨社会的契约规范与秩序——以锦屏苗寨契约文书为中心的研究》,博士学位论文,西南政法大学,2007年,第36页。
③ 吴大华:《清水江文书研究丛书》(第2卷)《林业经营文书》,第12页。
④ 吴大华:《清水江文书研究丛书》(第2卷)《林业经营文书》,第25页。
⑤ 吴大华:《清水江文书研究丛书》(第2卷)《林业经营文书》,第24页。
⑥ 吴大华:《清水江文书研究丛书》(第2卷)《林业经营文书》,第32页。

※ 清代民国时期黔东南"林农兼作"研究

人"为改变地位低下的现状,甚至通过联姻和易姓的方式。①

通过大规模研讨文书,发现清代民国时期黔东南林区"来人"地位并不低,已有关于"来人"地位低下的论述似乎都可以找到商榷的实证材料,具体如下:

首先,佃约中的"以物(货币)作抵"及其他附加条件问题。

至于"以物作抵",这是上述学者们提得最多的问题,他们几乎都使用了一条共同的证据。即嘉庆十九年(1814)7月,湖广岑杨(黔阳)县蒋玉山、蒋景春弟兄佃种文斗落鸠坏山场,并以先年佃种姜光前污救略山场之栽手作抵,五年如若不成林,作抵栽手任从山主管业。② 这并不是一种孤立的现象,"来人"佃山时确实存在这种情况。嘉庆十八年(1813)8月,蒋玉山佃栽文斗山场,并与山主约定:"限至五年一概栽齐,不得荒废。若有荒废,自愿将到先年租栽姜廷理等番列之山栽手之分作抵,任从管业。"③ 如若五年未成林,蒋玉山将失去番列山场的栽手份额。咸丰十一年(1861),移居堂东的天柱人吴世宽父子④,佃种加池寨姜大荣、姜沛清等人山场一块。以鸣叶田1坵作抵,种粟栽杉,"限于五年之内成林,若不成者栽手全无系分,任凭山主上抵田耕种管业"⑤。如到期不成林,吴氏父子得赔上耕田一坵,代价惨重。不但"来人"佃山有以物作抵的案例,周边村寨寨民佃山也面临这种问题。道光十九年(1839)7月,岩湾寨范锡贵佃种文斗寨姜绍熊弟兄山场时,"自愿将耕牛作当,如有不成林者,锡贵自愿将耕牛补赔,栽手杉木毫无系分"⑥。然而,这不能作为"来人"地位低的表现,因为契约中也存在本寨

---

① 王宗勋:《从锦屏契约文书看清水江中下游地区的族群关系》,《原生态民族文化学刊》2009年第1期。
② [澳]唐立、杨有赓、[日]武内房司:《贵州苗族林业契约文书汇编(1736—1950)》第二卷,C0023。
③ 张应强、王宗勋:《清水江文书》第1辑第12册,第57页。
④ 相对于锦屏县堂东(塘东寨)、加池寨来说,由天柱县移入亦属外来人。
⑤ 张应强、王宗勋:《清水江文书》第1辑第5册,第36页。
⑥ 吴大华:《清水江文书研究丛书》(第2卷)《林业经营文书》,第13页。

第四章 "林农兼作"下的山主、田主与林农

人佃山时添加类似条件的案例。如嘉庆八年(1803)闰2月,加池寨陆廷佐等人佃种党鸠山场,言定2年成林,并各自以水田一坵作抵。① 且不说陆廷佐等人并非"来人",即使如此,他们不但要以水田作抵,而且成林年限的规定是清代民国成林年限最短的案例。② 嘉庆十七年(1812)9月文斗姜映林佃种姜廷魁等人与自己的污戒溪共山,便以党假令杉木1块作抵,如五年不成林,此木任从众人管理③;再如嘉庆十九年(1814)7月,姜腾禄佃种自己与姜之正、姜宗泗的穷堆共山,甚至以七桶山田二坵作抵,如五年未成林,任从姜之正、姜宗泗下田耕种。④ 上面两则案例中,姜映林与姜腾禄不但不是"来人",而且佃种的还是自己有份额的共山,依然要以物作抵,所以"来人"佃山的附加条件不能证明"来人"地位低,只能表示山主想方设法确保山林成林。⑤

至于其他附加条件,乾嘉时期确存在收租及瓜分套种作物收益的现象。乾隆五十六年(1791)12月,会同县唐玉周、李明忠佃种文斗寨姜映翔等人山场立约,明确约定:"合同未分,每年租烟4斤。"⑥ 通过"合同未分"可知,在杉木成林前,栽手每年须向地主上交4斤租烟。道光二十六年(1846)8月初1日,元洲府(今怀化芷江县)姚发贵父子四人佃种加池寨姜开让、岩湾寨范绍明等人之共山,订立佃契时亦附加了系列更为严苛的条件,除"各安本分不得客上招客"外,还规定"杂木油树竹子一切等荞俱作两股平分"⑦。禁止"客上招客"避免"抛误山场"以维护山主利益的做法

---

① 张应强、王宗勋:《清水江文书》第1辑第1册,第117页。
② 见表3-1。
③ [澳]唐立、杨有赓、[日]武内房司:《贵州苗族林业契约文书汇编(1736—1950)》第二卷,C0017。
④ [澳]唐立、杨有赓、[日]武内房司:《贵州苗族林业契约文书汇编(1736—1950)》第二卷,C0022。
⑤ 前文已论,虽然契约明确了成林时间,但到期不成林时有发生,山主为确保成林,想到了以物作抵的办法。这种方法不局限于"来人",也针对世居林农。
⑥ 张应强、王宗勋:《清水江文书》第1辑第12册,第33页。
⑦ 张应强、王宗勋:《清水江文书》第1辑第4册,第63页。

清代民国时期黔东南"林农兼作"研究

可以理解,但契中除杉木以外的一切均须两股平分,确实格外苛刻。不过这种做法毕竟是特例,而且不仅仅针对"来人",对于世居林农也如此。乾隆三十五年(1770)有两份出卖杉木契、乾隆五十三(1788)年有一份断卖杉木契、嘉庆六年(1801)有一份卖山契、嘉庆十六年(1811)有一份卖木契中写道:"其木并无地租。"① 既然无地租的现象要特别写进契约中,那么乾嘉时期佃山时收取地租等现象应该确实存在,但上述四份契约中,除一份卖主是岩湾、买主是加池寨外,其他买卖双方均是加池寨人,甚至有同一房族的案例。如果收租等附加条件等只针对"来人",那么在本寨甚至本房的交易中,完全没必要特别注明这些条款,因此这些条款依然针对所有林农而非仅仅局限于"来人"。至于王宗勋提到的"不随意用火,不停留面生歹人"等附加事项,也不仅仅只针对"来人",这是基于林区防火、防盗考虑,前文已述,此不再赘述。

其次,关于"蓬户"问题。

"来人"确实有居住山林简易棚屋的情况,乾隆四十九年(1784)3月的一份卖山约,便记载了出卖山场时,顺带将"草木屋卖,寸土不留"②。由此可证明,他们居住的是临时性棚屋。乾隆五十一年(1786)7月,天柱县杨文元等人及鸠还寨林天益,佃种文斗姜佐周鸠怀山场的目的便是"住坐开山种粟等"③,很明显他们佃山后常住在山林进行开发。前引嘉庆十七年(1812)佃契(契4-5)中有"不许荒芜另招异姓。如有此情,即迁出境"的字样,即如果栽手荒芜山场,或者"客上招客"便会被山主驱逐处境,"境"肯定指山场。嘉庆十八年(1813)8月,蒋玉山佃种文斗寨姜国柱等人山场立约,契约末尾的外批中写道:"不许在山内起唑屋。"④ 很明

---

① 张应强、王宗勋:《清水江文书》第1辑第12册,第16、17、31、39页;陈金全等:《贵州文斗寨苗族契约法律文书汇编——姜元泽家藏契约文书》,第117页。
② 张应强、王宗勋:《清水江文书》第1辑第4册,第2页。
③ 陈金全等:《贵州文斗寨苗族契约法律文书汇编——姜元泽家藏契约文书》,第40页。
④ 张应强、王宗勋:《清水江文书》第1辑第12册,第57页。

第四章 "林农兼作"下的山主、田主与林农

显,山内起屋已成为当时的普遍现象,此处山主禁止,估计是考虑了林区防火等因素。道光十五年(1835)5月28日,湖南舒长伍订立了一份限约①,他们先前"搭棚在加池塘木植、生意",搭建了临时住处在加池寨积杉、生意,因"无招主",即没有佃到山场,而必须搬迁。在中人调解下,立限于六月内搬迁别处。由此可知,外来人搭建棚屋居住,仅限于租佃有山场的情况下,若长时间没有佃种山场,必须搬离。

然而,"来人"与世居林农不一样,他们移民入林区佃山后,肯定需要地方落脚。但他们没有房屋、没有土地,山场肯定为首选。山场搭棚为临时居所还有两方面因素:一是《番界苗疆禁例》有明文规定:"贵州汉苗杂处地方,贸易农客民只准居住民村,不得假宿苗寨,其地方官勾摄公事,责令苗弁传唤,毋许差役滋扰,违者严禁究办。"② 二是据笔者实地调研,林区莽莽林海,山林中苗侗同胞至今都存在零星分布在林间的情况③,而且他们居于山场,更便于林间套种及林区防火、防盗,这与清代徽州、福建林区棚民有本质的区别。黔东南林区林农临时居所,不能作为"来人"地位低下的证据。

再次,关于主佃分成比例。

没有任何证据可以说明"来人"与世居林农存在巨大的差异和悬殊,甚至有土栽均分的例子。如嘉庆十四年(1809)正月,黔阳县(今怀化洪江市)蒋胜才先年佃种文斗寨姜光全等八牛山,因成林而分成,土栽便各占1股。④ 至于土栽分成,后文将详细论述。在文书中,亦没有找到一份关于农忙时节,"来人"义务到主家"帮忙"的文书,王宗勋提出这个观点时亦无实证资料。

综上所述,已有成果对"来人"地位,或说"来人"与世居林

---

① 张应强、王宗勋:《清水江文书》第1辑第10册,第155页。
② (清)禧恩等:《钦定户部则例》卷4,道光十一年校刊本,第17—22页。
③ 乡镇市集除外。
④ 陈金全等:《贵州文斗寨苗族契约法律文书汇编——姜元泽家藏契约文书》,第101页。

※ 清代民国时期黔东南"林农兼作"研究

农差异的论述过于夸大,从现有材料分析,"来人"与世居林农不存那么大的差异,他们与世居林农一样,背负着山主让林木尽快成材代卖获利的期望。他们移入黔东南林区,不但没有受到歧视,相反在各行业发挥着自己的力量,逐步融入苗侗社会。如孙松友本是天柱人,经常在锦屏经营山林,嘉庆二十五年(1820)10月,孙松友将栽手出卖给主家姜士荣,亲笔立契时一改往日做法,自称为"本寨"孙松友。① 这种社会的融入,主要表现以下四方面:

第一,移民进入林区后,在各行业发挥着自己的力量,既获得了利益,也服务于"坐家",为他们提供方便。如早期移民到小江的江西七大姓,进入小江后依然贸易活跃:屠户出身的江家从事了银饰加工和制作,张家曾家主营木材,熊王二家经营榨油作坊、熊家还兼营布匹生意,戴家靠嘴吃饭,肖家情况不明。②

第二,侗族同姓不婚,移民进入后极易成为其通婚、择偶的绝佳选择。甚至有人认为:"同姓不婚的这一原则客观上加速了移民的入住。"③ 从这个角度来看,王宗勋所说的通婚并非"来人"改变地位低下现状的无奈之举,相反这是地位平等,融入区域社会的一种表现。在错综复杂的婚姻关系中,"来人"视自己为"坐家"的房族也在情理之中,如乾隆五十五年(1790)4月,姜老礼出卖杉山与房族姜昌连、王学圣、姜昌盛"④,姜昌连、姜昌盛与姜老礼同为姜姓,为房族关系肯定没有问题,将王学圣亦称为房族,当与姻亲关系有联系。

第三,"来人"进入林区后,还在山林交易中充当"中人""代笔"角色。乾隆三十年(1765)7月,龙老相出卖杉木与加池姜佐

---

① 张应强、王宗勋:《清水江文书》第1辑第9册,第212页。
② 朱晴晴:《"江西街":清水江下游一个移民村落的形成》,《原生态民族文化学刊》2011年第2期。
③ 朱晴晴:《股份制的移民共同体——清代清水江下游的移民会馆与区域社会》,《原生态民族文化学刊》2010年第4期。
④ [澳]唐立、杨有赓、[日]武内房司:《贵州苗族林业契约文书汇编(1736—1950)》第一卷,A0042。

第四章 "林农兼作"下的山主、田主与林农

章,代笔人便是"江右曾洪顺"①。

第四,"来人"进入林区,通过努力积累起一定的财富后,开始购置田土等产业。光绪十二年(1886)9月,姜大连父子便将购入的栽手转卖于南岳宫会(湖南会馆)。② 同年10月,平鳌寨姜五丰将佃种南岳宫属倍松山场的2股栽手股份出卖与南岳宫,由南岳宫会首梅永清等人负责办理。③ 由此可知,"来人"组织不但收购栽手等林木股份,而且还获得了土地,即科大卫所说的入住权。④ 而小江"江西街"⑤的形成与繁荣便是"来人"融入区域社会成功经验的最好诠释。

(二)世居林农

与"来人"相对应,为黔东南"林农兼作"贡献的还有世居林农。与"来人"不一致的是,他们可能拥有一定的田产,经营山场时,还经营着水稻等农作物,进行着完整意义的"林农兼作"。前文论述杉木砍伐技术时已提及,杉木砍伐有时还选择"栽秧之后打谷之前",错开农事成为这个时间选择的重要原因之一,这也是稻作作为兼作主要方式之一的例证。他们也曾拥有一些山场,栽种林木的同时套种农作物。但如前所述,随着继承、买卖等田土权力的动作,林区田土终被地主兼并。如"嘉庆文斗姜济歧,原本中上人家,颇有山林。一次木材买卖遇到洪水,血本无归。为偿还外债,将山林等产业出卖。到其儿子时,只得给人佃种山场了"⑥。苗侗民族家族的兴衰沉浮,皆表现在他们因各种缘故被迫出卖、放弃后,最终沦

---

① 张应强、王宗勋:《清水江文书》第1辑第7册,第132页。
② [澳]唐立、杨有赓、[日]武内房司:《贵州苗族林业契约文书汇编(1736—1950)》第二卷,东京外国语大学国立亚非语言文化研究所2002年版,B0201。
③ [澳]唐立、杨有赓、[日]武内房司:《贵州苗族林业契约文书汇编(1736—1950)》第二卷,B0227。
④ 科大卫:《告别华南研究》,载华南研究会《学步与超越:华南研究会论文集》,香港文化创造出版社2004年版,第9—30页。
⑤ 朱晴晴:《"江西街":清水江下游一个移民村落的形成》,《原生态民族文化学刊》2011年第2期。
⑥ 王宗勋:《从锦屏契约文书看清水江中下游地区的族群关系》,《原生态民族文化学刊》2009年第1期。

* 清代民国时期黔东南"林农兼作"研究

为佃山耕作的林农。

二 林农与山林抚育

（一）郁闭前：劈山、育苗、栽种

山场招佃契约订立后，栽手获得山场开始林农套种，当然除套种农作物外，还得履约开始开发山场，从劈山、育苗到栽种，栽手全权负责，诚如嘉庆年间的一份佃山场契中所说："俱要栽手出力。"① 虽然佃山场时便已确定了土栽分成比例，但一般情况下，杉木成林后还会专门订立主佃分成合同，以此作为拥有林木股份的标志。如嘉庆二十四年（1819）4月，会同县张必龙弟兄3人佃种加池寨姜朝英等山场1块，言定五年成林②，经过努力，张必龙弟兄提前两年与山主订立了分成合同。③

但有时，栽手出于种种原因，常将佃来的山场转佃与其他人，出现"客上招客"的现象。嘉庆三年（1798）11月，芷江县芷溪人将污堵溪报格山场出佃与彭长清、万礼等人栽插。不过这片山场本是出佃者先年从平鳌寨姜廷华等四十家手中佃得，因"股数繁多，难以栽插"而佃与彭长清、万礼等人。④ 嘉庆十三年（1808）4月加池寨陆光云弟兄将党鸠山场佃与陆廷交父子修理，不过党鸠为先年陆光云弟兄父亲佃栽山场，陆光云弟兄出佃的原因是"父命不□亡故，难以修理"⑤。至此，此山的权属关系就很明显了，本是陆光云弟兄的父亲佃栽的，但其父亲去世，因此弟兄两人将栽手出佃给陆廷交父子，由其管理党鸠山场，最终光云弟兄获得栽手份额的3股、廷交父子获得栽手份额的2股。道光八年（1828）6月，加池寨姜

---

① 张应强、王宗勋：《清水江文书》第1辑第11册，第147页。
② 张应强、王宗勋：《清水江文书》第1辑第11册，第152页。
③ 张应强、王宗勋：《清水江文书》第1辑第11册，第155页。
④ ［澳］唐立、杨有赓、［日］武内房司：《贵州苗族林业契约文书汇编（1736—1950）》第二卷，C0008。
⑤ 张应强、王宗勋：《清水江文书》第1辑第3册，第163页。

第四章 "林农兼作"下的山主、田主与林农

朝英、姜世连、姜世爵、姜之连四人佃得山场一块，名从古基，土栽各占1股。[①] 但他们立即又招中仰寨陆光成栽杉种粟，栽手2股均分，姜姓4人共占1股、陆光成占1股。不过姜姓4人不用付出任何劳动。契文中原本写的是"佃"，但改成了"招"，前文已论，"招"字由山主写给栽手，将"客上招客"的社会现象表现得淋漓尽致。道光十四年（1824）年正月，姜啟辉等人将平鳌七桶山山场准与龙三星兄弟栽种。看似与普通山场佃契无异，但细看发现姜啟辉等人招客的原因是，七桐山本是啟辉等人先年得佃，但人多难于齐心。因此准与龙三星弟兄填补杉木，挖修八年后，再共同修理。[②] 二者在栽手分成上，各占1股。龙三星弟兄之所以愿意接受这个比例，应该与"挖修八年"有关，而且这八年只要求成林但无成林年限，也无不成林的后果，也就是他可以获得七桐山八年的林间套种机会，甚至可以专门事农。姜之琏佃种之豪、之琏共山，土栽分为5股，其中山主占3股、栽手占2股。因为此木"路远难来修理"，姜之琏于道光十六年（1836）10月付与宋万才修理，木植长大发卖后，宋万才可获得1股栽手。[③] 姜之琏虽然是山主，但作为栽手的他必须承担这片杉林的修理任务，最终他可以获得这片杉林5股中的3.5股份额，但他选择将管理任务交付与他人，因此须将杉林1股份额出让。也就是说，姜之琏只负责栽种这片共山，便获得了整片山林一半的股份。道光二十六年（1846）一份断卖栽手契约也可以证明当时存在"客上招客"的历史现象，见契4-13。

契4-13：

立断卖栽手杉木约人本寨姜之连、姜开善弟兄、兆祥弟兄、义礼弟兄，中仰陆光学、陆光廷弟兄等，为因要银使用，自愿

[①] 张应强、王宗勋：《清水江文书》第1辑第6册，第13页。
[②] ［澳］唐立、杨有赓、［日］武内房司：《贵州苗族林业契约文书汇编（1736—1950）》第二卷，C0046。
[③] 张应强、王宗勋：《清水江文书》第1辑第10册，第156页。

✱ 清代民国时期黔东南"林农兼作"研究

到先年朝英、之连、世连、世爵四人得佃之山地名从古基,其界限……之连四人又招中仰光学、陆光廷二人栽杉。言定二股均分,地主占一股、栽手占一股。(栽手一股) 又分为二股:之连四人占一股、陆光学陆光廷二人占一股。姜陆二姓今将栽手二股出卖……

  凭中:姜凤仪 姜开绪
  代笔:陆光廷
  道光二十六年闰五月二十五日 立断①

上契反映的是从古基山场,加池寨姜朝英、姜之连等4人获得佃种权后,另招中仰寨陆光学、陆学廷弟兄栽杉。姜姓在毫不花费劳动力的情况下,便获得了此山场杉木栽手股份的一半。"客上招客"的做法与宋代"二地主"有些类似,同时反映出佃种山场并非人人都能如愿,否则不会出现"客上招客"的现象。

山主为维护自身利益,确保山木成林,一般会将禁止栽手"客上招客"的规定写进契约。嘉庆十九年(1814) 7月,岩湾寨范宗尧弟兄承佃文斗寨姜映祥等人山场一块,在订立契约时便明文规定:"不许荒芜,亦不许客上招客,如有等情栽手毫无系分。"② 道光三年(1823),党欶人佃种加池姜之豪叔侄山场,也规定"不许另自客上招客,以致抛误山场"③。同治二年(1862) 7月,扰庆堡杨在清弟兄佃种平鳌山场,立契时亦约定:"不许客上招客。"④ 契中禁止客上招客,反映当时存在客上招客的现象。

(二) 蓄禁后:薅修、管理

蓄禁后的杉林,还有后续薅修工作,这种工作一般由栽手独自

---

① 张应强、王宗勋:《清水江文书》第1辑第5册,第25页。
② 张应强、王宗勋:《清水江文书》第1辑第12册,第61页。
③ 张应强、王宗勋:《清水江文书》第1辑第4册,第309页。
④ [澳]唐立、杨有赓、[日]武内房司:《贵州苗族林业契约文书汇编(1736—1950)》第二卷,C0066。

第四章 "林农兼作"下的山主、田主与林农

承担。① 嘉庆二十年（1815）2月岩湾寨的一份土栽分成单末尾写道："此木俱要栽手日后逐年修理，不得荒芜。如有荒芜不修理者，栽手并无毫分。"② 道光二年（1822）7月，锦屏县的一份土栽分成单也有相似的描述："（合同订立后）栽手修理，不可荒山废业，如有……栽手并无股份。"③ 这类话语在林木成林后主佃分成合同中很常见，以契约的方式将成林后的后续薅修工作归责于栽手。栽手转让，这种责任亦随之转移到新的买主，不过也有少数例外，嘉庆二十三年（1818）2月，天柱县杨昭贵将栽手出卖与姜廷德，议定："卖主修理4年"④，言下之意四年后薅修工作仍归于新的买主姜廷德。虽然有契约规定，但是山主依然担心栽手只负责自己份额的林木管理，而忽略山主的份额，因此光绪初年，又有了这样的规定："日后长大成林，栽手逐年修理。恐其不成，地主收其成林之处，栽手收其荒芜之处。"⑤ 山主担心栽手只修理栽手份额内的杉木，而不管其他杉木，于是规定如果栽手不好好修理整片杉山，最后成材部分归于地主，而荒废的由栽手承担。虽然说蓄禁后的薅修工作，一般由栽手负责，但也有例外，见契4-14：

契4-14：

立讨字人下化村杨通益，因家下贫穷，生活难逃，自己上门问到勒洞地罗渊福、罗渊伴兄弟二人，地名当麦坡背夏，开山维生。在此山砍柴，卖栽杉木。所栽杉木，保证薅修三年。杉苗栽主自买，三年以后双方同薅修管理，杉木二股均分，双方不得异言。恐口无凭，立有讨字为据。

讨字人：杨通益

---

① 张应强、王宗勋：《清水江文书》第1辑第12册，第50页。
② 张应强、王宗勋：《清水江文书》第1辑第1册，第326页。
③ 张应强、王宗勋：《清水江文书》第1辑第10册，第111页。
④ 张应强、王宗勋：《清水江文书》第1辑第3册，第327页。
⑤ 张应强、王宗勋：《清水江文书》第1辑第12册，第126页。

✳ 清代民国时期黔东南"林农兼作"研究

执笔：杨政魁

民国二十九年正月初十日 立①

通过这份契约可知，这片麦坡背夏山场由栽手负责开山购苗并修理三年，三年林木郁闭后，则由双方共同负责，而非栽手独自承担。

不过杉木成林后的薅修工作应该不会太多，这可从契约中找到蛛丝马迹。嘉庆十八年（1813）11月，文斗姜怀德、姜朝相出卖刚晚山场股份与姜伟而立契。在契约的末尾附有批注："刚晚之山，姜朝相弟兄先卖与姜伟，后重卖与岩湾范献琳。献琳重卖与姜重英。于道光十四年（1824）9月内卖与陈老五砍伐。二比争论，蒙中勘解，依契断此股山地与姜济太管业。"② 一方面，如果后续薅修的工作量很大，这片山林的二位买家即姜伟与姜重英，不可能在薅修的过程中意识不到卖重事情，而非要等到杉木砍伐时方惊觉；另一方面，这片杉林具有争议，通过中人调解断与姜济太，虽不知姜济太的确切身分，按照交易先后顺序，估计他是姜伟的后人，但如果后续薅修工作量很大，契约中应该还会有对姜重英或后人薅修数年的弥补措施，但事实对此没有只言片语，也就是说成林后的杉林管理工作量并不大甚至可忽略不计。光绪二十年（1894）12月的一份卖山契③证实了这一观点，这份卖契的批注中提到，此山系姜发觉卖与姜海闻，但此山亦非姜发觉的私山，而是先年买自姜之荣。但砍伐时姜海闻才知道，姜之荣并没有股份，此时姜海闻肯定没有资格分占卖木利润，最终只让卖主姜发觉的儿子"还其原价"。且不说杉木出卖与老木砍伐之间的时价，姜海闻自买之后须要接手姜发觉对此

---

① 该文书藏于天柱县档案局，文书编号：GT-006-178。
② ［澳］唐立、杨有赓、［日］武内房司：《贵州苗族林业契约文书汇编（1736—1950）》第一卷，A0098。
③ ［澳］唐立、杨有赓、［日］武内房司：《贵州苗族林业契约文书汇编（1736—1950）》第一卷，A0257。

第四章 "林农兼作"下的山主、田主与林农 ✽

山场杉木的蓄禁和薅修任务,但是姜海闻最终只向姜发觉父子索要了买木时的"原价"。对郁闭后的工作,吴中伦总结为两方面:杉木树龄第 5 年至第 17 年间,每 3 年除草 1 次;每 5 年 1 次疏伐打枝。[①]相对于郁闭前,郁闭蓄禁后工作量确实不算大。

---

① 吴中伦:《中国之杉木》,载中国林业科学研究院《吴中伦文集》编委会《吴中伦文集》,中国科学技术出版社 1988 年版,第 166 页。

第五章 "林农兼作"下的利益分配

第一节 山权林权断卖

在清水江文书中，山权、林权断卖文书占大多数，关于山权、林权买卖类型，已有学者进行过分类。较早发现这些文书并进行分类的是杨有赓，他将这些山林卖契分成三类，即卖山、卖林、山林俱卖①，分类比较合理，《侗族社会历史调查》收录他收集的林契时，也沿用了这一分类办法。② 唯一不足的是在林木断卖类型中，他遗漏了"栽手"断卖，而且只是简单地进行了契约分类，对个中利益分配涉及较少。另外，罗洪洋将林契分成卖木又卖地、卖木不卖地、卖栽手三类，并按照这种分类就文书内容逐一进行了论述。③ 不过罗洪洋没有将山场断卖纳入，可能他觉得山场应归于田土，而非林契。下面在前人研究基础之上，对山场、林木、山木断卖再次展开讨论。

---

① 杨有赓：《清代清水江下游苗族林契研究》，《苗学研究会成立大会暨第一届学术讨论会论文集》，1989年7月。
② 贵州省编辑组：《侗族社会历史调查》，第11—16页。
③ 罗洪洋：《清代黔东南锦屏苗族林业契约之卖契研究》，《民族研究》2007年第4期。

第五章 "林农兼作"下的利益分配

一 山场断卖

在笔者所能见到的清水江文书中,山场断卖契约的数量比林木交易数量要少得多,从乾隆元年(1736)3月至民国三十七年(1948)3月,历经200多年,总遗存200余份卖山契约。从立契及书写格式上看,虽历经200余年,但二者基本没有差异,皆以出卖者口吻书写契约,契中一般皆包含了山场出卖者、出卖原因、山场位置(含四至)、购买者、价格、卖后处理方式、中人代笔及立契时间等信息。

(一)山场卖契的不同称呼

通过断卖契可知,山场独自占有时断卖比较简单,如果涉及合伙或全股,卖主一般会标明自己出卖的份额。一般情况下,山场第一次转让时订立的契约称为"立断卖山场约",但如果再次断卖,一般称为"清白字"。道光十七年(1837)3月的一份转卖契便如此,加池寨姜世元等人将先年得买本寨姜朝俊之山场一块,出断与姜之豪、姜开让,称为"立清白字"。[①] 所谓"清白字",是因为山场几经转手,担心原主人和中间买主因转手而产生混乱不清,因此立此契约以明权利。

值得一提的是,断卖山场有时也叫断卖老根(耕)蔸(都、株),"耕"与"根"同音,"都""株"与"蔸"同音,表达的应是同一种意思。这种契约只有十多例,集中出现在嘉庆四年(1799)至道光元年(1821),要弄清这种契约确实是卖山场契约,还须联系前文。前文业已阐释,黔东南林区除实生苗技术外,还有萌芽更新技术,这种杉木契文中称为"发兜杉木"。嘉庆四年(1799)10月,姜因保出卖"杉木老根都1块",单看这几个文字,无法断定是卖木还是其他,但在卖后处理方式上,有这样的描述:

[①] 张应强、王宗勋:《清水江文书》第1辑第4册,第54页。

· 187 ·

✻ 清代民国时期黔东南"林农兼作"研究

"至砍伐之时老根俱在佐兴修栽管业"①。佐兴是买主,砍伐之后剩下的老根由佐兴修栽,再结合"萌芽更新"技术,此处"老根都"无疑是指山场。嘉庆八年(1803)的一份断卖老根株与杉木契约②,契末针对卖后的处理办法时曾写道:"二处老根株,任从承主佐兴子孙永远管业",如果"老根株"是杉木,顶多在杉木砍伐后地归原主,不存在由买主子孙永远管业,由此可断定"老根株"即为山场。而嘉庆十三年(1808)12月一份出卖"老根株"契约,更可明晰地断定"老根株"为"山场"。依然缘于文中对于断卖后的处理方法上即"其老根株自卖之后,任从买主下山栽杉木修理管业"③。欲下山栽杉木,"老根株"必定是山场。

不过卖山契有时还叫"立断扫土山场尽卖约"。如契5-1:

契5-1:

立断扫土山场尽卖约人加池寨姜还乔,为因缺少粮食,无处出。情愿将到祖遗分受之山地名冉构否山场一处,其右边一块之界限……其左边一块……四至分明。其土尽卖,自己请中上门问到中仰寨陆光大、陆光岳弟兄名下承买为业。当日凭中议定断价钱四千七百廿文,亲手领回应用。自卖之后任凭买主受业,卖主不得异言。倘若不清,俱在卖主理落,不关买主之事。恐后无凭,立卖字约为据。

此山分落姜还乔名下,明远、明川、明礼无分。

外批:左边一块任凭买主招人栽杉种粟,右边一块此一界之木乃是世太的,后木倾尽,二块之土归于陆姓永远管业。

凭中:加池姜世元、中仰潘大瓒

咸丰四年三月廿日 亲笔立④

---

① 张应强、王宗勋:《清水江文书》第1辑第5册,第325页。
② 张应强、王宗勋:《清水江文书》第1辑第4册,第130页。
③ 张应强、王宗勋:《清水江文书》第1辑第4册,第17页。
④ 张应强、王宗勋:《清水江文书》第1辑第5册,第29页。

第五章 "林农兼作"下的利益分配 ✳

所谓扫土山场，估计是卖主将此处山场完全断卖，诚如契中所写，卖主姜还乔在冉构否山场拥有两块山地，左边一块断卖后完全由买主负责，而右边一块因有栽手须等林木砍伐后土归买主。咸丰四年（1854）12月，加池寨姜沛云出卖皆容梭山场杉木"并扫土"股份，谈及断卖后处理方式上这么写道："山场并土自卖之后任凭买主修理蓄禁管业"①，将"扫土"即山场出卖的意义表露无遗。

（二）山场价格

至于山场价格，已无从考证，当与山场大小、位置及开山难易度相关。此处需要提及的是，相同山场相同股份，价格不一定一致。道光十一年（1831）12月，姜登智父子出卖冉牛山场与姜世荣，此山场分为6股，姜登智父子占1股出卖，凭中议定价银7钱5分。②五年后，姜开宗将此山场1股份额出卖与叔父姜世荣，价格却只有3钱。③且不说后者买卖双方是叔侄关系，单从价格上来讲，同样山场、相同份额，甚至同样的买主，价格却相差一半多。

二 林木断卖

黔东南林区林木断卖契约中，有明确数量且又有明确价格的很少，在这少数契约中，基本以合伙为主，既有栽股合伙、又有土股合伙。但也有极少自栽之木出卖的案例，嘉庆十七年（1812）6月，加池寨姜连周、姜廷香出卖杉木10耕（根）与姜之琏，议定价银5钱④，平均每根5分。道光四年（1824）5月，加池寨姜三绞出卖杉木3块，共木35株，价银6钱，平均每株1分7厘。⑤这是中幼林木的单价，但在栽股和土股中，林木出卖并非出卖全部份额，因此

---

① 张应强、王宗勋：《清水江文书》第1辑第5册，第402页。
② 张应强、王宗勋：《清水江文书》第1辑第9册，第235页。
③ 张应强、王宗勋：《清水江文书》第1辑第9册，第244页。
④ 张应强、王宗勋：《清水江文书》第1辑第10册，第74页。
⑤ 张应强、王宗勋：《清水江文书》第1辑第8册，第197页。

※ 清代民国时期黔东南"林农兼作"研究

林木栽股和土股价格肯定低于此。

（一）栽股断卖

栽股即栽手，由于杉木的生长周期长，林农佃山后不可能等候近20年林木成材砍伐后才实现收益。特别是无地林农，当林木三至五年成林郁闭后，套种随之结束，在没有任何经济来源或经济效益的情况下再等候十多年是不可能的事情。因此栽手们在林木成林，与山主订立分成合同后，便纷纷出卖林木的栽股，由此产生了近600份栽手断卖契约，这种做法与当今期货交易非常类似。

前文已经论述过，山主为连片经营，方便管理和蓄禁，在订立佃山契约时便明确了山主具有栽股优先购买权。不过在实际操作中，亦存在栽手卖给其他人的情况，因此栽手购买者既有山主、也有栽手。不过还有一种特别有趣的现象，即出卖栽手者既是地主又是栽手。加池寨姜之琏、姜世培等人先年栽种姜之琏、姜开明共山1团名从路卡，土栽分为2股，其中栽手占1股又分为2小股，道光十三年（1833）12月，姜之琏、姜世培将名下1小股栽手份额出卖与姜之琏，价银2钱。[①] 换句话说，姜之琏购买了他与姜世培共有的1小股栽手份额。

至于栽股价格，其实就是中幼林林木价格，而中幼林林木亦有大小之分，因此栽股价格无规律可循。乾隆三十二年（1767）12月，邓占春与人共栽杉800株，分为3股（土股1、栽股2），邓占春将所占1股栽股出卖与姜文让、姜富宇，价银2两6钱。[②] 据此可以推算，邓占春所占份额约有杉木267株，平均每株约9厘7。嘉庆八年（1803）3月，刘明秀出卖栽手（土栽分为2股，其中栽手占1股），共有杉木4200根，价银22两[③]，每根杉木的均价约为1分。

值得一提的是，如果栽手购买其他栽手的栽股，他的购买意图

---

① 张应强、王宗勋：《清水江文书》第1辑第10册，第151页。
② 张应强、王宗勋：《清水江文书》第1辑第12册，第11页。
③ 张应强、王宗勋：《清水江文书》第1辑第5册，第328页。

第五章 "林农兼作"下的利益分配

肯定不在于修理抚育林木至成材代卖分利,而在通过转手获取差价,特别是转手于"来人"。不过并非每笔交易都有利可图。道光二十六年(1846)2月底,江西府潘嘉恩购得加池寨龙桥保所栽杉木一块名翻姑顺,议定价银4两5钱。① 同年3月17日,潘嘉恩将此片栽手转让与加池寨姜开让,价银3两5钱。② 前后相隔仅半个月,但价格却相差1两。潘氏赔本断卖的具体原因不得而知,估计他急需用银。

(二) 土股断卖

土股断卖与栽股断卖都属于卖中幼林木,但二者的区别是,土股代表地主占有山场林木的份额③,土股出卖后,待林木伐卖后"土归原主",杨有赓将这种交易叫做"卖青山"。④ 如前文所述,山场所有权一般以"股"的形式加以确定,"股"在清水江文书中运用极为灵活。栽手中合伙人的份额也以股来表示,而山主对林木的占有,亦延续了"股"的使用,山主对林木的占有份额与他们对山场的占有份额是对等的,因此土股数与山场股数密切相关。和栽股一样,土股可以转让,随着土股的转移,在大股下会按照山主对山场和土股的投入进一步细化,进而出现小股。嘉庆四年(1799)8月,姜佐周、姜朝瑾、姜朝瑚三人购得姜岩乔、姜番乔山场杉木1股后,又分成3小股,三人各占1小股。⑤ 抛开卖主姜岩乔、姜番乔原有股的分层形式不说,单说这一股,被姜佐周等人购入后又被分成3小

---

① 张应强、王宗勋:《清水江文书》第1辑第6册,第173页。
② 张应强、王宗勋:《清水江文书》第1辑第5册,第24页。
③ 当然也存在不分股,即山主自己栽木后卖木的情况,如乾隆二十九年3月,文斗寨姜启三便将自栽木1块出卖,见陈金全等《贵州文斗寨苗族契约法律文书汇编——姜元泽家藏契约文书》,第009页。
④ 杨有赓:《清代清水江下游苗族林契研究》,《苗学研究会成立大会暨第一届学术讨论会论文集》,1989年7月。
⑤ [澳]唐立、杨有赓、[日]武内房司:《贵州苗族林业契约文书汇编(1736—1950)》第一卷,A0059。

✱ 清代民国时期黔东南"林农兼作"研究

股。而据岸本美绪考证,这种股数细分甚至还出现了"三层拆分形式"①,而大股、小股到更小股,会导致"转让的股份在整只股中占有的比重难以计算"②。特别在土股运转频繁的过程中,这种不断拆分的股,还会因"分发多人,历久易为濛(蒙)混"③。因此到林木成材伐卖时,众"山友"(即最终"股东")会厘清股权作为分银的凭据,以免发生错乱。道光十八年(1838)9月,文斗寨乌或溪老虎洞山场将卖木,但由于"股数难清",因此众山友"各寻契约,并带原卖主面对"重新订立新合同。④民国十六年(1927)2月,姜元贞叔侄将冉皆什山场(土主分为30股,本名占1股)出卖与姜元瀚。十三年后,"将此山之木砍伐,双方对契。于先年志贞将此山出卖,因股数前后浮买浮卖。双方以契,将此山之土分为90股,梦熊买占1股,其有90股之2股之土归元瀚管业"⑤。通过这段批文可知,此山土股在13年间,因浮买浮卖土股从30股分成了90股,足见交易频率之高。林木伐卖后重新厘定土股的做法,直到民国都一直沿用,见契5-2。

契5-2:

立分清单合同字人,姜元瀚、姜继美、姜继元、姜盛荣、姜锡禄叔侄等有共山一块,地名污在丹四方山。其山界限上凭三公共山以土坎、下凭溪、左上凭元瀚之山左下节凭三公共山均以栽者、右凭冲为界,四抵分明。今卖杉木与雄黄罗秀章砍伐作贸,凭中议定价市洋二十五亿八千万正。管立清单合同,将股权叙明拉清,日后照此合同分派。特立合同五张,永远存照为据。

---

① [日]岸本美绪:《贵州の山林契约文书と徽州の山林契约文书》,载[澳]唐立、杨有赓、[日]武内房司:《贵州苗族林业契约文书汇编(1736—1950)》第三卷,第599—624页。
② [日]岸本美绪:《贵州の山林契约文书と徽州の山林契约文书》,载[澳]唐立、杨有赓、[日]武内房司编《贵州苗族林业契约文书汇编(1736—1950)》第三卷,第599—624页。
③ 张应强、王宗勋:《清水江文书》第1辑第4册,第61页。
④ 张应强、王宗勋:《清水江文书》第1辑第12册,第295页。
⑤ 张应强、王宗勋:《清水江文书》第1辑第4册,第467页。

第五章 "林农兼作"下的利益分配

此山地主分为四大股：

姜元瀚、继元叔侄等共占二大股，又分为四小股：姜元瀚名下占一小股、姜坤荣名下占一小股、姜继元名下占一小股、姜坤仓名下占一小股。

姜盛荣弟兄占一大股，（録）一大股又分为二小股：姜锡禄弟兄占一小股、姜继美占半股、姜盛荣姜盛宿弟兄占半股。

姜元瀚存第一张、姜盛荣存第二张、姜继元存第三张、姜锡禄存第四张、姜继美存第五张。

代笔：岩湾范锡盛

中华民国三十七年十二月初一日 立①

此契便在成材林木出卖给山客之后重新明晰股权，不过契文中讲的是分为四大股，而实际划分时却只有三大股，另一大股不知是遗漏了还是因参股者太多而另立合同。

在黔东地林区，"股"到底会被拆分成多少级，已无从知晓，眼下最多的已有三级。土股不断变化和易主，容易引起股权混乱和小股在整股中的比重混乱问题。为了解决这些问题，黔东南林区还发明了用"金额"来表示股权，诚如嘉庆二十三年（1818）8月的一份卖木契约中所说的："共股数以银两分"②，"这样，即使股份通过再分配或转让变零碎，一次性的计算金额就可以算出各股东所占股份的比例"③。见契5-3。

契5-3：

计开得买文斗之山，四十九股

---

① 张应强、王宗勋：《清水江文书》第1辑第3册，第149页。
② ［澳］唐立、杨有赓，［日］武内房司：《贵州苗族林业契约文书汇编（1736—1950）》第一卷，A0122。
③ ［日］岸本美绪：《贵州の山林契约文书と徽州の山林契约文书》，载［澳］唐立、杨有赓，［日］武内房司：《贵州苗族林业契约文书汇编（1736—1950）》第三卷，第599—624页。

* 清代民国时期黔东南"林农兼作"研究

姜士荣占八两五钱，士荣又得买光显三两二钱九分二厘五毫，士荣共占十一两七钱九分二厘五毫；士周占五两二钱六分，二人共占十七两零五分二厘五毫。

姜今闋占六两五钱八分半；龙文奇占六两五钱八分半；廷元占六两五钱八分半；廷华占六两五钱八分半；廷彩三两二钱九分二厘五毫；廷魁一两一钱五分七厘五毫；文相占一两一钱五分七厘五毫。①

这份契约时间不详，但参与者"姜文相"在契约中活动于嘉道年间，因此这份契约反映的应该是嘉道年间的买山契。契约中的"占"字将买来的文斗之山的所有权表露无遗，特别是姜士荣，除自己的八两五钱外，还买占了光显的份额。

前面论及，土股以"股"表示占有权时，在林木卖与山客伐卖后会重新厘定股权。同样地，以"金额"表示股权时，这些股权依然可以买卖，因此在伐卖林木时也会重新厘定份额。见契5-4。

契5-4：
……实存我等之股银七十八两五钱六分。此山作为二十两山分派：

姜献义占此山股数八两正，该占三十七两六钱八分；
范如尔占此山股数二两正，该占银九两四钱二分；
姜梦熊占此山股数一两五钱正，该占银七两零六分；
姜源淋占此山股数一两五钱正，该占银七两零六分；
姜元贞占此山股数一两五钱正，该占银七两零六分；
姜秉占此山股数一两六钱六分六厘，该占银七两八钱五分；
姜恩光占此山股数五钱正，该占银二两三钱五分。②

---

① 张应强、王宗勋：《清水江文书》第1辑第2册，第193页。
② 张应强、王宗勋：《清水江文书》第1辑第3册，第309页。

第五章 "林农兼作"下的利益分配

很明显，上契是卖木后的分银单，除去伐木的合食及栽手份额外，土股该占银78两5钱6分。不过细看契文可知，姜献义等人共占股16两6钱6分6厘，并未达到此山作20两分派的总数。而各股占银的总数，却已达到了78两4钱8分，离土股份银只差8分，但山场股数却差3两3钱3分4厘，这显然不太正常。究其原因，不外两方面原因：一是土股流转太快，道光二十六年（1846）3月至10月，7个月时间，文斗寨乌会溪杉山便经历了三次断卖[1]；二是历年太久，以致在重新厘定股份时，有所错漏，甚至会出现伪造假合同的现象[2]，光绪中后期甚至出卖一业卖二主的现象。[3]民国二十三年（1934）4月范绍嘉等人"恐（土股）远近不一、人或不齐、世久年湮、难免混杂"[4]，而另立新合同。为避免上述错漏情况的发生，新合同中将最终股份占有人清晰地罗列在原股份占有人之下，若现股名单下无其他名字，意味着此份土股未曾发生变化。[5]或者将现有股权的来历清楚地描述出来，见契5-5：

契5-5：

立分合同字人……此山分为十二股、今作十二两分配：

马世远：四两三钱三分三厘（买占元秀之股一两在内）

姜元贞：主遗之股山一两（又私买献忠等二人之股二两）

姜元瀚、元灿各主遗之股山一两

凤羚、源淋各买占元魁、凤歧股山一两

姜作文买占二长之股山三钱三分三厘

姜文佐买占三钱三分三厘

---

[1] 张应强、王宗勋：《清水江文书》第1辑第12册，第287、291、292页。
[2] 张应强、王宗勋：《清水江文书》第1辑第4册，第96页。
[3] ［澳］唐立、杨有赓、［日］武内房司：《贵州苗族林业契约文书汇编（1736—1950）》第二卷，B0264、B0266。
[4] 张应强、王宗勋：《清水江文书》第1辑第4册，第89页。
[5] 张应强、王宗勋：《清水江文书》第1辑第4册，第103页。

❋ 清代民国时期黔东南"林农兼作"研究

笔中：姜梦熊

民国十八年十二月十二日 立①

契约中将股份持有人股数及股份的来历清晰地展现出来，以免发生错乱与争执。如果股数后面没有备注，则意味着此份土股没有发生过变化。林木出卖与客商伐卖后，主要是为分利而厘清股权，但有时也为山主重新厘定山场权力，为下一步开山植木作准备。民国三十六年（1947）闰2月的一份清白合同②便如此，此名为乌什溪边山场的杉木已出卖与党秧杨维羣砍伐生理，此山分为4两，契中进行了详尽的分股。而且这份契约与其他分股清单不同，契头除叫做"清白合同"外，契中也没有提及杉木价格。由此可知，这份契约的主要目的在于重新厘定山主的股权占有份额，而不是为了分派此山场杉木断卖后的股利。③ 有时候，股还与金额并用，一起来厘定山林权利，嘉庆二十三年（1818）12月，文斗寨姜通义等人出卖杉木及山场，不过这块山林土栽分为2股，其中地主1股又分为2大股，姜绍吕占1大股，其余1大股又分为10两。④

至于土股价格，与栽股价格一样，指的是中幼林价格，不过这些林木价格与栽股有所不同，除林木自身大小高矮等因素外，还受土栽比例的影响。嘉庆十七年（1812）10月，加池寨姜观皎出卖杉木七耕（根）与姜之琏，议定价银一钱捌分半。⑤ 表面上看，此处嫩木单价2分6厘，不过对照外批："地名培古又名鸠穷二处，一共五耕（根）分为二股，本名占一股出卖；培古一耕（根）分为三股，本名占一股；又培古一耕（根）分为二股，本名占一股出

---

① 张应强、王宗勋：《清水江文书》第1辑第4册，第469页。
② 张应强、王宗勋：《清水江文书》第1辑第8册，第310页。
③ 可能分利时也订立了其他分利契约。
④ 陈金全等：《贵州文斗寨苗族契约法律文书汇编——姜元泽家藏契约文书》，第169页。
⑤ 张应强、王宗勋：《清水江文书》第1辑第10册，第76页。

第五章 "林农兼作"下的利益分配 ✽

卖。"① 可知，此处嫩木价格并不能代表林木完整的价格，因为卖主并没有占有嫩木的全部股份。此外，嫩木单价还受其自身大小的影响。嘉庆二十五年（1820）2 月，姜荣以 30 两价格，从堂侄姜本伸处购得冉乌晚山场地主 1 股半的份额②；三个月后，姜荣将此转卖与姜光宗等人，价格却达到了 50 两。③ 这笔交易对姜荣来说，可算是暴利。道光初年，地名为番宜贵山场杉木一块，土股份为 3 两：堂东寨吴光彩、光谨、光明共占 1 两；吴光彩、光华弟兄共占 2 两，其中光彩弟兄占 1 两、光华祺生共占 1 两（各 5 钱）。道光二年（1822）12 月，吴光华将其名下 5 钱份额出卖，价银 22 两 5 钱④；两年后，吴祺生出卖其名下的 5 钱股份，价银 23 两 8 钱。⑤ 前后不到两年时间，同片山场同样的股份，断价价银相差了 1 两 3 钱。出现这样大差异，最合理的解释便是时间，因为事隔一年多，杉木又已长大，价格自然也就有所不同。同年 3 月同一天，也是这片山场，同样的买主，吴光谨、吴光明将与吴光彩共同占有的 1 两（除光彩的股份）份额断卖，价格为 31 两 7 钱。⑥ 契约中虽然没有言明吴光谨、吴光明二人的具体股份，但若三人将 1 两股份均分，吴光谨、吴光明二人约占股 6 钱 6 分，按照前文吴祺生卖木价格，二人份额应该断价 31 两 4 钱，与实际 31 两 7 钱基本吻合。再一次印证了，随着时间推移，杉木逐步变大，同样的股份价格也发生着变化。前面论述了随着时间的推移，嫩木不断长大，故而价格也不断提高。民国十四年（1925）6 月加池寨姜永道弟兄出卖名为翻毒勇的山场，此山土股份为 10 股，姜永道弟兄将名下占 1 股份额出卖给堂叔姜献

---

① 张应强、王宗勋：《清水江文书》第 1 辑第 10 册，第 76 页。
② ［澳］唐立、杨有赓、［日］武内房司：《贵州苗族林业契约文书汇编（1736—1950）》第二卷，B0060。
③ ［澳］唐立、杨有赓、［日］武内房司：《贵州苗族林业契约文书汇编（1736—1950）》第二卷，B0061。
④ 张应强、王宗勋：《清水江文书》第 1 辑第 6 册，第 9 页。
⑤ 张应强、王宗勋：《清水江文书》第 1 辑第 6 册，第 11 页。
⑥ 张应强、王宗勋：《清水江文书》第 1 辑第 6 册，第 10 页。

* 清代民国时期黔东南"林农兼作"研究

忠、姜献猷弟兄二人，议定价谷54斤。① 民国十五年（1926）5月，姜献忠、姜献猷兄弟断卖此片山场土股2股，议定价钱4280文，其中有1股是一年前得买姜永道弟兄之股。②

当然也存在价格降低的情况。文斗寨姜映辉分别于嘉庆十六年（1811）8月、嘉庆十九年（1814）12月、道光六年（1826）4月三次购入干榜山场土股18两、5两和2两5钱，价格分别是21两、5两和1两1钱③。同样的山场，相同的买主，前后相距十多年照理木材已近成熟，价格应该更高才对，但结果却悬殊极大，实在不易理解。嘉庆二十二年（1817）5月初3日，平鳌寨姜起贵等将所占眼对乐祖山部分股份出卖与同寨姜昌华，价银9两。④ 二十多天后，姜昌华将此片杉林出场出卖与姜彬弟兄，价银却变成了8两6钱。⑤ 亏本折卖，究其原因，估计与其"移远就近"，急于出卖有关。道光十年（1830）11月25日，姜世乔弟兄三人将皆逢多山场杉木1股份额出卖与姜世荣，价银1两。同年12月19日，姜登志亦将此山1股份额出卖与姜世荣，价银却只有9钱。⑥ 相同山场、相同股份、相同买主、出卖时间段相同，价格却不一样，唯一可以解释的是，前者之所以价格高1钱，是因为买卖双方是本家关系。光绪年间，平鳌寨污之否山场土股份为165两，姜占春和姜天粹两家所占的份额一致，都是6分6厘6毫4丝8忽。姜占春于光绪二十四年（1898）2月出卖该山场份额与姜为明、姜为臣，价钱338文⑦；姜天粹于光

---

① 张应强、王宗勋：《清水江文书》第1辑第6册，第279页。
② 张应强、王宗勋：《清水江文书》第1辑第6册，第296页。
③ 陈金全等：《贵州文斗寨苗族契约法律文书汇编——姜元泽家藏契约文书》，第120页、138页、240页。
④ ［澳］唐立、杨有赓、［日］武内房司：《贵州苗族林业契约文书汇编（1736—1950）》第一卷，A0118。
⑤ ［澳］唐立、杨有赓、［日］武内房司：《贵州苗族林业契约文书汇编（1736—1950）》第一卷，A0119。
⑥ 张应强、王宗勋：《清水江文书》第1辑第9册，第228、229页。
⑦ ［澳］唐立、杨有赓、［日］武内房司：《贵州苗族林业契约文书汇编（1736—1950）》第一卷，A0264。

第五章 "林农兼作"下的利益分配

绪二十六年（1900）5月出卖这份杉林，价钱却只有188文。① 两份土股出售时间相隔近两年，且买主相同，但价格不但没有上涨反而下跌了近一半。与此相似的是加池寨各为皆洋报之山场，土股份为2大股，姜显高等人共占1大股，此1大股又分为24小股。光绪三十一年（1905）12月，姜显高出卖1小股与姜凤德，价谷25斤。② 一个月后，姜显兰、姜显文出卖2小股与姜凤德，价谷仅48斤。③ 两个月后，这片山场的另1大股，分为8股，姜显智占1股，出卖与姜凤德，价谷仅38斤。④ 按股数推算，姜显智所占的1股份额理应相当于姜显高、姜显兰、姜显文1股份额的3倍，照此价谷应该在75斤左右。但实际价格才38斤，悬殊太大，而且卖主皆是加池寨民，而买主也是同一人。唯一不同的是，出卖时间相隔近三个月，谷价有可能发生变化，不过三个月时间，谷价不会有如此大的波动。

（三）成熟林断卖

杨有赓说的成熟林即成材可以伐卖的林木，山主养山的最终目的便是出卖成熟林，以实现山场的效益或价值。前文已引，杨有赓将半中幼林断卖叫作"卖青山"，即中幼林为青山。然而，在契约文中，有时将成熟林也叫作"青山"⑤。在文书中共发现5例，兹举一例，见契5-6。

契5-6：
记开甲子年八月初一日，卖板皆耸青山一块，价铜元一百五拾二对捌百文。兑情，内除吃合食去元钱四对捌百二十文。买客：范老芳，凭中：姜登沼。

---

① ［澳］唐立、杨有赓、［日］武内房司：《贵州苗族林业契约文书汇编（1736—1950）》第一卷，A0269。
② 张应强、王宗勋：《清水江文书》第1辑第10册，第323页。
③ 张应强、王宗勋：《清水江文书》第1辑第10册，第326页。
④ 张应强、王宗勋：《清水江文书》第1辑第10册，第327页。
⑤ 张应强、王宗勋：《清水江文书》第1辑第3册，第291页；第6册，第132页；第12册，第190、193、200页。

· 199 ·

※ 清代民国时期黔东南"林农兼作"研究

初五日:为栽手议论即中费用,去钱一千七百陆十文。

初十日:兑尾数钱费用,去钱二千捌百九十五文,并代中人费用在内。

十一日:付补栽手去钱拾一千陆百四十文,四共去钱二拾一千一百二十文。除付,存钱一百三十一千陆百捌十文。内除米捐钱三千陆百二十文(付周润手领),存钱一百二十七千七百陆十文。内除三千七百陆十文,实存钱一百二十四千文。

此山:地主分为四大股,每股占钱三十一千文。

登科、登熙、登池弟兄叔侄等占三老家山一大股,该占山价钱三十一千文。又一公私买占山一大股,占山价钱三十一千文。二共合占山二大股,该钱陆十二千文。①

上契中将皆耸山场叫做"青山",但这份契约明显是一份开支簿,记录着青山卖价、伐运合食、土栽份额等信息。由此可知,皆耸青山无疑是成熟林。

契约中将成熟林林木叫老木,至于价格,亦受到木材品相、高度、大小等因素的影响。前述"皇木"采办时,亦将木材分成桅、断等四等,每种等级价格肯定不同。乾隆三十五年(1770)5月,姜老安、老福将3根老木出卖与姜富宇,价银2钱②,相当于每根成木价银6分7厘。嘉庆十四年(1809)7月,罗大、高见、吴金血、杨起顺等十人将老木卖与文斗寨姜绍礼等人,每根7两5钱。③ 嘉庆二十五年(1820)正月韶霭寨龙应时出卖83根领木与瑶光寨姜老有,"作价36两"④,相当于每根4钱3分。通过道光十八年(1838)的一张欠条可知,此次交易共1百余根老木,价银54两5

---

① 张应强、王宗勋:《清水江文书》第1辑第12册,第180页。
② 张应强、王宗勋:《清水江文书》第1辑第12册,第17页。
③ 陈金全等:《贵州文斗寨苗族契约法律文书汇编——姜元泽家藏契约文书》,第102页。
④ 张应强、王宗勋:《清水江文书》第1辑第7册,第189页。

第五章 "林农兼作"下的利益分配

钱①，单价约 5 钱 5 分。民国元年（1912），每根成木单价达 4 钱 2 分 6 毫②；民国十二年（1923），每根价银高达 41 钱 8 分③；民国十七年（1928），每根成本单价高达 800 文。④而民国三十七年（1948），每根单价钞洋 5480 元。⑤由此可见一斑。然而杉木生长周期在 15 年以上，加之其间管理及货币币值诸因素，大多数林农更愿意尽快实现所栽林木价值，于是卖栽手成为比较普遍的现象。正因为此，栽手运转较快，即使是同一片杉林，到杉木成材砍伐时，栽手也已几经转手。光绪七年（1881）2 月，加池寨姜秉智、姜秉信将加什团上下两团栽手所占股份出卖给姜显齐。十一年后，此山上团杉木砍伐，但栽手股份之钱的收款人却是兴信。⑥这十一年中，此片栽手的主人至少改变了一次。光绪二十年（1894）6 月，加池寨姜益生、姜成宽叔侄将先年佃栽姜兆章山场 2 小股栽手转卖给姜凤来。然而一年半以后这片杉木砍伐出卖时，这份股份的收款人却是姜显国。⑦不到两年便可以砍伐出卖成木了，但依然要转让栽手，栽手出卖由此可见一斑。

有时，山客购买山主林木时，不会立即付银（钱），而要等到山客将木材运至"当江"三寨出卖后，再付与山主。民国六年（1917）3 月 18 日，加池寨姜梦熊等人将污漫溪共山杉木一块出卖与文斗寨姜鼎相"砍伐作贸"，但至 5 月 16 日，山主方厘清土股而立约，并写道："日后照清单股数管业，永远存照。"⑧由此推断林木卖出后，山客并未立即将木价银（钱）支付给山主和栽手，而是先进行议价，待木材发卖后再兑现。这从其他分山清单也可以看出，

---

① 张应强、王宗勋：《清水江文书》第 1 辑第 3 册，第 346 页。
② 张应强、王宗勋：《清水江文书》第 1 辑第 4 册，第 85 页。
③ 张应强、王宗勋：《清水江文书》第 1 辑第 2 册，第 331 页。
④ 张应强、王宗勋：《清水江文书》第 1 辑第 5 册，第 463 页。
⑤ 张应强、王宗勋：《清水江文书》第 1 辑第 3 册，第 434 页。
⑥ 张应强、王宗勋：《清水江文书》第 1 辑第 7 册，第 245 页。
⑦ 张应强、王宗勋：《清水江文书》第 1 辑第 7 册，第 276 页。
⑧ 张应强、王宗勋：《清水江文书》第 1 辑第 4 册，第 442 页。

✻ 清代民国时期黔东南"林农兼作"研究

民国七年（1918）众山友将名为礼荣叩的山场之杉木卖与扒洞姜永旺砍伐，议定木价银 140 两 8 钱，按 12 股均分。文契末尾如此写道："以后有名人等，不得争多论寡，照此清单分派。"[①] 另有民国十二年（1923）分股单，姜源淋等人于当年 5 月卖掉南污粟山之木，共 390 根，议定每根价银 41 钱 8 分，但紧接着将此山之木分为 3 大股，"以后照此分单合同为据"[②]。如若出卖当时便已付清了银款，就不会出现"以后"诸字样。特别是民国三十二年（1943）2 月的一份卖杉分股单，这片杉林于民国三十一年（1942）出卖于文斗寨姜兴贵砍伐作贸，至三十二年（1943）2 月方分股立约[③]。生于乾隆发家于嘉道的著名山客姜志远便通过这种方式捞到了其木商生涯的第一桶金，姜志远本来穷困潦倒，溯乌下江谋生，因其穿戴整洁，被当地民众误认为购木商人，争相与其交涉谈生意。他身无分文便故意说道："少数木头，零三带四的，太费事，现在不想买。过几天，银子运到，再卖大批的不迟。"山人都信以为真，争相劝其收购，缓期付款。姜志远硬着头皮买下，运至"当江"，正值缺货，发财后付清木价、树立了信誉，从此发家[④]。虽然不一定所有的山客购木都会延期付款，但确实有这种做法，至于原因除买主暂时无银（钱）支付外，有时也因为"本处银色甚低"须"将木放下王寨发卖，选看下面干净银色"[⑤] 再付给。但这种延期付款，有时须付出一定利息，道光十八年（1929）为"照月加二"。[⑥] 民国三十七年（1948），山客还为山友出具欠条，同时因物价高涨，限期 8 天的欠条上，应还金额已为当初木价的 40 倍。[⑦] 这应当只是特例。

---

① 张应强、王宗勋：《清水江文书》第 1 辑第 2 册，第 143 页。
② 张应强、王宗勋：《清水江文书》第 1 辑第 2 册，第 149 页。
③ 张应强、王宗勋：《清水江文书》第 1 辑第 2 册，第 339 页。
④ 贵州省编辑组：《侗族社会历史调查》，第 31 页。
⑤ 张应强、王宗勋：《清水江文书》第 1 辑第 3 册，第 346 页。
⑥ 张应强、王宗勋：《清水江文书》第 1 辑第 3 册，第 346 页。
⑦ 张应强、王宗勋：《清水江文书》第 1 辑第 6 册，第 153 页。

第五章 "林农兼作"下的利益分配

三 山林断卖

山场与杉木一起断卖的情况较少，这里的木也仅指中幼林木，从现有材料没有看到有成熟木这种现象。乾隆三十二年（1767）7月，姜番保母子将九龙山杉木、地土卖与姜富宇。[①] 如果说这份乾隆年间的契约，在卖山林上不够明显，那有些契约，在断约上便明确指出。嘉庆二十四年（1819）7月，姜宗廷出卖土股1小股，"连木带地"[②]。道光二十九年（1849）2月，文斗寨姜氏官申将先年得买乌思奢山场（与人共买后分作12股，本名占5），"并土出卖"[③]。

山林断卖中还存在一些特殊的情况，比如山场与栽手并不属于同一人所有，但在出卖时也一并出卖。乾隆三十二年（1767）12月，姜富宇从姜固貌手中购得山场股份，但栽手是姜番保，于是姜富宇补秧木银与姜番保。[④] 但仔细看，这属于两宗交易，即姜富宇购买了山主姜固貌的山场，同时支付了该山场栽手姜番保的对木植的投入（并不是栽股）。两宗买卖在同一契约中，这种情况亦较少见。

至于山林价格，既受到山场位置、开发难度等因素影响，还受山场上林木品相的影响。因此即使同一山场，同样份额出卖时，价格也未必一致。见契5-7、契5-8。

契5-7：
　　立断卖杉木老根株约人本寨姜文玉父子，为因家下缺少银
　　□□□□□共栽杉木一团，坐落地名□□半截冲，分为二股。

---

① 张应强、王宗勋：《清水江文书》第1辑第12册，第8页。
② ［澳］唐立、杨有赓、［日］武内房司：《贵州苗族林业契约文书汇编（1736—1950）》第二卷，B0054。
③ ［澳］唐立、杨有赓、［日］武内房司：《贵州苗族林业契约文书汇编（1736—1950）》第二卷，B0150。
④ 张应强、王宗勋：《清水江文书》第1辑第12册，第10页。

清代民国时期黔东南"林农兼作"研究

姜凤生名下占一股,姜文玉父子占一股出卖与本寨姜华周名下承买为业。当日三面凭中议定价银一两三钱整,亲手领回应用。自卖之后,任从买主下山修理管业,卖主房族以并外人不得争论。如有异言,俱在卖理落,不关买主之事。恐后无凭,立此卖断约,子孙远永存照。

凭中:姜宗周

代笔:姜通文

嘉庆十年十二月十八日 立①

契5-8:

立断卖杉木老根株约人本寨姜凤生,为因家下缺少银用无从得出,所有杉木一团,坐落地名久柳半截冲。此木分为二股,姜凤生名下占一股,出卖与本寨姜华周名下承买为业。当日三面凭中议定价银四钱八分整,亲手领回应用。自卖之后,任从买主下山修理管业,卖主房族以并外人不得争论。如有异言,俱应卖主理落,不关买主之事。恐后无凭,立此卖断约,子孙远永存照。

凭中:凤有

代笔:姜通文

嘉庆十年十二月廿六日 立②

前文已论,"老根株"即为山场,而契文中又提到林木分成二股,姜文玉父子及姜凤生各占一股,因此这两份卖契应是既卖山又卖木。但这两股于嘉庆十年(1805)12月,出卖于姜华周,前后仅相差8天,价格却迥然不同,1股价银1两3钱,而另1股仅4钱8分。

---

① 张应强、王宗勋:《清水江文书》第1辑第4册,第134页。
② 张应强、王宗勋:《清水江文书》第1辑第4册,第135页。

第五章 "林农兼作"下的利益分配

第二节 土栽按契分成

成木卖与山客后，山主栽手众山友便会厘定分成、分股单，而于土主、栽主，他们在订立佃（招）契时便已言定了分成比例。虽然林木在成长周期中，栽股、土股发生了变化，但最后的"股东"依然按照最先的比例规定，进行分成。很多时候，土栽还会在林木成立后，重新订立一份分成单。关于土栽分成，相原佳之根据他收集的270份分成契进行了统计，结果是1820年以前土栽2股均分居多，1820年之后3∶2成为压倒性多数，这个比例在总契约中占据了203例。[1] 罗洪洋、梁聪也持同样的观点，即3∶2最多，其次是1∶1。[2]

一 分成比例的统计

通过佃（招）契、分成契和土栽股买卖契，总共梳理出1198份明确标有分成比例的文书，具体见表5-1。

表5-1 清代民国时期黔东南林区土栽分成比例统计表

比例	乾隆	嘉庆	道光	咸丰	同治	光绪	宣统	民国	合计
1∶1	12	73	70	5	7	10	1	12	190
1∶2	2								2
1.5∶1				1					1
2∶1		8	21			1			30

---

[1] ［澳］唐立、杨有赓、［日］武内房司：《贵州苗族林业契约文书汇编（1736—1950）》第三卷，第577—578页。

[2] 罗洪洋：《清代黔东南锦屏人工林业中财产关系的法律分析》，硕士学位论文，云南大学，2003，第41页；梁聪：《清代清水江下游村寨社会的契约规范与秩序——以锦屏苗寨契约文书为中心的研究》，博士学位论文，西南政法大学，2007年，第64页。

✱ 清代民国时期黔东南"林农兼作"研究

续表

比例	乾隆	嘉庆	道光	咸丰	同治	光绪	宣统	民国	合计
2∶2		1	1						2
2∶3	2	3							5
2.5∶2.5		1	1	1					3
3∶1		4	11						15
3∶1.5			2						2
3∶2	1	64	211	53	121	264	19	184	917
3∶3		1							1
4∶1		9	3						12
4∶1.5			1						1
4∶2		1	2						3
4∶3			2						2
4∶4			1						1
5∶1		1							1
5∶4		1							1
5∶5		1							1
6∶1		1							1
6∶2			1						1
6∶4	1			1					2
6∶5		1							1
7∶3							1		1
9∶9								1	1
12∶6			1						1
合计	18	171	328	61	128	275	20	197	1198

数据来源：《清水江文书》（第 1 辑）、《贵州苗族林业契约文书汇编（1736—1950）》。

通过此表可知，清代民国时期黔东南林区土栽分成比例出现了 26 种，数据与相原佳之等学者的结果一样，土栽 3∶2 占绝对优势，总共有 917 例，点总数的 76.5%；其次是 1∶1，共有 190 例，占总数的 15.9%。至于时代，确实以道光为中点，道光及以后，主要以 3∶2 的土栽比例为主。当然也存在少数土股低、栽股高的情况，主

第五章 "林农兼作"下的利益分配

要集中在乾嘉时期。如乾隆三十年（1765）7月，姜文玉出卖穷绞山场杉木，此山木土栽分为5股，其中栽手占3股、地主占2股。①乾隆三十一年（1766）3月，土栽分为3股，地主占1股、栽手占2股。②乾隆三十二年（1767）12月，邓占春出卖栽手。这片栽手是他与文斗下寨龙保金共同所栽，契约中交待了，杉木分为3股：龙保金占1股、地主占1股、占春占1股。③根据乾隆四十四年（1779）4月的一份断卖契约也可知，这片山场之杉木分为5股，其中地主占2股、栽手占3股。④这种特殊的的分成比例，可能与开山难度有关。

二 土栽按契分成

主佃分银比例在佃山场合同中便已言明，同时在杉林成林后亦按佃山场合同重新订立分成契约。到林木伐卖时，按此约定比例分银。如同治四年（1865）12月，姜彩等人卖眼对攸林木后分银：土栽共卖42两8钱，内除东道银1两4钱。土栽5股均分：16两5钱4分、地主24两8钱（又扣谢银钱300文、八四扣该银2钱5分2厘，余存银24两5钱5分——此5钱5分作分银）。而土股照依老合约，作4大两分派……⑤其中东道银1两4钱应该是伐山伙食之类的费用，由土栽双方共同承担，扣除这些后再按契分成。

民国时期的分银单相对较多，下面以民国三年（1914）闰5月的一份分银单为例（见契5-9）：

民国三年又五月廿三日卖党吼山一块，价银七拾陆两捌钱

---

① 张应强、王宗勋：《清水江文书》第1辑第12册，第308页。
② 张应强、王宗勋：《清水江文书》第1辑第12册，第312页。
③ 张应强、王宗勋：《清水江文书》第1辑第12册，第11页。
④ 张应强、王宗勋：《清水江文书》第1辑第7册，第140页。
⑤ ［澳］唐立、杨有赓、［日］武内房司：《贵州苗族林业契约文书汇编（1736—1950）》第三卷，E0054。

※ 清代民国时期黔东南"林农兼作"研究

整。合食共钱柒九佰一拾二文（五陆）① 中银四两四钱，外加周礼合钱一千文（五陆），二共该银四两九钱捌分。除以外，实存银七拾一两捌钱二分。

栽地二股均分，每股该银三拾五两九钱一分。

栽股占银三拾五两九钱一分，内除一两帮土，主又除二两与陆宗林弟兄，下存银三拾二两九钱一分。三股均分，每股该银拾两九钱七分。宗林弟兄占十二两九钱七分、张二保占银拾两九钱七分、周礼占银拾两九钱七分。

地主占一股三拾陆两九钱一分，九股均分，每股占银四两一钱。周礼占土股三股，该银拾二两三钱；光廷占一股，该四两一钱；献义占三股，该银拾二两三钱；志仁占二股，该银捌两二钱。

献义食与山价该银拾陆两七钱二分，周礼栽七股占银二拾三两捌钱三分。②

通过此契约可知，这片名为党吼山场的杉木出卖于民国三年（1914）闰5月，除去合食等开支外实际得银71两8钱2分。此山土栽2股均分，因此土栽各得银35两9钱1分。需要提及的是，在契约之外，土栽间的利益分配是不包含套种作物的收益，这种收益一般情况下属于栽手单方占有。

第三节 栽手间、山主间按股分利

一 以股表示股权的分利

如前所述，山主一般情况下将山场出佃与林农种植。于栽手，可能

---

① 此当为当时的银钱比价，即1000文钱兑银5钱6分。以此比例，契中合食7912文兑成银应是4两4钱3分，与文中4两4钱基本吻合；另有周礼合钱1千文，即5钱6分，二者合计应为4两9钱9分，与契文中4两9钱8分亦基本吻合。
② 张应强、王宗勋：《清水江文书》第1辑第4册，第433页。

第五章 "林农兼作"下的利益分配

独自栽种，也可能与人合伙，但无论哪种情况，栽手等不到林木伐卖便会将栽股出卖，提早实现林木的效益；于山主，由于继承、共买等形式，将山场划分成各种"股"，而种权力的比重亦体现在山场的林木上，但这种土股亦可能提早断卖（甚至有时还连同山场一起断卖）。由于山场、林木及山林皆可以买卖，到林木砍伐时，土栽股权都可能发生了变化，此时维系他们的便是土、栽股权力的象征"股"或一定的"金额"，土、栽股最终的拥有者便按此分利。如前此契5-9中，栽股部分，除去了3两公共花费后再进行3股均分，每股得银10两9钱7分。地股部分[①]，因栽手部分出银1两"帮土"而变为36两9钱1分，至于为何栽手要出银1两"帮土"就不得而知了。无独有偶，民国二十六年（1937）8月的一份记账单[②]，也存在类似的情况。这张出自姜文举的记账单，记载了汪腾补山场杉木砍伐出卖后的开支情况，通过它可知除去合食外，土股存洋10元8仙、栽股存洋4元，不过栽手应退佃山场钱1千文，与此同时土股应加佃钱1千文，这无疑体现了山主拥有山场的优越性。此外契5-9中，周礼既是山主，又是栽主，同时还拥有土栽分银前的1000文；姜献义占有3股山主，同时还负责了伐木时的合食开支。通过杉木断卖，山主栽主按比例各自获得了应有的收益。

二 以一定金额表示股权的分成

契5-9中土股的占有是以"股"表示的，前已论及，有时还以具体"金额"来表示股权，并最终体现在分银单中，见契5-10。

契5-10：

计开尾包山共四拾九两二钱陆分：

姜廷德占通义的陆两五钱捌分半、又占廷元之子占魁三两

[①] 此处所说的地主，即周礼、光廷、献义、志仁，并非指他们在杉木出卖时是山场的主人，仅仅指他们此时已占有了山主应该占有的那部分杉木股份。

[②] 张应强、王宗勋：《清水江文书》第1辑第6册，第363页。

※ 清代民国时期黔东南"林农兼作"研究

二钱九分二厘五毫，二共占山九两捌钱七分七厘五，共在银拾陆两七钱五分二厘。

姜廷方占廷元名下三两二钱九分二厘五毫、廷元又与新廷彩得买三两二钱九分二厘五毫卖与廷方名下、廷方又占飞池的陆两五钱捌分五厘、又占廷华廷荣廷泗三人陆两五钱捌分五厘，一共占山拾九两七钱五分五厘，共在银三拾三两二分捌厘。

廷魁名下占一两四钱五分七厘，共在银二两一钱捌分。

士周占吴文相一两一钱五分七厘，共在银一两九钱二分五厘。

余存文斗士荣占捌两四钱九分三厘、士周占五两二钱陆分五厘、光显三两二钱九分二厘五毫，共合二拾九两七钱一分五厘。

计开栽手捌人每人一股。五股派，每股占四拾一两捌钱，栽手三股占一佰二拾五两四钱、地主二股占捌拾三两陆钱，分落一两占一两七钱正。

廷德占通义栽手一股、廷德又占占魁栽手一股、廷方占廷华三人栽手一股、占廷元栽手一股、占吴文相栽手一股、占飞池栽手一股，陆股栽共在银九拾四两五分。

士荣占栽手一股、士周占栽手一股，共银三拾一两陆钱一分、内扣米道二钱陆分。

□□□□□□山用酒拾二件、米七件；初二日早，米陆件、肉三今、酒陆件。①

通过此契约可知，这片名为尾包的杉林，山主有通义、占魁、廷元、廷彩、飞池、廷华、廷荣、廷泗、廷魁、吴文相、士荣、士周及光显，他们占有多少不等的份额；栽手有通义、占魁、廷华、廷元、吴文相、飞池、士荣、士周，即这些栽手既是土主又是栽手。这分契约的土栽分成比例是有些特殊，5股均分，地主占2股、栽手占3股，

---

① 张应强、王宗勋：《清水江文书》第1辑第3册，第304页。

第五章 "林农兼作"下的利益分配

每股可分银41两8钱,此片杉木总价为银209两。山主共有49两2钱6分份额,可得银83两6钱,平均每两份额可获银约1两7钱。就山主来说,山场招佃后山主不再参与山杉管理,全由栽手负责,15—20年后可获利70%。不过通过此分银单可知,最终卖杉分银时,山主杉木份额占有者却发生了变化,大部分集中在姜廷德、姜廷方手中。甚至栽手亦如此,栽手8股,他们二人却也占据了6股。通过核算,姜廷德获银48两1钱零2厘、姜廷方获银95两7钱2分8厘,二者共获银143两8钱3分,占此片杉木总价的68.8%。

虽然这份契约时间不详,但非常幸运的是通过另一份杉木山场断卖契约可以推断其大致时代。这份卖契的出卖人为姜占魁,契文中杉山名与所占份额的描述:"杉木山场一块名尾包,分为5大股:栽手占3股份为8股,本名占1;地主占2股又分为49两2钱6分,本名占3两2钱9分2厘5毫……嘉庆二十年(1815)四月二十一日姜占魁亲笔"[1],与上述契约中占魁拥有的杉木名与份额完全一致,而且这次土股、栽股份额恰巧又卖给了姜廷德,与契5-10的记录完全吻合。因此可断定,上述分银单(契5-10)或说尾包山林木砍伐时间应该在道光初年,这与前述姜廷德集中兼并田产的活动时间也能够相符。有趣的是,甚至还可以推算姜廷德购买姜占魁的土栽份额后的获利情况。嘉庆二十年(1815)4月,加池寨姜廷德以14两8钱8分半购得文斗寨姜占魁尾包山份额,林木伐卖后这部分份额获银21两2钱5分9厘,约获利42.82%。由前文可知,栽手转让应在杉木成林后,即3—5年后,而杉木成材时间是15年左右,上述分银单与这份断卖契之间顶多间隔十年。而约十年时间,姜廷德几乎在没有任何投入的情况下,仅购入姜占魁在尾包山土栽股权,便可获得42.82%即6两3钱7分4厘的收益。

---

[1] 张应强、王宗勋:《清水江文书》第1辑第3册,第171页。

第四节 其他获利途径

一 山主田主放贷

《清水江文书》第 1 辑中梳理出借贷契约 151 件，以加池寨文书为主，达 150 件，五卷文斗寨文书中仅一件民国时期的借约。此外笔者还曾拜访过岑巩县档案馆，走访大有、天星乡，梳理出借约 30 件。尽管数量有限，但笔者认为这些借约足以在一定程度上反映了清代民国时期黔东南民间借贷之概况。

拿加池寨文书来说，这一百余件文契从乾隆三十九年（1774）8 月[①]开始，跨越至 1949 年 11 月[②]，具有较强的连续性。同时这些文书并非单指加池寨内部的借贷，还包含其他地方的民众向加池寨民的借约，如党秧、中仰、岩湾等地；也包括加池寨民向其他地方的借约，有些借贷关系甚至发生在黎平县城[③]，更远到达湖南。[④] 岑巩文书虽数量更少，但亦有较强的连续性，从乾隆四十八年（1783）11[⑤] 至民国三十七年（1948）3 月。[⑥]

至此，还应交待此处契约甄选依据。在中国古代借与贷所指不同，《吏学指南》曾这样区分二者："以物假人曰借，从人求物曰贷。借字从人、从昔，假各人道，所以不能无也。凡以官物假人，虽辄服用观玩，而昔物尤存，故称曰借。贷字从代、从贝，凡资财贷贿之类，皆从贝者，以其所利也。假此官物利己利人，虽有还官之意，不过以他物代之，而本色已费，故称曰'贷'。又从代者，谓

[①] 张应强、王宗勋：《清水江文书》第 1 辑第 7 册，第 134 页。
[②] 张应强、王宗勋：《清水江文书》第 1 辑第 7 册，第 127 页。
[③] 张应强、王宗勋：《清水江文书》第 1 辑第 8 册，第 65 页。
[④] 张应强、王宗勋：《清水江文书》第 1 辑第 11 册，第 169 页。
[⑤] 《杨名山借约》，此契藏于贵州省黔东南州岑巩县大有乡木召寨刘伦兴家。
[⑥] 《刘玉良借约》，此契系贵州省黔东南州岑巩县大有乡木召寨刘德榜所有，文中所有刘德国持契约原件皆存于黔东南岑巩县档案局。

第五章 "林农兼作"下的利益分配

以物代替也。"① 由此可知,借后归还原物的叫借,不能还原物而以他物替代,为贷。这是本书在选择借贷文约时的主要依据,兹举两契为例:

契 5 - 11:

立借字人文斗寨姜宏运、姜廷灿、姜老连等今因生理缺少本银,自己问到加池寨姜佐章名下,实借本银二十八两整。言定照月加四行利,不得有悮,口说无凭,立借字为据。

代笔:姜廷望

乾隆四十八年十一月初五日 立②

契 5 - 12:

立借抵字人本寨姜永兴,为因缺少银用,无处得出,自愿将到(稻)田一坵作抵。今借到姜元贞名下之足银二两五钱八分整,亲手收足应用。其银每两自愿当租谷五十斤,其银限到秋收银谷为还,不得有悮。如有悮者,任凭银主上田耕种管业。恐后无凭,立此抵字为据。

民国丁巳年六月廿日 亲立③

此处还须说明的是,还有一种叫做典(当、抵)字的文书依然属于借贷契约。见以下两契:

契 5 - 13:

立当/借字人本房姜维远,为因家下缺少银用,无处得出。自愿将到百久上坵田作当与姜开议名下,本银二两整,亲手收回应用。言定召(照)月加三行利,日后归还,不得有悮。今

---

① (元)徐元瑞:《吏学指南》(外三种),浙江古籍出版社1988年版,第119页。
② 张应强、王宗勋:《清水江文书》第1辑第7册,第146页。
③ 张应强、王宗勋:《清水江文书》第1辑第5册,第84页。

* **清代民国时期黔东南"林农兼作"研究**

恐无凭,立此借字存照。

开基笔

道光十年七月初三日 立①

契 5-14:

立典田字人加什(池)寨姜元英兄弟,为因缺少银用,无处所出。自愿将到祖遗之田二处:一处地名党他,约谷二十担,界止上凭竹园、下凭菜园、左凭□角、右凭典主小田;又一处地名皆于,约谷二十四担,界止上凭凤文之田、下凭山、左凭显国田角、右凭显韩田角为界,四抵分清。今将请中问到文斗姜德相兄弟名下,承典为业,当日凭中议定价宝银一百六十九两五钱八分整。新手领回,不欠分厘。其田自典之后,仟凭银主管业,典主房族不得异言,其田不俱(拘)远近,价到赎回。倘有不清,俱在典主理议,不管银主之事。口说无凭,立此典字是实。

(内批)此田姜献义已备价赎回,日后仍准元俊后人取赎,此批。

中华民国九年正月二十八日,德相笔批,凭中:姜坤相。

凭中:潘继忠、姜宗耀

光绪二十五年三月初四日 亲笔 立②

细读后可以发现,契 5-13、契 5-14 有明显的区别。在交易标的物方面,前者是银钱,后者是土地使用权;在期限方面,前者关注的还款期限,而后者关注的是赎期;在土地使用权方面,通过前者并不能看出土地使用权的让渡③,而后者则明确指出这种让渡从典当当日执行;在利息方面,前者明确照月加三行利,而后者则没有

---

① 张应强、王宗勋:《清水江文书》第 1 辑第 1 册,第 348 页。
② 张应强、王宗勋:《清水江文书》第 1 辑第 1 册,第 203 页。
③ 但从契 2 可以看出,只有当债务人本利有愆时,银主方可上田耕种管业。

第五章 "林农兼作"下的利益分配 ✻

写进合约，显然后者是以让渡土地使用权抵利。由此可知，前者属于借贷契约，而不能如有些学者将其视为"典当契"①，当然有些学者还将此类契约归为抵押借贷，即"胎借"②，只是称谓不同而已；而后者则是真正意义上的典契。因此本文在选择借贷契约时，亦兼顾了前者这种类型。而对于典当，虽有学者将其视为民间借贷③，但二者确有明显区别，此时暂时未选择这类契约。

（一）借贷概况

1. 借贷标的

因借贷标的不同，清代民国时期黔东南借贷又可分为货币借贷和实物借贷，清水江文书与岑巩文书中的借贷标的明显不同，见表5-2。

表5-2　　　　　　清代民国时期黔东南民间借贷标的统计

文书类型	清水江文书				岑巩文书			
借贷时间	借贷类型	契约数量	比例1④	比例2⑤	借贷类型	契约数量	比例1	比例2
清	银	102	88%	67%	银	7	35%	23.3%
	钱	4	3%	3%	青红钱	12	60%	40%
	实物	10	9%	6.5%	实物	1	5%	3.3%
	合计	116	—	—	合计	20	—	—

---

① 罗洪洋：《清代黔东南锦屏人工林业中财产关系的法律分析》，云南大学，硕士学位论文，2003年，第45页。
② 周玉英：《从文契看清代福建民间借贷关系》，《福建师范大学学报》（哲学社会科学版）2000年第1期。
③ 见张继焦《民间借贷、民间信用与金融制度变迁》，《云南社会科学》1998年第5期；王含丹《一种传统民间资金借贷形式：民间合会》，《合作经济与科技》2006年第4期；戴乐旺《理性与道德之间：近代赣闽边民间借贷与乡村社会经济发展研究》，江西师范大学，硕士学位论文，2003年；温锐：《民间传统借贷与农村社会经济——以20世纪初期（1900—1930）赣闽边区为例》，《近代史研究》2004年第3期；俞如先：《清至民国闽西乡村民间借贷研究》，天津古籍出版社2010年版。
④ 比例1指此类契约在其所属时段内契约总数中所占的比例。
⑤ 比例2指此类契约占其所属区域内契约总数中所占的比例。

✽ 清代民国时期黔东南"林农兼作"研究

续表

文书类型	清水江文书				岑巩文书			
借贷时间	借贷类型	契约数量	比例1①	比例2②	借贷类型	契约数量	比例1	比例2
民国	银	6	17%	4%	青红钱	6	60%	20%
	钱	10	29%	6.5%	钞洋	1	10%	3.3%
	铜元③	1	3%	1%	实物	3	30%	10%
	大洋	4	11%	3%				
	光洋	2	6%	1%				
	实物	12	34%	8%				
	合计	35	—	—	合计	10	—	—
总计		151	—	—	总计	30	—	—

上表借贷以纹银为主，道光出现本色银④；钱以制钱为主，仅咸丰有劣质大钱⑤；民国时期清水江流域出现了铜元、大洋、光洋等币种。而在岑巩文书中，无论清代抑或民国，货币借贷以银钱为主，仅一例为钞洋；以钱为标的的借贷契约之中，仅一例铜钱借贷⑥，多数为青红钱⑦，实物借贷以谷（水稻、玉米等）为主，清水江流域还有猪、茶油、禾等。

---

① 比例1指此类契约在其所属时段内契约总数中所占的比例。
② 比例2指此类契约占其所属区域内契约总数中所占的比例。
③ 铜元与谷一百斤两笔借贷记在一张契约中，统计契约时入在铜元契约下，未重复统计。
④ 纹银与本色银的比价是1∶2，见张应强、王宗勋《清水江文书》第1辑第4册《加池寨文书》卷2第2帙《姜国彩借银当田字》，第209页。
⑤ 此间因清政府镇压太平天国起义，铸钱原料铜铅不足，贵金属白银通货奇缺（见黄宵鹏纂辑、于海萍点校《故宫清钱谱》中央民族大学出版社影印本1994版，第36页），故此间银钱比价约为1∶2222（见张应强、王宗勋《清水江文书》第1辑第8册《加池寨文书》卷3第4帙《姜克昌借钱字》，第65页）
⑥ 见《杨名山借钱字》，此契系贵州省黔东南州岑巩县大有乡木召寨刘伦兴所有。
⑦ 关于岑巩"青红钱"，目前学术界鲜有提及，方志中亦无相关记载。但契约传递了一些有用的信息：道光十八年（1838）七月二十日，兼三向侄儿位山兄弟借得青红钱四十六千八百文，折银五十八两五钱。由此可知，当时银钱（即青红钱）比价是1∶800。见《兼三借字》，此契系贵州省黔东南州岑巩县大有乡木召寨刘伦兴所有。

第五章 "林农兼作"下的利益分配 ✱

通过上表可知,清代清水江流域,借贷物以银为主,共有契约102张,约占清代交易数(116次)之88%、约占总交易数之67%;虽有十例实物借贷,但其中有五例折银,行利方式亦按银钱方式核算。而在清代岑巩,借贷则以青红钱为主,达60%;实物借贷可忽略不计,仅一例①。通过岑巩文书可知,乾嘉岑巩民间借贷主要以银为主,之后转为青红钱,这与学者提及的清代银荒第二阶段的发生时间②基本吻合。

民国时期,清水江流域以银为标的物的借贷明显减少,仅占民国借约的17%,而实物借贷攀升成主要借贷方式,占当时的34%;青红钱依然是岑巩借贷中的主要标的物,但银却几乎退出了岑巩借贷的舞台,同时实物借贷有所上升。

2. 借贷类型

关于借贷类型,有学者认为"文斗契约中反映的多为消费借贷"。③ 但通过本书所选择的契约文书可知,文斗寨民早在乾隆年间便有因生意借贷的事例。④ 清代民国黔东南民间借贷分为生活消费借贷和经营性借贷两类,他们在黔东南社会扮演着不可或缺的角色。

在116张清代清水江借贷文书中,有26张契约的借款事由直接提到"因生理(意)缺少本银或银用"、有3张契约的借款事由为"贩木借约"。可以肯定这29张文书为经营性借贷,占契约总数的25%。此外还有34张契约的银钱数量前冠有"本银""本钱"字样,但借款事由为"家下无银使用"或"无从得出",没有直接提及生理或生意。这些借贷数量从一两至五十多两不等,其中有一条的借款事由甚至是

---

① 《姚秀云借谷字》,此契系贵州省黔东南州岑巩县大有乡木召寨刘伦兴所有。
② 彭信威:《中国货币史》,上海人民出版社1958版,第577页。
③ 梁聪:《清代清水江下游村寨社会的契约规范与秩序——以锦屏苗寨契约文书为中心的研究》,博士学位论文,西南政法大学,2007年,第64页。
④ 张应强、王宗勋:《清水江文书》第1辑第7册,第146页。

＊ 清代民国时期黔东南"林农兼作"研究

"银色低，待卖后再算"①，而真正生活消费借贷的事由一般为"家中缺少"或"要银用度"等字样，因此这34张契约为经营性借贷的可能性极大。若这种可能性成立，清代清水江借贷契约中的经营性借贷可达54%以上。然而35张民国时期清水江借贷文书及30张清代民国岑巩借贷契约中都不见"生理""生意""本银""本钱"等字样，可见这些借贷是生活消费性的。出现这种明显的差异有深层的历史原因，明清政府在贵州征派皇木促使清水江流域木材贸易市场繁荣②，因此清水江流域借贷契约中出现与其他地方不一样的因子。但鸦片战争的爆发使政府对清水江流域的木材需求减少，故契约中借款事由的"生理""生意"字样及银钱数量前的"本银"或"本钱"等字样，在道光二十年（1840）后出现极少，仅三张契约。

3. 还款期限

至于还款期限，清代清水江文书中有48份契约还款"不拘远近"，约占契约总数的41%。此外，未注明还款期限的有57份，占契约总数的49%。仅剩余11份契约明确了还款期限，大多限在秋收本利归还，归还期限最长也仅一年③，甚至有一个月内归还的情况④。然而有些契约虽然没有明确具体还款期限，但在具体操作过程中，却不像短期借贷。如嘉庆四年（1799）4月17日岩湾寨范老四向加池寨姜坐漳借银三两四钱，议定照月加三行利。契约最后有这样的内批："嘉庆五年四月初十，收银二两七钱五分。"⑤此时离借银已去一年多，本利应为四两七钱，很显然这次还款并未结清，属"不拘远近"的做法。而有些契约虽然明确了还款期限，但在操作过程中依然"不拘远近"。如咸丰五年（1855）3月16日，加池寨姜沛云母子向陆光清借银，议定利于每年秋收还清，而本以三年为限，

---

① 张应强、王宗勋：《清水江文书》第1辑第3册，第346页。
② 贵州省编辑组：《侗族社会历史调查》，第7—9页。
③ 张应强、王宗勋：《清水江文书》第1辑第1册，第311页。
④ 张应强、王宗勋：《清水江文书》第1辑第10册，第174页。
⑤ 张应强、王宗勋：《清水江文书》第1辑第7册，第153页。

第五章 "林农兼作"下的利益分配

但同时又注明"如遇过限,不拘远近"①。由此可知,除少量短期借贷外,民间借贷还款不拘远近已成为清代清水江流域的习惯做法。正因为此,债主担心本利回笼问题,而事实上有些债主确有遇此问题甚至被借主要求让利。②债主为保障自身利益,实施抵押借贷。清代清水江文书中大抵有40份抵押借约,约占总数的34%。这些抵押物有杉木、猪、房屋、地基、田园、土地等,如本利过限,但凭钱主管业。但对于房屋、地基、田园、土地等不动产,借主可以赎回。③

民国时期的清水江借贷契约中,仅2份契约明确"不拘远近",约占总数的6%;16份未明确还款期限,约占总数的46%;其余17份有15份言明在秋收时本利归还④,这与前文所述此间借贷标的中实物比重攀升有关。

岑巩文书中,清代仅3份契约"不限远近",占总数的15%。未明确还款日期的仅2份,占总数的10%。其余15份皆有还款期限,大多在秋收、冬腊月或来年会期⑤,时间大都控制在一年内,这类契约占总数的75%。民国契约也都明确了还款期限,即秋收、冬腊月或会期。当然在实际操作中,也有违约拖欠行为,如同治三年(1864)12月25日,刘绍光向堂弟刘致森借钱四千文,约定"明年冬时本利还",可至"同治九年(1870)七月十九日,刘肖元(方)还清"。钱数不多,却整整违约拖欠近五年。为避免这种现象,岑巩民间借贷中也多实行抵押借贷,共有17份契约有抵押物,约占总数的57%。这些抵押物以土地为主,逾期不还,便出让所抵土地的使用权,至还款后赎回。

---

① 张应强、王宗勋:《清水江文书》第1辑第10册,第178页。
② 张应强、王宗勋:《清水江文书》第1辑第4册,第209页。
③ 有的甚至事隔二十六年方赎回,见张应强、王宗勋《清水江文书》第1辑第6册,第194页。
④ 其余两份为一、两个月的短期借贷。如张应强、王宗勋《清水江文书》第1辑第11册,第83页。
⑤ 此类组织由会员轮流掌事放贷,借期皆为一年,来年会期前须本利相还。(见《夏道崇、夏道煜借银字》,此契系贵州省黔东南州岑巩县大有乡木召寨刘伦兴所有)这与清代福建民间借贷中的"摇会"有些类似。见周玉英《从文契看清代福建民间借贷关系》,《福建师范大学学报》(哲学社会科学版)2000年第1期。

* 清代民国时期黔东南"林农兼作"研究

(二) 借贷规模

清水江流域与岑巩地区的借贷规模体现出很大的不同，统计如表 5 - 3：

表 5 - 3　清代民国时期黔东南民间借贷中以银为标的的借贷规模统计

文书类型	清水江文书			岑巩文书		
借贷时间	借贷金额（两）	出现次数	所占比例①	借贷金额（两）	出现次数	所占比例
清	0—5	53	46%	0—5	2	10%
	6—10	10	9%	6—10	3	15%
	11—15	8	7%	11—15	1	5%
	16—20	11	9%	16 以上	1	5%
	21—25	2	2%			
	26—30	5	4%			
	31 以上	13	11%			
民国	0—5	2	6%			
	6—10	2	6%			
	11—15	1	3%			
	16—20	1	3%			

就清代清水江 102 件以银为标的之借贷契约而论，借贷额最少为 6 钱，而最高达到 400 两。通过上表可知，五两以内的小额借贷是清水江流域民间借贷的主体部分，占总数的 46%。高于三十两的大规模借贷达到总数的 11%，所占比例仅次于五两内的小额借贷，体现这一时期经营性借贷的发展，与木材行业的繁荣相吻合。而至

---

① 此比例为各金额段次数在其所属时段内契约总数中所占比例。

第五章 "林农兼作"下的利益分配

民国，随着实物、铜钱借贷的发展，白银借贷无论数量还是规模都逊色于清代，最高借贷数量也仅十九两。

而在清水江流域之外的岑巩，以银为标的的借贷则欠发达。在清代最大借贷额仅三十两，主体部分集中于十两以内的小额借贷，体现这一区域借贷的生活消费性。见表5-4：

表5-4　　　　　清代民国时期黔东南民间铜钱借贷规模统计

文书类型	清水江文书			岑巩文书		
借贷时间	借贷金额（千文）	出现次数	所占比例①	借贷金额（千文）	出现次数	所占比例
清	0—10	3	3%	0—10	8	40%
	11—20	1	0.90%	11—20	0	0
				21以上	4	20%
民国	0—10	6	17%	0—10	1	10%
	11—20	0	0	11—20	4	40%
	21以上	4	11%			

清代清水江流域的铜钱借贷规模非常小，有三次为咸丰年间的大钱，另一次在宣统年间。通过上表可知，清水江流域在民国时期的铜钱借贷较清代更为发达，以10千文以内的小规模借贷为主。而在岑巩的青红钱借贷中，清代以10千文以内小规模借贷为主，高于20千文的大规模借贷占20%；民国时期借贷规模大多在20千文以内。

除银钱外，黔东南还有一定规模的以谷为主的实物借贷。但计量单位不统一，其中两份契约中用"称"、两份用"斤"、一份没有重量但有折银数。关于"称"与"斤"的关系，有学者考证一称等

---

① 此比例为各金额段次数在其所属时段内契约总数中所占比例。

※ 清代民国时期黔东南"林农兼作"研究

于六十斤。① 由此可推算出那份五称的契约②，借谷为300斤、一称半那份③为90斤，而没有重量④但有折银那份为225斤。⑤ 在此基础上可以对黔东南谷物借贷规模进行初步统计，见表5-5：

表5-5　　　　　　清代民国时期黔东南谷物借贷规模统计

文书类型	清水江文书			岑巩文书		
借贷时间	借贷数量（斤）	出现次数	所占比例⑥	借贷数量（石）	出现次数	所占比例
清	0—100	2	1%	0—10	1	3%
	101—200	1	0.7%			
	201—300	2	1%			
民国	0—100	6	4%	0—10	2	7%
	101—200	3	2%			
	201—300	2	1%			
	301以上	2	1%			

由上表可知，民国清水江流域谷物借贷次数、贷规模高于清，最高达到了500斤；而在岑巩，谷物借贷仅三例，表明民间借贷的主体依然是青红钱。如前所述，清代民国黔东南民间借贷还有其他类型，但规模极小，见表5-6：

---

① 龙泽江等：《清水江文书所见清代贵州苗侗地区的田粮计量单位考》，《农业考古》2012年第4期。
② 张应强、王宗勋：《清水江文书》第1辑第7册，第182页。
③ 张应强、王宗勋：《清水江文书》第1辑第1册，第352页。
④ 张应强、王宗勋：《清水江文书》第1辑第4册，第192页。
⑤ 此契的谷量由一称半（一两二钱）那份契约推算单价而折算，此契签署时间是道光十五年（1835）8月，而借谷一称半那契签于道光十四年（1834）3月，二者相隔较近，因此此契借谷数由其推断应该可靠。然而，借谷五称那契的时间是嘉庆二十一年（1816）闰6月，折银1两8钱，与道光十四年的悬殊太大，让人非常疑惑。
⑥ 此比例为各金额段次数在其所属区域内契约总数中所占比例。

第五章 "林农兼作"下的利益分配

表5-6　　　清代民国时期黔东南其他钱物借贷规模统计

文书类型	借贷时间	借贷数额	出现次数	所占比例①
清书江文书	清代	猪2头	3	2%
		禾300斤	1	0.7%
		茶油80斤	1	0.7%
	民国	铜元10对	1	0.7%
		光洋5元	1	0.7%
		光洋4元4角	1	0.7%
		大洋2元	1	0.7%
		大洋3角9分	1	0.7%
		大洋10元	1	0.7%
		大洋400元	1	0.7%
岑巩文书	民国	钞洋50元	1	0.7%
		包谷8斗	1	0.7%

通过上表可知，在谷物借贷规模攀升的民国时期，清水江流域其他货币借贷比岑巩规模要大，且货币种类比岑巩多，这与清水江流域的木材贸易有关。正因为木材贸易，清水江流域与外接触更为密切，货币形态亦体现多样。甚至清水江流域在衡器上受湖南影响，有使用湖南洪秤的记载。②

（三）借贷利率

任何有息借贷都离不开利率问题，利率研究是民间借贷的核心问题之一。不过黔东南社会银钱借贷与货币借贷的利率情形不尽相同，下面分别论述。

在151份清水江文书中，若将5份实物折银借贷归入银钱借贷，银钱借贷契约达134份。除去14件未明确行利方式的契约，尚有120

---

① 此比例为此类契约占其所属区域内契约总数的比例。
② 龙泽江等：《清水江文书所见清代贵州苗侗地区的田粮计量单位考》，第15页。

·223·

✱ 清代民国时期黔东南"林农兼作"研究

件,其中还有 19 件契约以谷付息①。而在 30 件岑巩文书中,银钱借贷占 26 份,不过也包含 7 份以谷付息契约。具体情况见表 5-7:

表 5-7　　　　　　清代民国时期黔东南银钱借贷利率情况

文书类型	借贷时间	标的	月利率(%)	出现次数	所占比例(%)②
清水江文书	清	银	0	1	0.7
			1	2	1.3
			2	3	2
			3	73	48.3
			4	6	4
			7	1	0.7
			不明确	8	5.3
		实物折银	以谷付息	9	6
			3	4	2.6
		钱	不明确	1	0.7
			2	1	0.7
			3	1	0.7
			不明确	1	0.7
	民国	银	3	2	1.3
			以谷付息	4	2.6
		钱	3	2	1.3
			不明确	4	2.6
			以谷付息	4	2.6
		大洋	3	2	1.3
			以谷付息	2	1.3
		光洋	3	2	1.3
		铜元	3	1	0.7
		合计		134	88.8

---

① 要弄清这部份契约的利息,牵涉到物价、计量单位、地方差异等问题,本书暂未考虑。
② 指此类契约占其所属区域内契约总数的比例。

第五章 "林农兼作"下的利益分配

续表

文书类型	借贷时间	标的	月利率（%）	出现次数	所占比例（%）①
岑巩文书	清	银	2	5	16.7
		以谷付息		2	6.7
		青红钱	2	3	10
			2.5	9	30
	民国	青红钱	2.5	2	6.7
			以谷付息	4	13.3
		钞洋	以谷付息	1	3.3
		合计		26	86.7

通过上表可知，清代清水江流域借贷契约中，共有6种月利率，即无息、1%、2%、3%、4%、7%。其中以3%行利的契约最多，总计78次，约占所选清水江流域借约总数的51.7%。此外，无息、4%和以7%的行息方式值得关注。"无息"的契约仅只一件，发生在嘉庆十一年（1806），借贷规模不小达20两，且没有还款期限"有银两时照本归还"。估计这要归因于借主与银主的亲戚关系。② 即便如此，这也是特例，在清代清水江文书中，约有20余份"本房""表叔""堂兄（弟）"等亲属间的借约，但行息方式几乎都是"照月加三"。至于六份以4%行利的借约，笔者认为须分两种情况：首先是嘉庆七年、八年的三张借约③，借贷量都很小，从1两4钱至2两不等，且将还款期限限定于秋收或10月。由此可知，这是典型的农村小额短期借贷④，生活消费特征明显。其二是乾隆三十九年至五十四年3张借约⑤，借贷金额从6钱至28两不等，既有生活消费借贷，也有生产经营性借贷。由此可知，这类借约属于乾隆年间民

---

① 指此类契约占其所属区域内契约总数的比例。
② 张应强、王宗勋：《清水江文书》第1辑第7册，第174页。
③ 见张应强、王宗勋《清水江文书》第1辑第1册，第307、309、312页。
④ 周玉英：《从文契看清代福建民间借贷关系》，第115页。
⑤ 见张应强、王宗勋：《清水江文书》第1辑第7册，第134、146、148页。

间借贷的行利方式。而唯一以7%行利的那份借约也是特例，此契借主姜元英因生理借姜作干19两5钱，日久本利无归，于光绪二十六年（1900）8月25五日立约，要求借主于闰8月初2日内还清。并以木二单作抵，若不归清，任凭作干开撬此二单木植出卖，得银多少日后面结再算，而元英不得异言。① 本契提高利率并以实物作抵，体现银主收回本利的决心。及至民国，流通的银钱虽相对混乱，但明确利率的借约中皆以3%行利。

而在岑巩借贷中，仅两种利率即2%和2.5%。相比之下以2.5%行利占主体，清代出现9次，占30%；民国行利方式明确的借约，皆以此行息。

综上，清代民国时期黔东南民间银钱借贷的行息方式因区域而略显不同。清水江流域，乾隆时期以4%的月利率算息方式较为普遍，从嘉庆至民国皆流行3%的月利借贷；而在清水江流域之外的岑巩等地，月利率低于清水江流域，从清至民国遍行2.5%的月利率。无论3%抑或2.5%，皆体现出该区域在政府调控下②，民间借贷利率趋于稳定，最终形成"习俗利率"③。

清代民国黔东南实物借贷以粮食为主，仅有一例茶油借约，但行利方式不明确。然而粮食借贷大多春借秋还，利率看似简单，但实际远比银钱借贷复杂。换句话说，食粮借贷之利率比较隐性，涉及季节差价、粮食成色、衡器差异等复杂问题。本书仅从契约表面进行粗浅分析，暂时无法解决上述问题。这一时期的借贷利率情况，详见表5-8：

---

① 张应强、王宗勋：《清水江文书》第1辑第9册，第291。
② 马建石、杨育棠：《大清律例通考校注》卷14《户律·钱债》，中国政法大学出版社1992年版，第522页。
③ 彭凯翔等：《近代中国农村借贷市场的机制——基于民间文书的研究》，《经济研究》2008年第5期。

第五章 "林农兼作"下的利益分配

表5-8　　　　　　　清代民国时期黔东南实物借贷利率情况

文书类型	借贷时间	标的	年利率（%）	出现次数	所占比例（%）
清水江文书	清	谷	50	2	1.3
		禾	100	1	0.7
		茶油	不明确	1	0.7
		谷	不明确	1	0.7
	民国	谷	40	1	0.7
		谷	50	8	5.3
		谷	72	1	0.7
		谷	90	1	0.7
		谷	100	1	0.7
		谷	不明确	1	0.7
	合计			18	12.2
岑巩文书	清	谷	50	1	3.3
	民国	谷	50	2	6.7
		包谷	50	1	3.3
	合计			4	13.3

通过上表可知，粮食借贷的年利率以50%为常态。清代清水江流域粮食借约不多，但在仅有的四例中每年以50%行利亦占多数；民国时期，每年以50%的行利达到5.3%，占绝对主导地位。与此同时，岑巩仅有四条借谷契约的利率都是50%。由此可见，清代民国时期黔东南粮食借贷的利率趋于稳定，且与其他地方的差异亦不明显。如清代民国时期的闽西培田，粮食借贷以50%的利率为正当、合理。[1] 唯有不同的是，黔东南民间粮食借贷中，不因亲戚关系而实行互助性利率[2]。如在清水江流域，道光三十年（1850），姜天

---

[1] 俞如先：《清代至民国时期民间借贷利率研究——以闽西培田为例》，《江西师范大学学报》（哲学社会科学版）2007年第6期。
[2] 即民间亲友间的借贷，或以劳动偿息或低息，见俞如先《清代至民国时期民间借贷利率研究——以闽西培田为例》。

· 227 ·

✱ 清代民国时期黔东南"林农兼作"研究

生向本房姜宗保借谷九十斤，加五行利。[①] 民国十年（1921），姜坤泽母子向本房姜元淋借谷一百斤，亦以五行利。[②] 这种情况在清水江流域之外也是一样的，民国二年（1913）10 月，岑巩县大有乡木召寨民刘世祥等向家叔刘玉堂借谷六石，每石每年仍加五行利，并以其表叔郑大林之禾作抵。[③] 但次年 5 月，刘世祥借给其表叔郑大林谷四斗，依然加五行利。[④]

虽然上表显示出，粮食借贷以 50% 年利率为常，但实际年利率远高于此。在这批借约中，最早的借谷日期是 10 月 24 日[⑤]、最晚的是 5 月 25 日[⑥]，而归还日期则是秋收（10 月）。借期最短的仅五个月，但依然加五行利，因此实际月利率达 12%、年利率 120%，这可能要归因于农民"时间观念淡薄"。[⑦] 因此，大量山主地主加入放贷行列，以牟取暴利。

二 农民的其他获利途径

杉木成材后，土栽会商议将其出卖给山客，由其雇佚砍伐下河贸易。砍伐木材的伙食费用[⑧]需由土主与栽手共同承担，且数额不低。土主及栽手各自承担的比例，清代民国时期的情况不太清楚，但从 20 世纪 50 年代的一份契约[⑨]可以推测。该契订于 1952 年，此片杉林栽手分为 4 股，"每股除合食九千"栽手承担合食费用达 3 万 6 千；而土股"除合食 3 万 5 千元"。由此可知，该契中合食费用基本上是土主栽手均分，栽手承担的略高

---

① 张应强、王宗勋：《清水江文书》第 1 辑第 1 册，第 360 页。
② 张应强、王宗勋：《清水江文书》第 1 辑第 7 册，第 112 页。
③ 《刘世祥等三人借谷字》，此契系贵州省黔东南州岑巩县大有乡木召寨刘伦兴所有。
④ 《郑大林借谷字》，此契系贵州省黔东南州岑巩县大有乡木召寨刘伦兴所有。
⑤ 《刘世祥等三人借谷字》，此契系贵州省黔东南州岑巩县大有乡木召寨刘伦兴所有。
⑥ 张应强、王宗勋：《清水江文书》第 1 辑第 8 册，第 161 页。
⑦ 欧阳平：《四川省农业金融》，载中国农民银行四川农村经济调查委员会《四川省农村经济调查报告》第 4 号，1931 年，第 63 页。
⑧ 有时候土栽还须出工钱。
⑨ 张应强、王宗勋：《清水江文书》第 1 辑第 4 册，第 116 页。

第五章 "林农兼作"下的利益分配 *

于土主。

如前文所引契5-9，民国三年（1914）的一份分银单①，杉木价格是76两8钱，合食4两4钱，占杉木总价的5.58%。合食费用应与杉木数量或山场规模有关，因此其所占的比例应该不固定。再看一份民国时期的分银契约，契5-15：

> 立分清单合同字人姜献义、范如尔、姜梦熊、姜源淋、姜秉魁等所有共山一块，地名尾包加池塘半截……此山于民国丁巳六年卖与本寨姜纯义、送长等砍伐作贸，议定木价银一百陆拾二两捌钱捌分。内除栽手并合食与马姓所占之外，实存我等之股银柒拾捌两五钱陆分……②

虽然此契不详，但通过契约内容可知尾包山此截卖于民国六年（1917），买主姜纯义、送长将杉木交由马姓③负责砍伐。契文中没有明确土栽比例，不过前文已经探讨这一时期的土栽比例一般为3:2。照此推算，这片杉林的栽手份额应为52两3钱7分、工钱及伙食花费约为31两9钱5分，工钱及伙食开销约占杉木总价的19.62%。亦如前文所述，民国十二年（1923）杉木价格是每根41钱8分，照此反推，这片杉林的规模大约是390根，也就是说砍伐1根杉木须耗费8分2厘。至民国二十九年（1940），工钱及伙食开销高达杉木总价的60.57%。另有一份时间不详的分银单④，不过根据此分银单中的人物姜献义，可知该分银单属于光绪至民间初期。这份分银单是在皆于山出卖之后订立的，价银78两零8分，吃合食去银7两3钱6分，实存银70两7钱2分。由此可知，这片杉林出卖，不算工钱光合（伙）食就达杉木总价的9.43%。虽然伐木、运输工

---

① 张应强、王宗勋：《清水江文书》第1辑第4册，第433页。
② 张应强、王宗勋：《清水江文书》第1辑第3册，第309页。
③ 马姓应为外来移民，因加池寨几乎都为姜姓。
④ 张应强、王宗勋：《清水江文书》第1辑第4册，第272页。

※ 清代民国时期黔东南"林农兼作"研究

作比较艰苦,但是伐木工人及旱伕、排伕生活有保障,工钱之余,伙食亦较丰盛,除大米外,还有酒肉。[①] 也因此,人们亦乐意从事这类工作。

---

① 张应强、王宗勋:《清水江文书》第1辑第3册,第304页。

结　　语

通过遗留在民间的大量清代民国时期契约文书可知，早在清代，黔东南林区便因天然林砍尽、人工林兴起而开始"林农兼作"，其中的林间套种模式，在林农史上远远早于世界其他地区。

从林间套种的目的看，于山主来说，最直接的目的便是出佃自己无力亲自经营的山场，最快地实现山场利益。体现在契约中，便是山场租佃、主佃分成契约中对林木成林时间的明确，以及为达到按契成林的目的而附加的系列条件，如不能如期成林的惩罚性措施等。从这层意义上来分析林间套种的具体做法，就更容易理解谚语、田野调查中关于林、农时序与文献记载的差异，即谚语、田野调查反映的是林农同时进行，而传世文献则体现的是先农后林以疏松土质。徐晓光先生认为，先农后林的作用在于"解决口粮"。如上，对于山主，出佃山场的最终目的在于尽快实现山场收益，不可拿出两年时间任由林农专门事农以解决他们的口粮，体现在成林时限上便是大量三年成林时间的规定，直接否定了先农后林的可能性。于林农来说，林间套种的确能够带来一些林作物以外的经济收益，特别是由于黔东南林区山多田少，有些林农佃山最直接的原因便是"无田耕种"。林木从育苗到移植，再到成林毕竟需要三到五年的时间，因此对于这类群体来说，佃得山场后，可能会出现林、农偏倚的情况，即只专注于周期较快的"农"而疏忽了山主关注的"林"。为避免这种现象的发生，山主想方设法，再次体现出林间套种的双面目的，于山主和林农，最长远或最终极的目的在于林业收益；而于

✱ 清代民国时期黔东南"林农兼作"研究

林农,林间套种确有以短补长的作用。一旦这种"短"影响到"长",山主便会采取一定的弥补措施,或者说"农"这种"短"是在不影响"林"这种"长"的情况之下而存在的。因此我们可以相信,清代民国时间黔东南林区,确实存在过先农后林这套种模式,特别是在一些比较偏远、难于开垦的山场,先农后林除疏松土质的功效外,更大吸引力在于,对无田耕种的农民来说,可以获得两年事农的机会,解决他们的粮食问题。但更常见的情况是林农同时进行,而且以契约的形式确保林业不受农事的负面影响,即林农可以套种农作物,但务必确保林木的成林时间使山主正常实现山场的收益。

"林农兼作"下的林农技术,亦可以体现上述目的。如前文所述,元明时期黔东南杉木等林木聚集在高海拔地区,明清皇木采办带来繁荣的木材贸易之后,天然林砍伐殆尽,人工林随之产生。据杨庭硕等学者考证,黔东南人工林分布地点不再是高海拔山区,而迁移到低海拔地区。因此林间套种在选择套种作物时非常考究,如林木的选择上,并不见低海拔常见的芸香、樟科类物种,更多的是枫树、青杠等落叶树种,这些落叶树种的选择最直接的作用在于与杉木等迁徙树种构成仿生,以达防止病虫害的目的。当然,低海拔中的常绿阔叶树种如油茶、油桐也被保留了下来,这些树种在客观上的确实能够带来一定的经济收益,但更多的原因在于它们能够抵抗杉木等针对树种分泌的芳香型化学物质,而且对杉木等人工林木没有有害的化感作用。农作物的选择上亦有讲究,前文已述,在林下套种的农作物主要有玉米、小麦、红薯等外来作物,并没有选择当地民众喜欢食用的芋头、葛根、穇子等物种,证明套种物的选择标准与病虫害防治有关。[①] 也就是说,苗侗民族选择的套种作物中,无论油茶、油桐,抑或玉米、小麦、红薯等林农作物,虽然都能够为林农带来一定的经济收益,但最根本的原因或标准皆在于病虫害

---

① 杨庭硕等:《清水江流域杉木育林技术探微》,《原生态民族文化学刊》2013年第4期。

结　语

防治，这依然可以回到林间套种的目的上，无论怎么搭配间作物，都必须以林业收益的尽快实现为前提。

通过契约文书可知，清代民国时期黔东南林区山主有多种山场经营模式，但"股"确定了山主对山场的占有，而且山场可以继承、买卖，因此黔东南山场属于家庭私有，而非家族公有，在山场转让、流转过程中，黔东南山场逐渐兼并，最终集中在少数人手中。黔东南林区虽然山多田少，但农业依然是林业经济的重要补充之一，田土经历着租佃、典当、断卖等流变形式，最终集中在大地主手中，不过田土租佃显然没有山场租佃那么发达，田主谨慎地进行着田土典当以保全田土的所有权，但无力回赎时依然走向断卖。值得一提的是林农，学界主流观点是"来人"地位远低于世居林农，不过通过契约文书可知，"来人"地位与世居林农并无差异，无论是居住、佃山条件，还是分成比例，都与世居林农相近。

在"林农兼作"下，山主和林农可以通过山场、林木、山林断卖，出让山、林权利来实现山林收益，土栽按契分成，在分成比例上，以道光为分界线，自道光及以后，3∶2的土栽分成比例占据了绝对优势，栽手间、山主间按股份利。山主、地主及农民还有其他获利途径，如山主、地主通过放贷，农民则通过充当林木砍伐工人和运输中的旱伕、排伕等角色，获得其他收益。

清代民国时期黔东南"林农兼作"经历了几百年历史，积累了丰富的经验。特别于当下林下经济开发而言，"林农兼作"既可发展林业，又能发展农业，林农兼收；特别是林间套种，林业可为农业带来肥力，保护农作物，套种还能以耕代抚，林农双收，不失为好的经验借鉴。

参考文献

一 古籍与史志

《黔南职方纪略》，道光二十七年刻本。

《中国地方志集成·贵州府县志辑》，巴蜀书社2006年版。

（清）爱必达：乾隆《黔南识略》，道光二十七年罗氏刻本。

顾久主编：《黔南丛书》（第1—6辑），贵州人民出版社2009年版。

锦屏县林业志编纂委员会：《锦屏县林业志》，贵州人民出版社2002年版。

黎平县林业局：《黎平县林业志》，贵州人民出版社1989年版。

李锦平、李天翼：《贵州苗族古籍总目提要》，贵州民族出版社2008年版。

黔东南苗族侗族自治州地方志编纂委员会：《黔东南苗族侗族自治州志》，中国林业出版社1990年版。

黔东南苗族侗族自治州工商联、锦屏县工商联：《锦屏县木材行业史料》，1959年稿本。

黔东南自治州政协文史资料委员会：《黔东南文史资料》（第10辑），1992年版。

二 契约文书

笔者田野调查所得近2000件文书（照片）。

陈金全等：《贵州文斗寨苗族契约法律文书汇编——姜元泽家藏契约文书》，人民出版社2008年版。

高聪、谭洪沛：《贵州清水江流域明清土司契约文书·九南篇》，民族出版社2013年版。

锦屏县政协文史资料委员会等编：《锦屏碑文选辑》（内部资料），1979年印。

罗洪洋：《贵州锦屏林契精选》，载于谢晖、陈金钊编《民间法》（第3卷），山东人民出版社2004年版。

孙兆霞主编：《吉昌契约文书汇编》，社会科学文献出版社2010年版。

[澳]唐立、杨有赓、[日]武内房司：《贵州苗族林业契约文书汇编（1736—1950）》第一至三卷，东京外国语大学国立亚非语言文化研究所2001—2003年版。

王宗勋等：《锦屏林业碑文选辑》，锦屏县地方志办公室2005年编印本。

张新民主编：《天柱文书》第1辑（共22册），江苏人民出版社2014年版。

张应强等：《清水江文书》（第1—3辑），广西师范大学出版社2007—2011年版。

三 研究专著

陈寅恪：《金明馆丛稿二编》，上海古籍出版社1980年版。

程泽时：《清水江文书之法意初探》，中国政法大学出版社2012年版。

单洪根：《木材时代——清水江林业史话》，中国林业出版社2008年版。

单洪根：《清水江木商文化》，社会科学文献出版社2009年版。

费孝通：《乡土中国》，上海人民出版社2007年版。

《贵州金融货币史论丛》（内部资料），1989年本。

贵州省编辑组:《侗族社会历史调查》,贵州民族出版社1988年版。

龙春林、杨昌岩:《侗族传统社会林业研究》,云南科技出版社2003年版。

王宗勋:《文斗——看得见历史的村寨》,贵州人民出版社2009年版。

王宗勋:《乡土锦屏》,贵州大学出版社2008年版。

吴大华:《清水江文书研究丛书》(第1—3卷),贵州民族出版社2011—2013年版。

吴中伦:《杉木》,中国林业出版社1984年版。

吴中伦:《中国之杉木》,载于《吴中伦文集》,中国科技出版社1998年版。

徐晓光:《款约法——黔东南侗族习惯法的历史人类学考察》,厦门大学出版社2012年版。

徐晓光:《苗族习惯法的遗留、传承及其现代转型研究》,贵州人民出版社2005年版。

徐晓光:《清水江流域林业经济法制的历史回溯》,贵州人民出版社2006年版。

杨端六:《清代货币金融史稿》,武汉大学出版社2007年版。

杨光磊:《张秀眉起义资料汇编:下集》(内部资料),贵州省黔东南州文学艺术界联合会2001年编印本。

杨国桢:《明清土地契约文书研究》,人民出版社1988年版。

张传玺:《契约史买地卷研究》,中华书局2008年版。

张传玺:《中国历代契约会编考释》,北京大学出版社1995年版。

张应强、胡腾:《乡土中国·锦屏》,生活·读书·新知三联书店2004年版。

张应强:《木材之流动:清代清水江下游地区的市场权力与社会》,生活·读书·新知三联书店2006年版。

[美]黄宗智:《清代的法律、社会与文化:民法的表达与实践》,上海书店2007年版。

梁治平：《清代习惯法：社会与国家》，中国政法大学出版社 1996 年版。

四 研究论文

(一) 学位论文

侯晓娟：《清代黔东南文斗苗寨纠纷解决机制研究》，硕士学位论文，西南政法大学，2007 年。

梁聪：《清代清水江下游村寨社会的契约规范与秩序——以锦屏文斗苗寨契约文书为中心的研究》，博士学位论文，西南政法大学，2007 年。

龙宪华：《清代清水江下游苗疆地区法律文书研究（1693—1911）》，博士学位论文，中国政法大学，2010 年。

罗洪洋：《清代黔东南锦屏人工林业中财产关系的法律分析》，博士学位论文，云南大学，2003 年。

罗康隆：《清水江流域侗族人工林业研究》，博士学位论文，云南大学，2003 年。

邱凯：《清至民国清水江流域的多元纠纷解决机制——以锦屏苗族契约文书为研究中心》，硕士学位论文，中央民族大学，2012 年。

沈文嘉：《清水江流域林业经济与社会变迁研究（1644—1911）》，博士学位论文，北京林业大学，2006 年。

史达宁：《清水江文书的文献学价值——以锦屏县文斗寨契约文书为个案的分类整理与研究》，硕士学位论文，贵州大学，2009 年。

王秀：《论清水江林业繁荣与"婚俗变迁"关联性》，硕士学位论文，吉首大学，2010 年。

王胤：《一、二代马尾松人工林生态系统比较研究》，硕士学位论文，贵州大学，2005 年。

魏瑶：《清代及民国黔东南地区基层诉讼研究——以〈清水江文书〉为依据》，硕士学位论文，中央民族大学，2012 年。

吴声军：《论林业契约对林地产权的维护功能——以清水江流域文斗

寨为例》，硕士学位论文，吉首大学，2010年。

张应强：《木材之流动：清代清水江下游地区的市场权力与社会》，博士学位论文，中山大学，2003年。

（二）期刊论文

安尊华：《从清水江文书看抗战时期土地买契税》，《贵州社会科学》2014年第10期。

安尊华：《论清水江流域分关文书的书写程式》，《原生态民族文化学刊》2014年第2期。

安尊华：《试论清水江流域的民间地权转移——基于文书的考察》，《贵州大学学报》（社会科学版）2013年第3期。

曹务坤：《从诚信的视角看清代黔东南锦屏侗族、苗族林业契约》，《贵州民族研究》2011年第3期。

陈洪波、杨存林：《清水江文书数据库建设若干问题研究》，《现代情报》2013年第1期。

陈洪波等：《清水江文书数据库质量控制的实现》，《兰台世界》2014年第2期。

陈雁：《财产与性："清水江文书"中的寡妇》，《山西师大学报》（社会科学版）2014年第3期。

程泽时：《晚清苗疆盗案断理与实践法律观——从五份清水江文书谈起》，《原生态民族文化学刊》2014年第1期。

邓建鹏、邱凯：《从合意到强制：清至民国清水江纠纷文书研究》，《甘肃政法学院学报》2013年第1期。

邓建鹏：《清至民国苗族林业纠纷的解决方式——以清水江"认错字"文书为例》，《湖北大学学报》（哲学社会科学版）2013年第4期。

李向宇：《清水江文书所见林业生产投资之效益分析》，《民族论坛》2014年第3期。

李向宇：《清水江文书所见苗侗民族山地林业经济管理思想刍议》，《原生态民族文化学刊》2013年第5期。

廖耀南、游芝升：《清水江流域的木材交易》，载中国人民政治协商会议贵州省委员会文史资料研究委员会编《贵州文史资料选辑》（第六辑），贵州人民出版社1980年版。

林东杰：《清至民国年间清水江契约文书立契时间校补——以〈贵州文斗寨苗族契约法律文书汇编：姜元泽家藏契约文书〉为中心的研究，《贵州大学学报》（社会科学版）2012年第5期。

林芊：《从清水江文书看近代贵州民族地区土地制度——清水江文书（天柱卷）简介》，《贵州大学学报》（社会科学版）2012年第6期。

林芊：《从天柱文书看侗族社会日常纠纷与协调机制——清水江文书·天柱文书研究之五》《贵州大学学报》（社会科学版）2014年第1期。

龙泽江：《从清水江文书看清代贵州苗侗地区货币流通中的几个问题》，《贵州大学学报》（社会科学版）2013年第2期。

龙泽江：《清水江文书整理的分类标准探析》，《兰台世界》2012年第14期。

龙泽江等：《木材贸易与清代贵州清水江下游苗族社会变迁》，《中国社会经济史研究》2013年第4期。

罗洪洋、张晓辉：《清代黔东南文斗侗、苗林业契约研究》，《民族研究》2003年第3期。

罗洪洋：《清代黔东南锦屏苗族林业契约的纠纷解决机制》，《民族研究》2005年第1期。

罗洪洋：《清代黔东南锦屏苗族林业契约之卖契研究》，《民族研究》2007年第4期。

罗洪洋等：《清代黔东南文斗苗族林业契约补论》，《民族研究》2004年第2期。

唐立：《清代贵州苗族的植树技术》，《农业考古》2001年第1期。

唐智燕：《文字释读规范与清水江文书整理》，《贵州民族大学学报》（哲学社会科学版）2013年第5期。

* **清代民国时期黔东南"林农兼作"研究**

王凤梅:《清水江文书书写程式的宗族性探讨——以天柱县高酿镇地良村契约文书为例》,《贵州大学学报》(社会科学版) 2013 年第 4 期。

王胜军:《清水江文书研究与清水江学建立的学术远景瞻望》,《贵州大学学报》(社会科学版) 2012 年第 1 期。

王宗勋:《从锦屏契约文书看清代清水江中下游地区的族群关系》,《原生态民族文化学刊》2009 年第 1 期。

韦建丽、胡全林:《"民间分布式保护"与清水江文书保护途径的探讨》,《三峡论坛》2014 年第 3 期。

魏郭辉:《古文书整理的学术标准——以敦煌文书、徽州文书、清水江文书整理为例》,《贵州师范学院学报》2013 年第 8 期。

吴才茂:《从契约文书看清代以来清水江下游苗、侗族妇女的权利地位》,《西南大学学报》(社会科学版) 2013 年第 4 期。

吴才茂:《契约文书所见清代清水江下游苗侗民族的社会生活》,《安徽史学》2013 年第 6 期。

吴才茂:《清代清水江流域的"民治"与"法治"——以契约文书为中心》,《原生态民族文化学刊》2013 年第 2 期。

吴平、龙泽江:《从学术资源保障看清水江流域锦屏文书的数字化道路》,《贵州社会科学》2010 年第 12 期。

吴声军:《从文斗林业契约看林业经营的长周期性——"清水江文书"实证研究系列之一》,《原生态民族文化学刊》2014 年第 1 期。

吴述松:《林业结构调整及其内生经济增长——基于 500 年清水江林粮兼作文书的证据》,《中国社会经济史研究》2014 年第 3 期。

谢开键、朱永强:《清至民国天柱农村地区土地买卖原因探析——以清水江文书为中心的考察》,《贵州大学学报》(社会科学版) 2013 年第 5 期。

徐晓光:《锦屏林区民间纠纷内部解决机制及与国家司法的呼应——解读〈清水江文书〉中清代民国的几类契约》,《原生态民族文化学刊》2011 年第 1 期。

徐晓光：《清代黔东南锦屏林业开发中国家法与民族习惯法的互动》，《贵州社会科学》2008 年第 2 期。

杨有赓：《明清王朝在黔采办皇木史略》，《贵州文史丛刊》1989 年第 3 期。

杨有赓：《清代锦屏木材运销的发展与影响》，《贵州文史丛刊》1988 年第 3 期。

杨有赓：《清代黔东南清水江流域木行初探》，《贵州社会科学》1988 年第 8 期。

杨有赓：《清代清水江下游苗族林契研究》，载于李连贵《苗学研究》，贵州民族出版社 1989 年版。

张明等：《清水江文书侗字释例》，《贵州大学学报》（社会科学版）2013 年第 4 期。

张新民：《清水江文书的整理利用与清水江学科的建立——从〈清水江文书集成考释〉的编纂整理谈起》，《贵州民族研究》2010 年第 5 期。

张应强：《从卦治〈奕世永遵〉石刻看清代中后期的清水江木材贸易》，《中国社会经济史研究》2002 年第 3 期。

张应强：《清水江文书的收集、整理与研究刍议》，《原生态民族文化学刊》2013 年第 3 期。

朱萌贵：《从贵州清水江文书看近代中国的地权转移》，《贵州大学学报》（社会科学版）2013 年第 6 期。

［日］武内房司：《清代清水江流域的木材交易与当地少数民族商人》，《学习院史学》（日本）1997 年第 35 期。

［日］相原佳之：《从锦屏县平鳌寨文书看清代清水江流域的林业经营》，《原生态民族文化学刊》2010 年第 1 期。

［日］相原佳之：《清代贵州省东南部的林业经营与白银流通》，《清水江文书与中国地方社会国际学术研讨会论文集》，贵州大学中国文化书院 2013 年编印。

后 记

本书基于本人博士学位论文修订而成,提笔于此,2012年负笈北上的点点滴滴涌上心头,感恩于博士求学期间导师刘秋根先生及师母的厚爱与关照,为小女远从北洋淀带回的芦苇根显得异常甘甜;感怀于夫人的全心付出,摇弋于保定漫天风雪的娇小身躯依然历历在目。

从2013年初次接触清水江文书开始,至今已有七年时光,这七年一直关注于地方文献、聚焦于清水江文书,书稿在毕业后的四年多,已有改动。但清水江文书研究成果汗牛充栋、大家如云,本书研究犹如尘埃,特别是不可避免的错漏与不足让自己无比汗颜。在今后的日子里,将一如既往地关注地方文献、聚焦清水江文书,以期获得更大成绩。

本书在研究和出版过程中,恩师刘秋根教授倾注了满腔关怀与帮助,同时得到了中国社会科学出版社宋燕鹏博士、贵州社科院许峰博士、四川轻化工大学王玉珏教授的关心与鼓励,在此深表谢忱。

张 强
2020年12月12日